AF569651

müptela

BİLİNÇALTINIZI NASIL DÖNÜŞTÜRÜRSÜNÜZ?
Serpil Ciritci

Yayın Yönetmeni: Ayşen Bozkuş
Yayıma Hazırlayan: Ayşen Bozkuş
Editör: Füsun Taş
Kapak Tasarımı ve Sayfa Düzeni: Pınar Demirhan

8. Baskı, Nisan 2024, İstanbul
ISBN: 978-625-8446-27-2

Sertifika No: 63989

Müptela™ İthaki Yayıncılık Basın Sanayi ve Ticaret A. Ş.'nin tescilli markasıdır.
Caferağa Mah. Neşe Sok. 1907 Apt. No: 31 Moda, Kadıköy-İstanbul
Tel: (0216) 348 36 97 Faks: (0216) 449 98 34
www.ithakiyayingrubu.com

Kapak, İç Baskı: Deniz Ofset Matbaacılık
Maltepe Mah. Hastane Yolu Sok. No: 1/6 Zeytinburnu-İstanbul
Tel: (0212) 613 30 06
Sertifika No: 48625

Serpil Ciritci

BİLİNÇALTINIZI NASIL DÖNÜŞTÜRÜRSÜNÜZ?

Kuantum Düşünce Teknikleri

müptela

Sevgili anne ve babama…

İçindekiler

ÖNSÖZ

Dünya büyük bir değişimin eşiğinde.

Yeni bir boyuta doğru yükselirken titreşimlerimizle birlikte DNA'larımız da değişiyor. İnsanlık, içinde bulunduğu üçüncü boyut bilincinin zamanından beşinci boyut bilincine doğru tekâmül ediyor.

Dualite aleminden BİR'lik alemine yükseliyoruz.

Daha yüksek bir varlık hâline dönüşen insanoğlunun yeni meskeni artık beşinci boyuttur. Üçüncü boyutun alışkanlıkları, acı ve korkuları yerini, bilinci yükselen insanların kalbinden akan sonsuz kabul, sevgi, ve şükran duygularına bırakıyor.

Artık daha genişlemiş bir bilinç alanına geçiyoruz.

Bu boyutta karşılaştığınız her insanı gözlerindeki neşeden ve huzurdan tanıyacaksınız. Onlar sizi hayat yolunuzun köşe başlarında büyük bir sabır ve sevgiyle bekliyor. Bazıları çoktan hayatınıza girdi. Bazıları girmek üzere... Onları gördüğünüzde yüreğinize öyle derinden bir huzur yerleşecek ki duyduğunuz sevinçten bazen gözleriniz yaşaracak.

Sonunda hep beklenen olmuş gibi...

Yıllarca uzakta yaşadıktan sonra asıl yuvanıza dönmüşsünüz gibi...

Bu kitap işte bu geçiş sürecinize rehberlik etmesi için yazıldı.

Geçmişinizden sürüklediğiniz yükleri atarak hafiflemeniz ve kolayca yuvanıza dönmeniz için...

Hayat yolumuz her zaman dümdüz değil. İnişler, çıkışlar var. Sevinç ve mutlulukların yanı sıra üzüntüler var. Bu yolda ilerlerken benim de üzüldüğüm, acı çektiğim ve yorulduğum zamanlar oldu. Hayat bizi zorlamadığı sürece oturup kendimizle yüzleşmek pek aklımıza gelmez. Ancak cesaret, samimiyet ve kararlılıkla kendi karşımıza oturursak yolun sonundaki ödül huzurdur. Kendimizi biraz daha tanımış olmanın mutluluğudur.

Yıllar önce çıktığım bu yolda neyi, neden yaşadığımı anlamaya çalıştım hep. Hayatın kontrolü ne kadar benim elimdeydi? Mutlu ve huzurlu olmak için değiştirebileceğim şeyler var mıydı? Varsa bunları nasıl değiştirecektim?

Bu kitapta yol boyunca cebime koyduklarımı yazmaya çalıştım. Ben nasıl bu yolculuğu daha önce gerçekleştirenlerden çok değerli bilgiler öğrendiysem istedim ki benim biriktirdiklerim de aynı yola çıkanların yolunu aydınlatsın, katkı sağlasın.

Kendimizi bilmeye giden bu yolda hepimizin bilgiye, kelama ve rehberlere ihtiyacı var. Benim de rehberlerim oldu; kitaplarım, öğretmenlerim, ustalarım...

İşte bu kitap siz o kritik kavşaklardan yorgun argın geçerken size yol gösteren bir arkadaş olsun, ışık saçıp yolunuzu aydınlatsın istedim.

Çünkü biliyorum ki yola çıkmış olanlar bilgiyi alıp bir meşale gibi elden ele geçirdiğinde ışık daha da büyür ve kendilerinden sonra gelenlerin yolunu aydınlatır.

Vakit geldi...

Tüm dünyada insanlar büyük bir hızla uyanıyor ve ışığı gittikçe büyütüyorlar. Birçoğu dünyanın ve kendi geleceğinin artık kendi elinde olduğunu biliyor. İnsanlığın kendi yüceliğini fark edip daha büyük bir anlayışla yaşama zamanı geldi. Gelecek zamanlarda artık savaş, hastalık ve nefret dünyamızda yer almayacak. Farkındalık arttıkça bu, dünyamıza barış, mutluluk ve sevgi olarak yansıyacak.

Yeni bir şeyin inşa edilmesi için eskinin yıkılması gerekir. İşte şu anda dünyada olan bu. Dalga dalga inen yeni enerji hepimizi farklı şekillerde silkeliyor ve eskiye ait her şeyi yeniliyor, değiştirip dönüştürüyor.

Işık arttıkça karanlık dağılıyor.

Bu dönemde farkındalığımızı artırmak her şeyden çok daha önemli. Bu kör gidişatı durdurmak için insanlığın bölünmeye değil birleşmeye ihtiyacı var.

Bunu da sadece SEVGİ başarabilir.

Sizi seviyorum.

Meğer…

Kalp gözü açık gelirmiş bazıları…

Kimileri onlarca şifa eğitimi alır ve kendini ayrıcalıklı sanırken onların yürekten bir duası yetermiş.

Hiç de öyle göründüğü gibi değilmiş birçok şey.

Aldığın bin tane eğitim, sertifika, kıldığın namaz, tuttuğun oruç değilmiş marifet.

Aslolan, yalan söylememek, kalp kırmamak, kibre düşmemekmiş…

Meğer her ne yaşadım ve yaşattıysam hepsi gerekli olduğu içinmiş.

Kamil insan olmak demek; kim olduğumu bilmek demekmiş.

Bunu bilmenin yolu da kim olmadığımı anlamaktan ibaretmiş…

O, vara yoğa kızan, kin duyan, kıskanan, isyan eden ve kendine acıyan ben değil asıl benliğimin sahte bir esintisiymiş meğer…

İyinin ve kötünün ötesinde OLAN'ı görmek, büyük resmi anlayabilmek içinmiş her şey.

Buraya giden en kestirme yol da herkesi ve her şeyi hiçbir doğruya ve yanlışa koymadan olduğu gibi kabul etmekmiş.

Hayatımın isteklerime göre değil ihtiyaç duyduklarıma göre şekillendiğini fark edebilmek, aynı nedenle kötü ya da gereksiz hiçbir şey olmadığını fark edebilmekmiş.

Tutunmamakmış hiçbir şeye…

Yargılamamakmış kimseyi ve izin vermekmiş her olana…

Meğer tüm yaptıklarım ve yapamadıklarımla bütün güzellikleri doğuştan hak edermişim. Olmayacak şey de zaten aklıma düşmezmiş…

Her şeyin bir zamanı varmış,
Vakti saati gelince kalp de açılırmış bilgiye…
İçimde Yaradan'ın ta kendisi varken;
Meğer istesem de kötü olamazmışım…

Yıllar önce bir gün çıkışsız yollarda kaldım.

Tüm hayal kırıklıklarım, yenilgilerim, korkularım artık su yüzüne çıkıp onlarla yeniden yüzleşmemi bekliyordu. Kolay olmadı. Önce çoğunu kabul etmedim. Suçu en yakınımdakilere atıp sıyrılmaya kalktım ama işe yaramadı. Nasıl olduğunu bile anlamadan bir kez daha düştüğüm bu dipsiz kuyudan tekrar çıkabilmem için kendimden başka güvenebileceğim hiç kimse yoktu. Ya oralara nasıl düştüğümü sorgulayıp orada bulduklarımla tek tek hesaplaşacak ya da bir kez daha kendimi şanssız, kadersiz olduğuma inandırarak başkalarından medet umacaktım. Ancak çoktan anlamıştım ki bunun da sonu yoktu. Her defasında kendimi aynı kuyunun dibinde bulmaktan bıkıp usandığım içindir ki bu kez bakışlarımı dışarı değil kendi içime çevirdim.

İnsan durup dururken değil, sıkıntı ve mutsuzluğun tam ortasında mecbur kaldığı için, çıkacak başka bir yol kalmadığı için kendine dönüp tüm karanlık yanlarıyla yüzleşir. Bu yüzleşme her zaman kolay değildir. Kararlılık ve cesaret ister. Çünkü ne ile karşılaşacağını insanın kendisi bile bilemez.

Hâkim de bendim suçlu da ben.

Kendimle yüzleşmeye oturduğumda garip bir şey oldu. Dişini çektirmekten çok korkan birinin sonunda kolayca çektirip rahatlaması ve onca acıyı neden kendine çektirdiğini sorgulaması gibi kısa bir süre sonra hafiflemeye başladığımı ve neden bunu daha önce yapmadığımı düşünürken buldum kendimi.

Sanki elimde bir el feneri, evimin hiç açmadığım çatı katına girmiş oraya buraya atılmış eski, çürük bozuk ne varsa tek tek bulup atıyordum. El fenerini çevirdiğim her köşeden aklıma bile gelmeyen o kadar çok şey çıktı ki şaşırıp kaldım. Bunları buraya ne ara koymuş, nasıl bu kadar biriktirmiştim... Ben ki kendimi hep kolay kızmayan, sakin, anlayışlı ve sevgi dolu biri olarak görmüştüm. Görünen buydu, fark ettiğim ise sadece kendimi kandırmış olduğumdu.

Gün geçtikçe hafiflediğimi hissettim. Sonuç almak güzeldi. Korkularımın azaldığını, öfkemin yok olup gittiğini, pişmanlıklarımın gülerek bana el salladıklarını gördüm. Tüm bunlardan daha da güzel olan bir şey vardı. Kendimi sevmeye başlamıştım. Sonunda kendimi olduğum gibi kabul etmeye başlamıştım; korkularım azalmış, kendime olan güvenim artmıştı. Yıllarca bir nehirde akışa karşı ters yüzmüş gibiydim. Oysa suyla aynı yöne akmak çok daha kolaydı. Mutlu olmak, bilinçli zihin ve düşünce gücüyle istediklerimi hayatıma çekmek, sevmek ve sevilmek daha kolaydı. Çünkü ruhumun zaten asıl doğası buydu.

Bana hiçbir faydası olmayan tam aksine ileri doğru her adımımda önümü tıkayan bu enerjiler üzerlerine ışığı tuttuğum anda dağılıp bana güç ve bilgelik veren enerjilere dönüştüler. Sonunda kendime yeni bir kader yaratacak saf enerjiye ulaşmıştım. Yaşadığım hiçbir olay değişmemişti. Sadece onlara bakış açımı değiştirmiş ve neden onları yaşamak zorunda kaldığımı anlamıştım. İçlerinde saklı olan mesajları anlamıştım.

Işık yıllardır içinde yaşadığım karanlığı aydınlığa çevirmişti.

Farkına vardığım önemli bir şey daha vardı. Evrende şaşmaz bir ilahi düzen vardı ve her ne düşündüysem hepsini belli bir düzenle önüme çıkarmıştı. Hayatımın bir türlü değişmemesinin nedeni her gün bağımlısı olduğum aynı düşünce ve duygularımdı. Aynı şekilde hissedip aynı şekilde tepki vermemdi. Kesin bir şekilde anlamıştım ki; eğer yeni bir hayat istiyorsam öncelikle düşünme ve hissetme biçimimi değiştirmem gerekiyordu. Daha önce düşünmediğim şeyleri düşünmeli, hiç hissetmediğim şekilde hissetmeli ve yepyeni hayaller kurmalıydım.

Yeni bir geleceği ancak bu şekilde inşa edebilirdim.

Öğreti çok basitti aslında. Neşe ve mutluluk istiyorsam sadece bunlara odaklanmalıydım. Dikkatimi ve enerjimi istediklerim üzerinde tutmam yeterliydi. Bunun için de zihnimi baştan sona yeniden eğittim. Bilinçaltım üzerinde bildiğim her yöntemle çalıştım. Bu süreçte fark ettim ki o güne kadar odağım hep istemediğim şeylerin üzerindeydi.

Birçoğumuz gibi..

Yeni bir aşk ve heyecan istediğimizi söylüyor diğer yandan hayatımızda neden istediğimiz gibi bir insan olmadığına hayıflanıp şikâyet ediyorduk. Kendimizi şanssız ve bahtsız görüyorduk. Yeni bir işte daha mutlu olacağımızı söylerken aklımız daha çok hâlihazırdaki işten ya da işsizlikten ne kadar mutsuz olduğumuzla ve başka bir iş bulmanın imkânsızlığıyla meşguldü.

İşte istediklerimizi elde edemememizin en önemli sebebi buydu. İstediklerimize değil istemediklerimize odaklanmak.

Oysa odaklanmış bir niyet enerjisi isteklerimize ulaşmanın en öncelikli koşuluydu. Düşüncelerimizi isteğimize doğru dar bir alana kanalize edip yönlendirebildiğimizde mucizeler başlıyordu.

Peki neden bunu yapmadık, yapamadık?

Çünkü inanmadık. Onlara ulaşacağımıza inanmadık. Yapabileceğimize inanmadık. Kendimize inanmadık. Ne zaman bir isteğimizle ilgili yola çıksak bilinçaltımızdaki tüm korkularımız, bağımlılıklarımız, inançlarımız önümüze çıkmış. Bilinçaltı bahçemiz o kadar dolmuş ki yeniye yer kalmamış. Onları bulup temizleyip dönüştüremediğimiz içindir ki aynı fasit daire içinde tam bir kader mahkûmu gibi neden hep aynı şeylerin bizi bulduğunu, neden hep aynı haksızlıklara uğradığımızı düşünüp yeniden yeniden aynı şeyleri yaratmışız. Yarınların tohumları hep eskilerin üzerine atılmış.

Oysa değişim demek eski beni terk etmek demek. Değişim demek eski kimliğimizi bırakıp kim olabileceğimizi düşünmek demek.

Hayat bazı fırsatları zaman zaman önümüze kadar getirmişti ama biz eski düşünce ve inanç biçimlerimizi bırakamadığımız için nerede yanlış yaptığımızı bir türlü anlayamamıştık.

Çünkü yanlış, kendimiz dışında her yerde olabilirdi. Bizden başka herkes suçlu olabilirdi. Oysa gerçekler her zaman basittir. Biz kendimiz hakkında ne düşünürsek o oluruz. Yetenekli, başarılı ve harika insanlar olduğumuzu düşünürsek harika oluyorduk. Şanssız, yeteneksiz ve başarısız olduğumuzu düşünürsek başarısız ve şanssız oluyorduk.

Bunun için TV'nin, medyanın yarattığı güzel ve başarılı insan hipnozundan çıkıp ruhumuzun arzularına kulak vermemiz yeterliydi. Zayıflıklarımız, başarısızlıklarımız ve korkularımızla da güzel olduğumuzu hatırlamamız yeterliydi. Dünyanın en güzel, en başarılı insanı da olsak, ruhumuzun sesini duyamadığımız müddetçe bir yanımızın hep mutsuz ve aynı boşlukta kalacağını anlamamız yeterliydi.

Her şey sizi terk etmiş,
Tutunacak tek bir dalınız dahi kalmamış olsa bile
Yine de bakın güneşe…
Yine de umut edin gelecek güzel günler için...
Hiç kimse sizi düşünmüyor mu?
O zaman siz kendinizi düşünün.
Kimse tutmuyor mu elinizden?
Siz tutun kendi elinizden.
Çizin kendi sınırlarınızı, koyun kurallarınızı!
Herkes izin verdiğiniz kadar incitebilir sizi.
Kendinizi sevebildiğiniz kadar sevilirsiniz.
Ne bir eksik ne bir fazla…
HAYIR demeyi öğrendiğiniz gün başlarsınız yaşamaya,
Evrensel olanı anladığınızda yeniden şekillenir dünya.
Sonra bir mucize olur…
Siz kendi önünüzden çekildiğinizde bariyerler yıkılır,
Hayatın doğal ritmine uyumlanırsınız.
İşleriniz büyük bir hızla yoluna girmeye başlar.
Eğer içinizi düzeltirseniz bu, doğruca dışınızdaki her şeyin düzelmesiyle sonuçlanır.
Döngüyü kırdığınız noktadan içeri bir sevgi seli akar…
Hayatınızdaki tüm tortuları alır, götürür…
Ve nerede, ne yaparsanız yapın,
Kendinizi sevmenin bir yolunu bulun mutlaka!...
Sizi ışığa taşıyacak olan budur.

Hangimiz hayatımızın bir evresinde kendimize şu soruları sormadık?

Ben neden bu dünyaya geldim?

Ne için ve kim için yaşıyorum?

Yaşamın amacı nedir?

Öldükten sonra ne olacak?

İşte yıllar evvel kendime bu soruları sormaya başladığım anda hayata dair bildiğim tüm kavramlar dağıldı. İçine sığdığım tüm kalıplar kırıldı ve kendimi özgürleştirmek için çıktığım bu yol zaman zaman çok sarsıcı da olsa beni o eski güvenli gibi görünen sahte hayatımdan çıkarıp varlığımın efendisi olma yolunda ciddi adımlar attırdı. İçten dışa doğru gelişmeye başladım. Düşüncelerimi değiştirerek seçimlerimi değiştirdim. Seçimlerimi değiştirerek yaşamımı değiştirdim. Yanılmaya ve yanlış yapmaya devam ediyorum ama artık biliyorum ki yanılmak da, yanlış da yok. Araştırmak, öğrenmek ve bunun bilgeliğiyle daha büyük hayallerimi gerçekleştirmek için buradayım. Zihnimden geçen her düşüncenin, hissettiğim her duygunun, her eylemimin mutlaka yüzleşeceğim bir sonucu olduğunu artık biliyorum. Sonrasında yüzleşmek, çözmek ve dengelemek zorunda kalacağım şeyleri yapmamaya çalışıyorum.

Her şeyden önce zihnimi eğitmem gerektiğini biliyorum.

Eğer bana bugüne kadar okuduğum yüzlerce kitabın, aldığım sayısız eğitimlerin özetini sorsaydınız size tek bir cümle ile cevap verirdim:

Kendini bil!

Tüm o kitaplar, eğitimler, meditasyonlar sadece kendimi bilmek içinmiş.

Kendimi bilmenin ilk yolu ise kendimi sevmekmiş.

Kendimizi sevmek de öyle göründüğü kadar basit bir

mesele değilmiş. Çünkü bize kendimiz hariç her şeyi sevmemizi öğretmişler. Birçok videomda bilinçaltımıza ekilmiş en kökteki ot diyerek anlattım bu konuyu. Ne kadar çekersek çekelim bir parçası kalıyor ve zaten onu tamamen bitirdiğimizde kendimizi biliyor ve aydınlanıyoruz.

Bu nedenle kitabın önemli bir kısmını bu konuya ayırdım.

Belki bugüne kadar yüzlerce insan bana aynı soruyu sordu. "Kendimi nasıl sevebilirim?" Tıpkı zamanında benim kendime sorduğum gibi...

Bunun tek bir yolu ya da yöntemi yok. Sistemli bir şekilde kendi üzerinizde biraz çalışmanız, emek vermeniz gerekiyor. Nasıl bir duvar yıllar içinde üzerine kat kat boya atıldıkça asıl rengini kaybederse biz de asıl özümüzü kaybetmişiz. Ailemiz, akrabalarımız, öğretmenlerimiz, arkadaşlarımız kim ne dediyse sorgulamadan alıp kabul etmiş ve sonra bu toplama verilerle sahte bir kimlik yaratmışız. Dahası o kimliği gerçek kabul edip ona sıkı sıkı tutunmuşuz.

Şimdi o boyaları tek tek sıyırma zamanı...

Bize ait olmayan her şeyi atma ve hafifleme zamanı...

İşe bilinçaltımızdan başlayacağız. Bilinçaltı alanımız hafifledikçe gerçek özümüz pırıl pırıl ortaya çıkmaya başlayacak. O zaman kendimizi sevmek çok daha kolay olacak. Okumaya devam edeceğiz. Bize katkı sağlayacağını düşündüğümüz eğitimleri alacak, videoları izleyecek, yeni kitaplar okuyacağız. Kendimize zaman ayıracak, bize iyi gelen insanlarla görüşecek ve bizi mutlu eden şeyleri yapacağız. Çünkü biz iyi olduğumuz sürece her şey yolunda olacak. İşte anahtar cümle bu. Biz iyi olduğumuz sürece yansıttığımız hayat da güzel olacak. Güzel bir hayat yaratmanın yolu ağzımızın burnumuzun ya da vücudumuzun güzel olmasıyla ilgili değildir.

Aldığımız eğitimler, yaşadığımız ülke, çevre ve cebimizdeki parayla da ilgisi yoktur. Sadece ve sadece yaydığımız enerjiyle ilgilidir.

Önce ben demeyi öğreneceğiz. Kişisel sınırlarımızı çizecek, gerektiğinde "Hayır" demeyi öğreneceğiz. Birilerini mutlu etme adına kendimizden tavizler, ödünler vermeyeceğiz. En önemlisi bugüne kadar yaptığımız ya da yapamadığımız şeyler için kendimizi suçlamayı bırakacağız. El âlem ne der hikâyelerini bırakacağız. Şikâyet etmeyi, kendimize acımayı bırakacağız. Kendimizi başkalarıyla kıyaslamayı bırakacağız.

Bunların yerine "İyi ki yapmışım. Onları yapmasam şimdiki ben olmazdım, her ne yaşadıysam demek ki yaşanması gerekiyormuş," demeyi öğreneceğiz.

Varsayalım geçmişte birine kötülük yaptınız. Ya da iftira attınız ve ona zarar verdiniz. Varsayalım aslında sevmeniz gerektiğini düşündüğünüz birini, mesela annenizi sevmiyorsunuz? Bu yüzden de suçluluk duyuyorsunuz.

Bu duygunuzla birlikte kendinizi sevebilir misiniz?

Bir duygu varsa vardır yoksa yoktur. Aynı nedenle birini daha az ya da daha çok seveyim de diyemezsiniz. Ya sever ya sevmezsiniz.

Duygunun özrü olur mu?

Birilerini sevme hakkına ne kadar sahipseniz sevmeme hakkına da sahipsiniz.

Tüm bu duygularınıza rağmen kendinizi sevmeye başladığınızda harika bir şey olur ve suçluluk duygunuz içinizden buharlaşıp uçmaya başlar. Ve zaten siz tam da bunun için o duyguyu hissettiğinizi anlarsınız. Bünyenizden atmanız gereken her safra yani her negatif duygu için daima bir olaya ihtiyacınız vardır.

Her şey olması gerektiği gibidir. Her şey olması gerektiği gibiyse yaptığım ve söylediğim hiçbir şey için pişman olmam ya da suçlu hissetmem gerekmiyor. Çünkü tesadüf yoktur ve hayat benim isteklerime göre değil ihtiyaçlarıma göre şekillenir. Yani neyi deneyimlemeye ihtiyacım varsa o önüme gelir.

Birisine gereksiz yere bağırdım ve incittim.

Birisine haksızlık yaptım. Başka birini aldattım. Dolandırdım, üzdüm...

Çünkü tüm bunları yapmaya ihtiyacım vardı. Benim aldatmaya, onun aldatılmaya ihtiyacı vardı. Birimiz zorba diğerimiz kurban rolünü üstlendik. Derken hayat çok geçmeden beni başka birinin kurbanı yaptı. O zaman verdiğim hasarı anladım. Bunu acı çekerek, üzülerek deneyimledim ve ruhuma kaydettim; başka bir deyişle bedelini ödedim. Onu incittiğimi, aldattığımı sanırken aslında kendimi kandırıp aldattığımı anladım.

Tüm bunları yaşamak zorundaydım çünkü başka türlü anlama, öğrenme şansım yoktu. İşte bu yüzden önce kendi yakanızdan düşün. Bugüne kadar ne yapmış olursanız olun işe öncelikle kendinizi affederek başlayın. Bir zaman gelecek affedilmeye bile ihtiyacınızın olmadığını ve aslında ortada ne suç ne de suçlunun olmadığı idrakine ulaşacaksınız. Tüm bu yaşananlar sadece düşük frekanslı duygularınızı fark edip dönüştürmenize hizmet eder. Aynı nedenle hata ya da yanlış da yoktur, sadece deneyimlediklerimiz vardır. Onlara iyi-kötü, doğru-yanlış etiketlerini biz yapıştırdık.

Fazla kilom, sabahları erken uyanamamam, mutfakta çok becerikli olmamam, biraz tembelliği sevmem, bazı şeyleri elime yüzüme bulaştırmam, erteleme huyum ve bunun gibi birçok şey kendimi sevmemem için bir neden değil. Ben buyum ve tüm bunlarla güzelim.

Kendinden 20 yaş büyük ya da küçük birine âşık olabilirsin. Eğer bu deneyime ihtiyacın varsa bu aşkı yaşayacak, neşelenecek, kızacak, korkacak, üzülecek ve o ilişkiden öğrenmen gerekenleri öğreneceksin. Çünkü ilişkiler, bizde ne varsa onları açığa çıkarır. Eğer sana bunları kendinden 20 yaş büyük ya da küçük biri öğretecekse onu da deneyimleyecek ve kendini bu hâlinle de reddetmeden sevmeyi başaracaksın.

Birileri seni eleştirecek. Tutarsız, beceriksiz, dağınık, dengesiz ya da salak olduğunuzu söyleyecek. Desinler. Hayatımızın bir döneminde illaki hepimiz bu tür eleştirilere maruz kaldık. Hayat bizi iyileştirmek için özellikle bu insanları önümüze çıkarır. Böylece yavaş yavaş dışımıza değil içimize bakmayı öğreniriz. Bir zaman sonra bu cümleler artık incitmez olur. Fark ederiz ki bizle değil kendileriyle bir sorunları vardır. Ben sadece hissettiğim duyguya bakarım. İçimde bir kendime acıma, öfke, suçluluk ya da kin yoksa güler geçerim. Demek ki olmuşum. Övgüden de yergiden de bağımsızım. Artık bir dal parçası okyanusu bulandıramıyor, üstünden kayıp geçiyor. Ne güzel...

Ve zaten yaydığım enerji değiştikçe bu cümleler de kaybolur gider.

Bazen bir danışanım gelir.

"O kadar kötü şeyler yaptım ki anlatmaya bile utanıyorum," der. Ona derim ki; "Bana ne anlatırsan anlat seni yargılamayacağım. Kaşımın tek bir teli bile kalkmayacak. Çünkü seni yargılama hakkım yok. Ben senin yaşaman gerekenleri yaşadığını ve bundan sonra da öyle olacağını biliyorum. Seni sadece takdir edeceğim. Buraya gelme ve benimle birlikte içine bakma cesaretini gösterdiğin için..."

Onu takdir ederim çünkü yaşamının tüm sorumluluğunu almak ciddi bir cesarettir. Bunu yapamadığımız içindir ki hayatımızdaki mutsuzluğumuzun sorumluluğunu hep başkalarına yükleriz. Ana babamız, kardeşlerimiz, akrabalarımız, eşimiz, sevgilimiz, arkadaşlarımız, patronumuz bizim dışımızda herkes suçlu olabilir. Oysa birini suçlamak aslında kendi güçsüzlüğümüzü kabul etmektir. Ben kurbanım, zayıf ve çaresizim o yüzden benden daha güçlü birileri beni istediği gibi yönetti, yönetiyor demektir. Aslında kimsenin bize bir şey yaptığı yok. Her ne yaşıyorsak bunu kendi seçimlerimizle biz yarattık. Aynı şekilde sorunlarımızı çözebilecek ve daha mutlu bir hayata geçebilecek olan da biziz. Birçoğumuz buna cesaret edemez. Çünkü bildiği mutsuzluk, bilmediği gelecekten daha güvenli gelir. Hatta hissettiği acıya ve mutsuzluğa tutunur ve neredeyse onu kimliğinin bir parçası yapar. O güne kadar çektiklerini, başkalarının ona yaptıklarını hatırlayıp birilerine anlattıkça kendini daha değerli, önemli hisseder. Aynı nedenle o mutsuzluğu bırakmak istemez. Öyle ya onu da bırakırsa ne anlatacaktır...

Mutsuzluğun hiç peşlerinden ayrılmayan bir gölge gibi kendilerini takip etmesinden sıkılanlar bir gün onu bırakmaya ve hayatlarının tüm sorumluluğunu almaya karar verirler. İşte o noktadan sonra yeni olasılıklar devreye girer ve yaşamları olumlu yönde yavaş yavaş değişmeye başlar.

Bazen bir danışanım gelir. Planladığımız şeyler dışında bir şey yapmıştır ve onun suçluluğunu yansıtır. Ona derim ki, "Ben seni suçlamıyorken neden kendine bu eziyeti çektiriyorsun? Ne yapmış ya da yapmamış olursan ol kendini suçlu hissetme tuzağına düşme. Yaptın ya da yapmadın ve şimdi bundan dolayı kendini suçlu hissediyorsun. Fark et ki; tam da bu duygunu açığa çıkarmak için yaşadın bunları. Şimdi suçluluğunu nasıl dönüştürebileceğimizi konuşalım."

Bazen bir danışanım gelir; "O kadar eğitime ve terapi seanslarına rağmen kendimi bazen hiç yol alamamışım gibi hissediyorum. Yakınlarıma kızabiliyor, kıskanıyor ya da kinlenebiliyorum," der.

Ona derim ki; "Ben de bazen kıskanıyor ya da kızıyorum. Ne olacak şimdi? Bir eğitmen olduğum ve bu konuda kitaplar yazdığım için tüm bunları hissetmemem ya da hissettiğim için kendimi suçlamam mı gerekiyor?"

Eskiden aynı şeyi ben de kendime yapıyordum ancak çok uzun bir süredir elimden geldiğince bu tuzağa düşmemeye çalışıyorum. Çünkü artık bir ermiş gibi davranmam gerektiğini düşünmüyorum. Sürekli pozitif duygular hissetmem ve mutlu kelebekler gibi şakımam gerektiğini de. Aksine hissettiğim bu negatif duyguların artık en değerli öğretmenlerim olduğunu biliyorum. Hiçbir duygumu reddetmeden, bastırmadan gözlemliyor ve sonra kabule geçiyorum. Evet kızgınım, belki biraz kıskanmış da olabilirim ama ben o duygular değilim ki gerideki tanığım sadece. Onları fark edenim. Eski benden farklı olarak o duygularımın beni yönetmesine izin vermiyorum. Çünkü artık nereden geldiklerini biliyorum. Basitçe; "DEĞİŞ!" diyorum içimden hepsi bu. Bu komut işe yarıyor çünkü gittikçe daha az zihnime geliyorlar.

Daha çok sevilmek için hiçbir şey yapmak zorunda değilim. Bir şeyleri değiştirmek ya da değişmek zorunda değilim. En sevilesi hâlim, tam da şu andaki hâlim.

Zihnime gelen her negatif duyguyu neredeyse havada yakalıyorum artık. Farkındalığınız arttıkça böyle olur. Rastgele düşünceler zihninizde eskisi kadar rahat cirit atamaz. Gittikçe sakinleşir zihin ve bu da o hep aradığınız huzuru, dinginliği getirir.

Bazen korkacağız, bazen kendimizi güvende hissedeceğiz. Bazen huzurlu bazen huzursuz olacağız. Bazen gülecek bazen ağlayacağız. Hayatın güzelliği tam da buradadır. Biri olmazsa diğerini bilemeyiz. Birini yaşamadan diğerine geçemeyiz. Aynı nedenle biri iyi, biri kötü değildir. Hepsi bir bütün olarak güzeldir ve bir paranın iki yüzü gibi birbirini tamamlarlar. Onlardan bazılarını sever bazılarından kaçarsak bu, güzel bir şarkının içinden birkaç notayı çıkarmak gibi olur. Şarkı yarım kalır, eksik kalır, ahengi ritmi bozulur. Çünkü şarkı tüm o notalar ve seslerle birlikte güzeldir.

Yaradan beni yaratmaya değer bulmuş ve yaratmış. Tıpkı şu anda yanımda huzurla uyuyan kedi gibi. Onu da yaratıma değer bulmuş ve yaratmış. Kedimin sevilmek için mükemmel olma derdi yok. Benim niye olsun? Yaradan benim mükemmel olup olmamamla ilgilenmiyor. Başkalarını benden daha az ya da çok da sevmiyor. O'nun beni sevmek için bir nedene ihtiyacı yok. O özümün ta kendisi ve daima benimle birlikte.

Madem özüm O'dur, bundan sonra tek işim kendimi daha da çok sevmektir. Çünkü kendimi sevmek O'nu sevmektir. Tüm duygularımla kendimi kucakladığımda o duyguların ötesinde olana açarım yüreğimi. İyi kötü diye ayırmadan tüm parçalarımı kucakladığımda onunla BİR olurum.

Sevgiyi her seçtiğimde içimdeki o özle, o ışıkla severim. Zihnimle değil yüreğimle severim. Çünkü ilahi olanın ışığı yüreğimde böyle parlar. Egom gözlerime bir perde indirip yüreğimi kararttığında sarılıp tutunacağım tek ip sevgidir. Aynı ışığı yaratılmış her şeyin içinde gördükçe daha çok severim. Sevgi enerjisi hepimizi birbirine bağlayan bir tutkal gibidir ve sevgide asla başarısızlık yoktur. Korkularınızdan arındıkça içinizdeki sevginin olanca muhteşemliğiyle ortaya çıkışına tanıklık edersiniz. Saçlarınızdan, gözlerinizden hatta ellerinizden sevgi akar. Varlığınızdan saf sevgi yayılır. Sevgiyi karşılığını alıp almayacağınızı bile düşünmeden korkusuzca vermeye başlarsınız. İçinizdeki sevgi bir kez hareketlenmeye başladığında kalbinizden herkese ve her şeye koşulsuzca akar.

Bu sevginin şartı, kuralı yoktur. Alacağı, vereceği yoktur. Sadece akar... İşte o zaman siz kendinizi sevmenin ne demek olduğunu tam anlamıyla idrak edersiniz. Artık başkalarını sevmek için bir nedene ihtiyacınız yoktur. Başkalarının size ne dediğinin de bir önemi yoktur. Siz kendinizi olduğunuz gibi sevdikten sonra başkalarını da olduğu gibi kabul eder, onların oldukları gibi olmalarına izin verirsiniz.

Bilirsiniz ki artık kendinizi sevmek için de bir nedene ihtiyacınız yoktur. Daha başarılı, daha zayıf, daha güzel, daha becerikli olmanız gerekmez. Bilirsiniz ki kendini beğenmişlik başka bir şeydir, kendini sevmek başka... Biri egonun oyunudur, diğeri saf doğanızdır. Kendinizi sevdikçe başkalarını da daha kolay sevdiğinizi görürsünüz. Karşılıksız, beklentisiz...

Bu muhteşem sevgi enerjisini üretmek bizim sorumluluğumuzdur. Biz genellikle bizim dışımızdaki birilerinin bizde bu duyguyu yarattığına inanırız. Hatta aynı nedenle çoğu zaman onlara bağımlı hale geliriz çünkü onlar olmazsa tekrar bu duyguyu hissedemeyeceğimize inanırız. Oysa o içimizde ve daima bizimledir. Hiçbir yere kaybolmaz. Sadece bazen negatif duygular o kadar baskın hale gelir ki sevgi onların altında görünmez olur. Çok kızdığımızda sevgimiz görünmez olur mesela...Ya da incindiğimizde.

İlişkilerimizde başımıza gelen de budur. Sevgi yerine hissettiğimiz negatif duygulara odaklanırız çoğu zaman. Odaklandığımız şeyi de büyütürüz. Yaşadığınız her olayın yaşamınızı kontrol etme gücü, sizin ona kattığınız enerji kadardır. Daima başka bir olasılığı seçme gücümüz vardır. Bu bilgi beni özgür kılar. Rastgele bir yaşamın kurbanı olmamı engeller. Zihnimden geçen binlerce düşünce formunun içinden hangilerini tutacağımı ben seçerim. Anbean yaptığım her seçimle kendi evrenimi kendim yaratırım. Eğer beğenmiyorsam yeni bir gerçekliği seçerim. Her zaman farklı olasılıklar, seçenekler vardır. İçimde bir kızgınlık, değersizlik ya da incinmişlik duygusunu hissettiğimde elimi kalbime götürür, yüksek sesle "BEN SEVGİYİ SEÇİYORUM" derim. Bu cümle beni kendime getirir, gereksiz bir tepki vermemi engeller. Hayatım boyunca en çok sevginin gücüne inandım. Pusulam daima yüreğim oldu. Belki de bu nedenle zaman zaman anlık aşkın deneyimler yaşadım ve bu beni daha da inançlı yaptı.

Tesadüf yoktur. Hiçbir olay gelişigüzel yaşanmaz. Hayat denen bu yolculukta istediğimiz her yolu seçebiliriz. İstediğimiz bir şey olmuyorsa olmaması gerektiği içindir ve ne olursa olsun bizim hayrımıza hizmet etmektedir. Olmuyorsa zorlamayacağız. Yolumuzu değiştirip başka bir olasılığı seçeceğiz.

Varsayalım mutsuz bir ilişkin var. Bilinçaltı düzeyde bu ilişkiyi kendine çeken sensin. Eğer kendi içindeki dönüşümü gerçekleştirirsen alanındaki arınma nedeniyle ilişkini çok daha mutlu olduğun bir zemine taşıyabilirsin. Ya da ayrılmayı seçer, yine arınma çalışmalarını yapar ve bir dahaki sefere benzer bir ilişkiyi yaşamak zorunda kalmazsın. Çünkü artık yaydığın sinyaller değişmiştir. Seni çok daha mutlu ve değerli hissettiren insan hayatına girer ve sen bir öncekinin neden olmadığını anlarsın.

Hayatın canımızı yakan o darboğazlarından geçerken tüm OLAN'ın hayrımıza hizmet ettiğini anlamakta zorlanırız belki ama belli bir zaman sonra taşlar yerine oturur ve biz iyi ki olmamış deriz. Bir sonraki kavşağı bile göremediğimiz bu kısıtlı bakışımızla, hayata ve getirdiklerine güvenmekten başka çaremiz yoktur.

Yıllar önce bir sabah mutsuz uyandım.

En büyük korkumu yaşamış, terk edilmiştim. Yalnız ve kimsesiz gibiydim sanki. Sadece kendimle baş başa kaldığımda kendimi tanıyabileceğimi bilemediğim zamanlardı. Belki de bu korkum yüzünden anlamını yitirmiş bir ilişkiye tutunup kaldım.

Yıllar önce bir sabah yine başka bir korkumu yaşayıp beş parasız uyandım. Sonra çok param olsun istedim. Baktım ki bazıları parası varken, bazıları parası yokken tasalanıyordu. Anladım ki bunun cebimdeki parayla ilgisi yok. Ardında yatan güven duygumla ilişkisi vardı ve güven duygusunu hissedebilmem için milyon dolarlara ihtiyacım yoktu.

Yıllar önce bir sabah hasta uyandım. Sırtıma gereğinden fazla yük aldığım için bel fıtığım azmıştı; acil ameliyat olmazsam felç olma noktasına gelmiştim. Uzunca bir süre bu hastalığa tutunmuş, bana yaşattığı sahte güvenlik ve kimlik duygusuna kapılmış hatta hayatıma anlam kattığına inanmıştım. Öyle ya onu da elimden alırlarsa neye tutunacaktım? Altından çaresiz bir yardım çığlığı çıktı. "Lütfen beni görün, sevin yalnız bırakmayın!"

Bir zaman sonra hayatımı ancak belli bir süre sabit, mevcut hâliyle yürütebileceğimi anladım. Sonunda değişim kaçınılmazdı. Her şey değişirdi. Anladım ki bu korkulardan kaçış yoktu.

Ya ben taşları yerinden oynatacaktım ya da hayat onları benim yerime oynatacaktı.

Çünkü içimdeki özüm, bitmemiş işlerime eğilmem için neye ihtiyacım olduğunu benden iyi biliyordu ve onun işi sadece başımı okşamak değildi. Eğer ben korkularımı halı altına süpürmeye devam edersem şiddetli bir rüzgâr estirip tüm taşları kırıp geçecekti ve ben yeterince rüzgâr yemiştim. Artık taşların devrilmesini beklemem gerekmiyordu.

Anladım ki hayat; hastalık, parasızlık ve yalnızlık dahil neye ihtiyacım varsa bana onunla ilgili deneyim yaşattırmakta kararlıydı. Çünkü o durumlar içinde daha iyi öğrenebileceğimi biliyordu. Yeter ki yüksek benliğimin bana neden o durumları yarattığını anlayabileyim. Ama ilişkimde ama işimde ama sağlığımda… Korkup sindiğim sürece fırtınadan kaçış yoktu.

Hayatın amacı sürekli hareketti, devinimdi.

Kendime sordum;

Korku yüzünden nerede kendimi bu hareketten alıkoydum? Eğer harekete devam edersem hayatımın daha da zorlaşacağı korkusuyla nerede durdum, tıkandım ve dondum?

İçimde görülmesi ve serbest bırakılması gereken derin korkular vardı ve onları açığa çıkardığımda kökten bitmiş gitmiş oluyordu.

Sonunda tüm korkularımı buldum. Onlardan korkmadan cesaretle yüzlerine baktım. Meğer benden büyük değillermiş.

Yıllar sonra bir sabah özgür uyandım.

Beni sımsıkı bağlayan korku iplerinin düğümleri çözüldü.

O günden sonra kararlarımı korkuyla değil sevgiyle verdim. Seçimlerimi sevgiyle yaptım. Tüm korkularımı bitirdim mi bilmiyorum pek de sanmıyorum ama beni korkutacak kadar büyük değiller artık.

Korkunun olmadığı yerde şeytanın da işi kalmadı.

Özgürleştim.

KENDİMİZİ SEVMEK

Hepimiz yaşamışızdır.

Hayatımız boyunca rahat ve huzurlu yaşamak için çabaladığımız hâlde bir zaman gelir kendimizi yapayalnız buluveririz. Ailemiz, arkadaşlarımız, dostlarımız bile bu yalnızlığımıza çare olamaz. Çocuklar evlenir gider, işimizden emekli olur daha sakin bir hayata geçeriz. Yaşımız ilerledikçe güçten düşmeye başlarız. Hastalanabiliriz, ana babamız, eşimiz ya da kardeşlerimiz vefat edebilir.

O zaman anlarız ki kendimizden başka sahip olduğumuz hiçbir şey yoktur.

Sonunda kendimizle baş başa kaldığımızda ise başka bir gerçekle yüz yüze geliveririz. Yıllar boyu zihin odaklı yaşamış, kalbimizi ihmal etmişizdir. Daha da kötüsü kalbimizden yükselen duyguları bastırmışızdır. İşte bu yalnızlık sürecinde o duygular tek tek saklandığı yerden çıkıp hiç bitmeyen bir radyo cızırtısı gibi arka fonda çalmaya başlar. Zihnimizi nasıl eğiteceğimizi bilmediğimiz için o duygulardan nasıl kurtulacağımızı da bilemeyiz. O güne kadar biriktirdiğimiz tüm negatif duygular art arda zihnimizde dans ederken çareler aramaya başlarız. Öyle ya bunun bir yolu olmalı....

Genellikle ilk seçtiğimiz yol, bize zarar verdiğini düşündüğümüz insanlardan uzaklaşmak olur. Bizi öfkelendiren, değersizleştiren ve korkutan insanlarla aramıza mesafe koyarız. Bu kararımız başlarda kısmen işe yarıyor gibi görünse de bir zaman sonra kendimizi ufacık bir kutunun içinde yaşıyormuş gibi hissetmeye başlarız. Hayatımızı daha da daraltmışızdır belki ama bu bizi daha da yalnızlaştırmıştır. İlişkilerde acı çekmeme adına yola çıkmış, karşılaştığımız birçok insana sırtımızı çevirmiş, sonunda hayatın ufacık bir kıyısında, köşesinde yaşar hale gelmişizdir. Ve sonra bir gün, kendimizi ele ele tutuşup kahkahalar atan, dans eden insanlara pişmanlıkla bakarken buluveririz. Ya da bir filmin, dizinin neşeli, romantik bir sahnesinde iç çekerken...

Tamam belki çok büyük acılar yaşamıyoruzdur ama hayatımızda artık çok büyük coşkular, heyecanlar da kalmamıştır.

Buna rağmen bir dağ başında inzivaya çekilmemişsek eğer mecburen o kaçtığımız hayata bir ucundan da olsa karışmak zorunda kalırız. Bitişik komşunuz biraz gürültü çıkarır ya da park yerinizi başka bir araba işgal eder ve siz büyük bir öfkeyle haykırırken bulursunuz kendinizi... O anda kendinize bile şaşırırsınız. Aylarca öyle sakin yaşayıp her şeyin yolunda olduğunu düşünürken nereye saklanmıştır bu öfke?

Bir daha vara yoğa kızmamaya karar verirsiniz. Hatta her şeye gülümsersiniz. Ne güzel, sonunda gelmiştir yine o huzur. Fakat bir sabah o kadar keyifsiz ve mutsuz uyanırsınız ki içinizden sadece ağlamak gelir. Ya da deli gibi haykırmak...

Tüm pişmanlıklarınız, suçluluklarınız, hatalarınız üstünüze üstünüze gelir.

Çünkü onlar asla ortadan kaybolmamışlardır. Sadece, sahneye çıkma sırasını bekleyen oyuncular gibi kendi sıralarını beklemektedirler.

İşte o yüzdendir sabah kalktığınızda bazen çene kaslarınızın ağrıması...

Bastırdığınız tüm o duygular gece boyu dişlerinizi sıkarak, ben buradayım diye haykırırlar. Siz ise gün boyu hayata ve insanlara bulaşmamaya çalışarak her şeyi mükemmel bir şekilde idare ettiğinizi düşünmektesinizdir.

Böylece anlarsınız ki o duygulardan kaçış yok...

Onları bastırmak hiçbir işe yaramaz.

Oysa yaşamak, sadece hissettiğimiz duygulardır.

Ağlarken, gülerken, severken ve acı çekerken hissettiğimiz duygular...

Dışarıdaki herkes ve her şey sadece aracıdır bu duygulara. Bazen mutlu olacağız öyle ki bu mutluluğu tarif edecek kelime bulamayacağız. Bazen de üzüleceğiz ve hiçbir şey teselli edemeyecek bizi. Bir taş ustası olacağız zamanla. Tüm fazlalıklarımızı atıp bir heykel gibi yontacağız kendimizi...

Bütün insanlığın aynı ruhla sevdiğini ve bu sevginin dünyadaki her şeyden daha değerli olduğunu anlayacağız.

Sonunda fark edeceğiz ki; hayat acılarımız kadar uzun, kahkahalarımız kadar kısadır.

Peki ne yapacağız?

Bizi üzen, mutsuz eden bu duygulardan nasıl arınacağız?

Öncelikle anlamamız gereken en önemli nokta şu: Bu duygular bize ait, bizim bir parçamız. Onları yok sayarak, görmezden gelerek yol alamayız çünkü onlar bizim düşmanlarımız değil. Aksine hissettiğimiz tüm o negatif duygular arınmak ve huzura kavuşmak için çok güçlü işaret direkleri gibidir. Başka bir deyişle o duygular bize nerede yaralarımız olduğunu gösterir. O yaraların yerine işaret ederler. Her acı çektiğimizde, her canımız yandığında içimizden yükselen bu duygular aslında "Ben buraya sıkıştım, beni buradan çıkar!" diye bağıran düşük frekanslı enerjilerdir. O acıya neden olan olaylar ve insanların görevi de tam budur. Onlar bizi acıtarak yaralarımızın yerini gösterir ve iyileşmemizi sağlarlar. "Lütfen bu yaranı kapat çünkü eğer kapatmazsan benim yerime başka birisi yine aynı yerden seni incitebilir, acıtabilir," derler. Mesajı doğru alırsak parmağımız suçlu olarak onları göstermeyi bırakır ve kendine döner.

Eğer biz tüm yaralarımıza bakmayı göze alacak kadar cesursak o zaman bir mucize gerçekleşir. Şifalanma başlar. Bize negatif yönlerimizi gösteren kişilerden kaçmak yerine onların neden hayatımızda var olduğunu sorgulamaya başlarız. Öyle ya eğer tesadüf yoksa hayatımıza giren her insan belli bir nedenle oradadır. O insanın size hissettirdiği en güçlü duygu her ne ise o tam da bunun için oradadır. Sevgi ise onu hissetmeniz, kıskançlık, kin ya da kızgınlık ise onları fark edip dönüştürmeniz için.

Tüm bu duygular biz değiliz ama onlar bize ait ve bizim temel kimliğimizi oluştururlar. İlkönce bunu kabul etmemiz gerekiyor. Hissettiğimiz tüm bu duygularımızla kendimizi kabul etmemiz gerekiyor. Kıskanacak, kızacak, kinlenecek ve seveceğiz. Korkacak, kızacak ve pişman olacağız. Bizde yanlış olan bir şey yok. Yanlış olan sadece bu duyguların yanlış ya da kötü olduğuna dair düşüncelerimiz. Oysa bizler, insana dair tüm bu duyguları yaşamak ve deneyimlemek için buradayız.

Bu duygularımızdan kaçmak zorunda değiliz.

Bizim bütün mutsuzluğumuz varlığımızın bazı kısımlarını kabul etmemekten kaynaklanıyor. Sevmek, mutlu hissetmek ve şefkat duymak güzel ama kızmak, üzülmek, kıskanmak kötü. O zaman bu duygulardan kurtulmamız gerekiyor diye düşündüğümüz için mutsuzuz. Çünkü bize böyle öğretildi, böyle yetiştirildik. Çocukluğumuzdan itibaren duygularımız hakkında hiç konuşmadık. Her çocuk gibi kıskandık, üzüldük, kinlendik, korktuk ancak bunları ifade etmek istediğimizde reddedildik. Bunlar ayıp ve kötü denildi. Üstelik böyle düşündüğün için kendinden utanmalısın denildi. Biz de artık ifade etmez olduk. Ancak onlar kaybolmadılar ve bizimle beraber yaşamaya devam ettiler. Hatta onlardan bazılarını o kadar bastırdık ki kendimize bile itiraf etmez olduk.

Oysa yapmamız gereken sadece şuydu:

Kıskanıyor, korkuyor da olsam kendimi seviyorum.

Kızıyor, kinleniyor olsam da kendimi seviyorum.

Tüm bu duyguları hissetmem gayet normal. İnsan olmamın doğal bir parçası.

Kendime acıyor olsam bile kendimi seviyorum. Çünkü ben buyum. Tüm bu duygularımla birlikte güzelim ve kendimi, olduğum bu hâlimle de seviyorum.

Kendinizi tüm duygularınızla kabul ettiğinizde o negatif duyguların sizinle birlikte ömür boyu kalacağından korkmayın. Hayır kalmayacaklar. Siz onları kabul ederek ilk önce yarattığınız direnci kıracaksınız ki asıl mucize ondan sonra başlayacak. Çünkü kendimizi sevmenin ilk ve en öncelikli koşulu kendimizi her hâlimizle sevmek ve kabul etmektir. Sonrasında sizi mutsuz eden o negatif duygular yavaş yavaş değişmeye, daha yüksek frekanslı duygulara dönüşmeye başlayacak. İçten, kökten değişim böyle başlar.

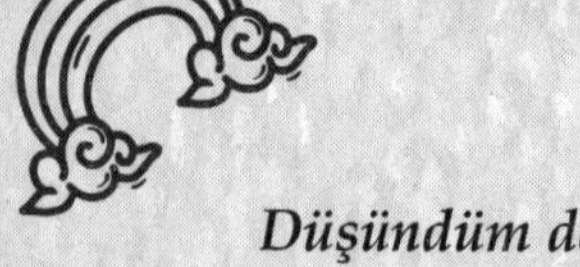

Düşündüm de;

Bana en büyük taşları atıp canımı acıtanlar aslında ayna vazifesi görüp yaparak iyileştirmem gereken yaraları gösterdiler. Aslında bana; "Biz yerini gösterdik bir an önce o yaraları şifalandır çünkü bunu yapmazsan daha ağır taşlar gelebilir," dediler.

Canım çok acısa da ruhumun gelişmek için onlara ihtiyacı olduğunu anladım…

Kinim bitti…

Her deneyim kendi zamanı ve koşullarıyla tartılır. O zaman öyle düşündüm, hissettim ve yaptım. Yapmasam öğrenemezdim. Tam da bu yüzden "keşke yapmasaydım" cümlesinin anlamı kalmadı. "Hata" kelimesi yerini "sadece deneyimledim" cümlesine bıraktı.

Pişmanlıklarım bitti…

Bulunduğum yerde ve anda mutlu olamazsam hiçbir yerde olamayacağımı anladım. Bulunduğum yeri, zamanı, hayatımı ve hayatımdaki insanları olduğu gibi kabul etmeyi öğrendim.

Suçlamalarım bitti…

Güzel giysilerim, ayakkabılarım, eşyalarım oldu. Onları severek kullandım ancak ruhumu asıl besleyen şeylerin insanlara yaptığım küçük iyilikler olduğunu anladım. Kullanmadığım her şeyden kurtuldum, hafifledim.

Gereksiz tüketim bitti…

Başkaları ne der hikâyelerini bıraktım. Liste başına kendimi koydum ve uzun zamandır ilk önceliğim kendimi mutlu etmek oldu. Ben mutlu olursam herkesi mutlu edebilirim.

Onaylanma arzum bitti.

BİLİNÇALTI VE ÇEKİM YASASI

Evrendeki her şey enerjidir ve biz de buna dâhiliz. Bilinçaltımız ise sadece yaydığımız enerjiyi okur. Neye dikkatimizi verdiysek onu hayatımızda görmek istediğimizi düşünür. Eğer yaydığımız enerjiler olumsuz ise yaratımlarımız da olumsuz olacaktır. Yaydığımız enerji olumlu ise meydana getirdiğimiz yaratımlar da pozitif olur.

İçinde bulunduğumuz bu kuantum alanında düşünceler de sürekli etrafımızda hareket hâlindedir ve onların da farklı frekansları vardır. Bizim de bir frekansımız vardır ve çekim yasası gereği o anki frekansımıza uygun olan düşünceleri kendimize çekeriz. Her zaman aynı şeyleri düşünüyor ve hissediyorsak genellikle bu alandan aynı düşünce ve duygu frekanslarını çekeriz. O nedenle hayatımızda hep aynı kısırdöngüleri yaşarız. Örneğin "Ben erkeklere ya da kadınlara güvenmiyorum," şeklinde bir frekans yayıyorsanız tam da sizi haklı çıkaracak yani güveninizi sarsacak insanları hayatınıza çekersiniz. Yani hayatınızdaki tüm olayları ve insanları yaydığınız frekansla siz çekersiniz.

Bu düşüncelerden bazıları sizde bir duygu yaratır. Örneğin bu ortaklaşa kullandığımız alandan "Bu kişi beni sevmiyor," düşüncesini çekersiniz ki alan zaten milyonlarca düşük frekanslı bu düşünceyle doludur. Onu çeker alır, hayatınızda her kim varsa ona uyarlarsınız. Sonra bu düşünce sizde bir duygu yaratır. Kendinizi değersiz ve sevilmemiş hisseder, üzülürsünüz. Belki kızarsınız da. O duyguların da bir frekansı vardır. Düşük frekanslı bu duygulara yakalandığınızda farkında olmadan frekansınız iyice düşer ve siz tıpkı bir radyo alıcı vericisi gibi yeni negatif duygular çekmeye ve tekrar bu alana salmaya devam edersiniz. Saldığınız her negatif duygu gelecekteki yeni bir eyleminizi inşa eder. Kendinize çok acıdıysanız eğer incitici bir söz ya da mesaj gönderir akabinde daha da üzüleceğiniz bir sonuçla karşılaşırsınız. Ta ki tüm bu sürecin tek sorumlusunun kendiniz ve yaydığınız düşünce-duygular olduğunu fark edene kadar.

Bu duygularımızın birçoğu bilinçaltımıza gömülü olduğu için gözümüzden kaçar. Birçoğumuz aklımız, zekâmız ve mantığımızla ne istediğimizin farkındayız ancak ne çektiğimizin farkında değiliz. Çünkü bilinçaltımızda hangi duyguları barındırdığımızı bilmiyoruz ve asıl hayatımızı yaratan da oradan yaydığımız sinyaller yani düşünce ve duygularımızdır.

İşte biz bu duyguları deneyimlemek ve üzerinde hâkimiyet kurmak için buradayız. Çünkü kendimize çekeceğimiz düşünceleri ve dolayısıyla eylemlerimizi değiştirebilme gücüne sahibiz.

Her isteğimizin de bir frekansı vardır ve eğer isteğimizle kendi frekansımız uyumsuz ise o isteğimiz gerçekleşmez. O dileğimiz bu boşlukta asılı kalır. Kendi frekansımız onunla eşleşinceye kadar realitemizde yer almaz.

Bilinçaltımızdaki tüm o negatif inançları, düşünce ve duyguları dönüştürdükçe frekansımız yükselir ve bizler sevgi, şefkat, sevinç, neşe, şükran ve aşk gibi daha yüksek frekanslı duyguları çekmeye ve deneyimlemeye başlarız.

Yıllar boyu birçok danışanım oldu ve onlarla bilinçaltı çalışmaları yaptım. En çok karşılaştığım duygu şu oldu: "Ben bir şeyleri yanlış yapıyorum ve bu yüzden sevilmeye layık değilim. Sevilmeyi hak etmiyorum. Kendimde bir şeyleri düzeltmem gerekiyor."

İşte bu duygudur tüm ilişkilerinizi, işinizi, kısaca hayatınızı etkileyen.

Zihnimizden geçen her düşüncenin ve hissettiğimiz her duygunun tüm hayatımızı şekillendirecek kadar güçlü olduğunu anlamalıyız. Çünkü onlar anbean sinyaller yayarak yaşayacağımız hayatı çekiyorlar.

Kendimizi iyi şeyler düşünürsek iyi, kötü şeyler düşünürsek kötü hissederiz. Dikkatimiz neredeyse onun frekansını güçlendirir ve hayatımıza çekeriz. Bilinçaltımız dikkatimizi verdiğimiz her şeyi hayatımızda görmek istediğimizi var sayar.

Peki sizin dikkatiniz nerede?

Hepimizin hayatı aynı eksik gediklerle yaşanmaya devam ediyor. Keyifli bir anda kahkahalar atarken gelen bir telefonla enerjiniz düşüverir. Bir an mutluyken diğer anda kendinizi dünyanın en mutsuz insanı gibi hissedebilirsiniz. Tüm bunlar hayatınızda olmaya devam edecek. Önemli olan bu olaylar değil onlara verdiğimiz tepkilerdir. Hissettiğiniz acıyı, üzüntüyü reddetmeyin, ondan kaçmaya çalışmayın. Bu hiçbir işe yaramadığı gibi güçlü bir direnç yaratırsınız. Bunun yerine gelen o duyguyu hemen kabule geçin. "Evet şu anda acı çekiyorum. Şu anda kendimi değersiz ya da dışlanmış hissediyorum. Kendimi de hissettiğim bu duyguları da seviyorum," deyin. Bu tozlu ve kirli bir alana ışık tutmak gibidir. Işık sevgidir. Işığı tuttuğunuzda her şey görünür olur ve o alanı temizlemenin ilk adımı oradaki tozun varlığını kabul etmektir. Verdiğiniz bu kabul o tozu dağıtmaya başlar. Bu sevginin gücüdür ki sevgi; dünyadaki en güçlü ve en yüksek frekansı barındırır. İçimizde daima var olan bu sevginin yüceliği, büyüklüğü içinde erimeyecek, dönüşmeyecek hiçbir duygu yoktur. Bu sevgiyi bir okyanusa benzetecek olsak hissettiğiniz o duygular okyanusa düşmüş dal parçaları gibidir. Hiçbir acınız, üzüntünüz sizden büyük değildir. İçinizdeki sevgi öylesine engindir ki onun taşıyamayacağı hiçbir duygu yoktur. İyi-kötü diye ayırmadan tüm duygularınızı sevin. Onların içinde özellikle canınızı acıtanlar, dikkatinizi çekmeye çalışan küçük çocuklar gibidir ve onların iyileşmeye ihtiyacı vardır.

Hepimizin egosu var. Bu egoyla hareket ettiğimizde yoldan çıkar, yanlış gibi görünen seçimler yaparız. Evren sürekli işaret gönderir, uyarır ama görmezden gelmeyi seçer, bildiğimizi okuruz. Sonunda da acı çeker ve bazen kayıplar yaşarız. Tüm bunların sorumlusu dışarıda birileri değildir. Sorumluluk bizzat bu seçimleri yapan bize aittir. Hayatımızda istediğimiz şeyler olmuyorsa bilinçaltımızda mutlaka buna karşı çıkan bir parçamız, negatif bir inancımız ya da korkumuz vardır. Zihnimiz içinde istediği gibi at koşturan egomuz, değişimi sevmez. Bilinçaltımız da değişimi sevmez ve ısrarla değişmemek için direnir. Bu direncin altında hangi inancımız ya da korkumuz yatıyor, neye tutunuyor ve bırakmamak için direniyoruz tüm bunlara yakından bakmamız gerekir.

Bizler çoğu zaman hayatın küçücük bir parçasını görür, kızar, öfkelenir ya da kendimize acırız. Oysa olanın sorumluluğunu alıp kabule geçtiğimizde hayatımızın kontrolünü, her şeyi bilen ve bütünün resmini gören

Yaradan'a bıraktığımızda başka bir deyişle teslim olduğumuzda ego devreden çıkar ve hayatımızdaki her şey kendiliğinden yoluna girmeye başlar.

Aynı nedenle iyi ya da kötü yoktur. Doğru ya da yanlış yoktur. Çünkü kötü gibi görünen bile aslında bize hizmet eder. Tüm bunların üzerinde ilahi bir plan vardır.

Anladım ki;

Aynı şeyleri düşünmeye devam ederek yeni bir hayat inşa edemiyorum.

Yeni bir ruh hâli de…

Artık yeni şarkılar söylemenin zamanı çoktan gelmiş…

Anladım ki;

Bıraktığım her arzumla birlikte onun gerçekleşmesini engelleyen korkularımı da bırakıyorum. Olsun olsun diye diretti-ğim hiçbir şey olmuyor. İster yorgunluktan, ister bezginlikten ne zaman ki istemekten vazgeçiyorum her şey yoluna giriyor. Çünkü bırakmamak için direndiğimiz her şeyi güçlendiririz.

Anladım ki;

İster kabul edelim ister etmeyelim evrende çekim yasası denilen fizik yasası istisnasız işliyor. Bunun anlamı şu; düşünsel ve duygusal boyutta neye odaklandıysak o parçamız bir mıknatıs gibi ışıl ışıl parlıyor. Düşündüklerimizi çekmek üzere… Evren dediğimiz bizim bilincimizle sürekli etkileşimde olan ve onun frekansına göre karşılık veren enerjiden başka bir şey değil.

En basit anlatımla; ne ekersen onu biçersin.

Ne düşünürsen onu yaşarsın.

Anladım ki;

Kötü düşünceler beyin kıvrımları arasında gezinen ve her defasında kendini çıkmaz sokakta bulan enerji formlarından başka bir şey değil. Oradan çıkamadıklarında içten içe beni yiyip bitiriyorlar. Binlerce düşüncenin tıpkı bir labirentte gezer gibi oradan oraya koşup çıkmaz sokaklarda birbirleriyle çarpıştıklarını düşünün. Her bir düşünce kendi içinde küçücük de olsa bir enerji paketçiği. İşte o çarpışmalar başıma ağrı, yüreğime sıkışma ve acı olarak yansıyor.

İyi de ben bunlardan nasıl kurtulacağımı bilmiyorum demek de zihnimin ürettiği eski bir kalıp ve otomatik bir kaçış programı. Aynı zihin tüm bunların bir kandırmaca, uydurma olduğunu ve asla bir kaçış yolu olmadığına beni ikna etmeye çalışıyor.

Anladım ki;

Tüm bunlardan kurtulmanın tek yolu yepyeni bir enerjinin içime akmasına izin vermek. O zaman her şey yeniden hizalanır ve enerjiler başka türlü akmaya devam eder. Evrenin sadece bizim enerjilerimize yanıt veren bir ayna olduğunu fark etmemiz bile bir sonraki adım için yeterlidir.

Anladım ki;

Tüm bunları bilmek bile hayatımın bir anda peri masalına dönüşeceği anlamına gelmiyor. Hayat kendi zorluklarını zaman zaman dayatmaya devam edecektir. Ancak biliyorum ki o zorluklar karşısında kendimi eskisi kadar kötü, acımış ya da tükenmiş hissetmeyeceğim. Aynı nedenle o enerjilerin üzerime yapışmadan geçip gitmesi de uzun sürmeyecektir.

Anladım ki; hayat tamamen düşündüklerimi yansıtan bir ayna.

Tertemiz bir yüreğin aynaya, oradan da dünyaya yansımasına cennet diyorlar.

DÜŞÜNCE MADDEYİ ETKİLER

1927'de Clinton Davisson ve Lester Germer elektronlar üzerinde bir deney yapar. Deneyde tek bir elektronu, iki dikdörtgen yarıktan geçirerek, yarıkların arkasındaki ekrana yansıtırlar. Elektronun yarıklardan birinden geçmesi beklenirken o her iki yarıktan da aynı anda geçer ve ekranda bir dalga deseni ortaya çıkar —*dalgacık*. Sanki madde ona baktığımızın farkında gibidir.

Bu bir mucizedir. Bunun üzerine bilim insanları başka bir deney yapar ve yarıklara bir gözlem aleti yerleştirir. Bu defa elektron tek bir yarıktan geçer yani normal bir madde gibi davranır —*parçacık*.

Yani madde biz ona baktığımızda, onu gözlemlediğimizde sanki bunu fark edip anlıyor ve bir şekilde görünür oluyor. Bir gözlemci olmadığında dalga olarak, gözlemlendiğinde ise parçacık olarak görünüyor. Buna kuantum fiziğinde çökme deniyor. Başka bir deyişle sonsuz olasılıklar içinde sadece bir tanesi onu gözlemlediğimiz anda var oluyor. Bu da bize şunu gösteriyor. Sadece gözlemleyerek atom altı düzeyde maddeyi etkileyebiliyoruz. Buna da gözlemci etkisi deniyor. Tasavvufta "İnsan Allah'ın aynasıdır" denir. İşte bu düşünce de kuantum dünyasındaki "gözlemci etkisi" kavramını açıklıyor. Gözlemci ile gözlenen aslında birbirinden ayrı değil.

Gözlem esnasında bizden düşünce dalgaları yayılıyor ve her bir dalganın içeriğine göre farklı frekansı var. Düşünce dediğimiz aslında küçük bir enerji paketçiği. Ünlü fizikçi Richard Feynman "Kuantum teorisi karşısında şaşkınlığa uğramayanlar bu teoriyi anlamamış demektir," diyor. Bu düşüncesine katılıyorum çünkü bu teori bize düşünce gücümüzle aslında maddeyi etkileyerek tüm dünyamızı istediğimiz şekilde değiştirebileceğimizi anlatıyor. Bu bizim kendi gerçekliğimizi yaratma şeklimizdir. Bir şeyler istediğimiz gibi gitmediğinde daima başka olasılıklar var ve eğer biz onlara nasıl odaklanacağımızı anlarsak tüm hayallerimizi gerçekleştirebiliriz. Bir şeye saf bir enerjiyle kendimizi adayacak kadar odaklandığımızda o şey hayatımızda oluverir.

Bu teoriye göre madde hem parçacıktır hem dalgacıktır. Gözlemlemediğimde dalgalar hâlinde yayılır, gözlemlediğim anda parçacığa dönüşür. Karşıt olasılıklar aynı anda vardır. Bir şey hem vardır hem yoktur. Hem doğrudur hem yanlıştır. Hem iyidir hem kötü. Hayır da şer de birdir. Bizim kötü dediğimiz de hayrımıza hizmet etmektedir ama o anda bize kötü gibi görünür. Tam da bu yüzden suçlamak, yargılamak anlamsızdır çünkü her şey aslında tam olması gerektiği gibidir. Çoğu zaman bize öyle görünmese de.

Bu görüş daha derin bir bakış açısıyla baktığımızda bizi dualitenin ötesine yani tekliğe taşır. İkilik yoktur sadece birlik vardır ve olan her şey onun farklı yansımasıdır.

Kuantum fiziğine göre bu milyonlarca enerji ve bilgi yüklü olasılık dalgalarına baktığımız anda onlara yoğunlaşıyor, somut dünyaya dönüştürüyoruz. Daha basit bir anlatımla içinde bulunduğumuz bu kuantum birleşik alanı potansiyel olasılık dalgalarıyla dolu. Biz dâhil var olan her şeyin de bir frekansı var. Frekans dediğimiz onun titreşim hızı. Her madde ve her birimiz farklı frekanslarda titreşiyoruz. Fizikte çekim yasası denilen yasaya göre benzer enerjiler birbirine çekilir. Yani bu alandan düşünceleri o anda yaydığımız frekansa göre çekiyoruz. Titreşimimiz, başka bir deyişle frekansımız yüksekse sevgi, neşe, aşk, mutluluk gibi yüksek frekanslı düşünceleri, frekansımız düşükse kıskançlık, değersizlik, güvensizlik, kin ve nefret gibi düşük frekanslı düşünceleri çekiyoruz. Bu alanda sadece düşünce dalgalarımız değil, radyo, TV, telefon, uydu dalgaları da var. Düşünce dalgaları bu alanda bilgi yüklü frekanslar şeklinde dolanıyor. Yaydığımız frekansa göre onlardan birini çektiğimizde beynimiz o dalgayı çözüyor ve onu görüntü ve ses olarak algılamamızı sağlıyor. Tıpkı TV kumandalarının yaptığı gibi. Onlar da bu alandaki bir dalgayı yakalayıp ekranda görüntü olarak görmemizi sağlıyorlar.

Bizde de epifiz bezimiz o frekansları yakalayıp onları zihnimizde canlı görüntülere dönüştüren anten görevini yapıyor. O aynı zamanda bizi boyutlar arası gezdiren bir zaman makinesi gibidir.

En basit anlatımla kuantum fiziği, düşüncenin maddeyi etkileyebildiğini ispat etmiştir. Bizden yayılan bu düşünceler/duygular ise çekim yasasına tabi olarak kendine benzer başka bir düşünceyi çeker. Hangi düşünce ve duyguları yayacağımızı ise bilinçaltımızdaki kayıtlarımız belirler. Bu nedenle bilinçaltında hangi kayıtların olduğu çok önemlidir çünkü onlar sürekli hayatımızı şekillendiren düşünceleri çeker.

İşte kuantum, çekim yasası ve bilinçaltı arasındaki ilişki budur.

Büyük bir cesaretle hayal kurmaktan vazgeçmeyelim. Bu her şeyin potansiyel olarak var olduğu kuantum alanını harekete geçirmemize yardımcı olur. Her ne kadar kuantum fiziği bunu yeni dillendirmeye başlamış olsa da en eski çağlardan beri tüm kadim bilgiler dünyayı düşleyerek yarattığımızı söyler. Düşleme gücümüz yaratılışın ta kendisine katılım gücümüzdür.

Dünyamız onu gözlemlediğimiz için vardır, düşlediğimiz için vardır. Bu da demek oluyor ki sadece düşleme gücümüzle muhteşem bir dünya yaratabiliriz.

ELEKTROMANYETİK ALAN VE YARATICI ENERJİMİZ

Biz dâhil evrendeki her şey daima bir ışık ve bilgi yaymaktadır. Yaydığımız enerji ne kadar çoksa ışığımız o kadar parlak ve enerjimiz o kadar yüksektir. Bu hâlde iken yaşam dolu oluruz. Yaydığımız ışık azaldıkça enerjimiz de azalır, yaşamdan daha az keyif alırız.

Düşünce ve duygularımız bedenimizi saran ve ölçülebilir bir elektromanyetik alan yaratır. İşte etrafınızı bir çember gibi saran bu alan bilinçaltı kayıtlarımızı da barındıran alandır. Bir şey düşündüğümüz anda beynimizdeki nöronlar ateşlenir ve ateşlenme beynimizde bir elektrik yükü yaratır.

Duygularımız da tıpkı düşüncelerimiz gibi hareket hâlindeki enerjilerdir. Enerji saklanamaz. Çok sinirli ve ya da üzgün birinin enerjisini hemen fark edersiniz. Çünkü onlar çok güçlü enerji yayarlar.

Hayatımız sürekli değişiyor gibi görünür. Sanki her şey yeni gibi olmaktadır. Yeni bir işe girer, yeni bir insanla tanışıyor gibi görünürüz. Aslında olan, bizim her an aynı düşünceleri yayıp aynı olayları ve insanları çekiyor olmamızdır. Yeni bir şey yoktur. Ortam ve insanlar yenidir fakat frekansları sizinkiyle benzerdir; aksi hâlde hayatınıza giremezlerdi. Onlarla ilişkilerimizde yine aynı tepkileri vermeye devam ettiğimizde aslında değişen bir şey olmadığını fark ederiz. Bunu bazen biraz geç fark etsek de hepimiz sonunda aynı soruları sorarız:

Neden hep aynı şeyler oluyor?

Neden hep aynı insanları hayatıma çekiyorum? deriz.

Her gün aynı şeyleri düşünüp hissettiğimizde aynı elektromanyetik alanı yaratırız. Dikkatimizi nereye yöneltirsek enerjimiz oraya akar. Dikkatimiz her zaman bildiğimiz, hissettiğimiz anı ve duygularda ise enerjimizi şimdiki andan geçmişe akıtmış oluruz. Bu alan da hayatımıza aynı olasılıkları çekerek geçmişin tekrarını yaşamamızı sağlar. Hayatımızda değişim yaratmamızın tek yolu yaymakta olduğumuz bu elektromanyetik alanı değiştirmektir. Bunun için dikkatimizi bildiğimiz geçmişten, anılardan, duygu ve düşüncelerden çekip hayal ettiğimiz bir geleceğe odaklamamız gerekir. O zaman enerjimizi şimdiki andan alıp olası bir geleceğe akıtmış oluruz.

Dikkatimizi verdiğimiz yer enerjimizi de akıttığımız yer olduğu için sabah kalkıp dikkatimizi gece yatana kadar yaptığımız işlere verdiğimiz için enerjimiz dağılır. Tüm yaratıcı enerjimiz de bizden akıp gider. Başka bir deyişle dikkatimizi dış dünyaya verdiğimiz anda enerji parçalanmaya başlar.

Peki ama biz yeni bir gerçekliği hangi enerjiyle yaratacağız?

Birçoğumuzun enerjisi depolanmış hâlde bedenimizdedir. Yıllar boyu hep aynı şekilde düşündük, hissettik ve davrandık. Yeni bir şey yapmadığımız içindir ki yaratıcı enerjimizin büyük bir kısmı bedenimizde, çakralarımızda sıkıştı kaldı. Geçmişimizin duyguları bedenimizde birikti. İşte bu yaratıcı enerjiyi sıkıştığı yerden kurtarıp hayallerimizi gerçekleştirmekte kullanabiliriz. Buradaki tek sorun yaratıcı enerjimizin büyük bir kısmını, suçluluk, nefret kırgınlık, yoksunluk ve korku duygularına bağlamış olmamızdır.

İşte onların kendimiz için yeni bir kader yaratacak saf enerji hâline dönüştürülmesi bu nedenle çok önemlidir.

Yeni bir gerçekliği yaratmanın ilk yolu dikkatimizi dışarıdan çekip yavaş yavaş içimize doğru bir yolculuk başlatmaktır. Meditasyonu da bunun için yaparız. Zihnimizde sürekli aynı düşünce ve duygular bir ırmak gibi akarken bir mola verir, o düşünce ve duyguların üstüne yükselip saf gözlemci oluruz. Düşüncelerimizi bir buluta benzetecek olursak eğer biz gökyüzü gibi oluruz. Oradan baktığımızda düşüncelerin zihnimizde rastgele nasıl akıp gittiğini fark ederiz. Bu gözlem o düşüncelerin akışını yavaşlatır. Arada düşüncesiz kaldığımız anlık boşluklar oluşur. Onlar kıymetlidir çünkü tam bu anda frekansımız da yükselmiştir ve bu hâlimiz daha yüksek frekansta titreşen olasılıklara da erişim imkânı sağlar. Bu bir nevi daha yüksek frekanstaki dilek ve hayallerimize kapı açmak gibidir. Gündelik yaşamımızda zihnimiz sürekli dolu ve meşgul olduğu için bu kapı da kapalıdır. Meditasyon sırasında bedenin, zamanın ve mekânın olmadığı daha yüksek bir boyuta geçeriz ki bu boyut şimdi alanıdır, mucizelerle dolu kuantum alanıdır. Ve biz dağılan enerjimizi sadece şimdiki anda geri çağırabiliriz.

Meditasyon sırasında zihniniz yine bildiğiniz geçmişe kayar kendinizi yine bildik duygular içinde bulabilirsiniz. Örneğin eski eşiniz ya da sevgiliniz aklınıza gelir ve siz yine kendinizi kızgın hissederken bulabilirsiniz. Ya da ödemeniz gereken bir parayı düşünüp endişelenebilirsiniz. Kendinizi enerjinizi yine bildik geçmişe akıtırken bulabilirsiniz. Bu olur çünkü bedeniniz o duygulara bağımlıdır. Bedeniniz yine eski eşinize kızmaya ve para için endişelenmeye devam etmek ister. Bu nedenle meditasyon sırasında eski kayıtlarınız başlarını sudan çıkaran yunus balıkları gibi sık sık ortaya çıkıp sizi sabote eder. Bu durumda kendinize kızmadan sakince şimdiki âna dönün. Siz bunu yaptıkça bedeniniz sakinleşir ve saboteyi azaltır.

Siz her meditasyona niyetlendiğinizde bedeniniz bu süreçte her gün alıştığı rutini yapmak ister. Su ister, kahve ister, TV izlemek ister. Bildiğiniz geçmişe dönmek ister. Bu alışkanlıklarınızı azar azar da olsa her kırdığınızda zihniniz üzerinde hakimiyet kazanmaya başlarsınız. Zihnin efendiliği böyle başlar. Farkındalık böyle başlar. Farkındalığınız arttıkça düşüncelerinizin üzerinde güç kazanmaya başlarsınız.

Dağılmış enerjimizi geri çağırmamızın başka bir yolu da zamanımızı alan telefon, televizyon vb. bağımlıklarımızdan biraz da olsa uzaklaşıp onlarla olan duygusal ve enerjisel bağlarımızı azaltmaktır. Bu da bizim yeni bir gelecek yaratmak için bir miktar daha enerjiyi serbest bırakmamız anlamına gelir.

Eskiden bu yana telefonum ya da bilgisayarımda bir sorun olduğunda bunu bir mola vermem gerektiğinin işareti olarak kabul ederim.

Sağlıklı bir insan vücudunun 62-68 MHz'lik bir frekans aralığı vardır. Hastalık ve rahatsızlıklar 58 MHz'de başlar. Olumsuz düşünceler insan frekansını 12 MHz düşürürken olumlu düşünceler ise 10 MHz yükseltir. Hastalıklar frekansımızın düşmesinden kaynaklanır. Özetle; aslında hastalık yoktur, negatif düşünce vardır. Araştırmalar hayata karşı daha pozitif bir bakış açısına sahip olanların karamsar olanlara göre on yıl daha uzun yaşadıklarını gösteriyor.

Kuantum alanında beşinci boyutun tüm potansiyeli mevcuttur. Sınırsız sayıdaki olasılıklar bu görünmez enerji ve bilgi alanında şimdiki zamanda mevcuttur. Bu üç boyutlu zaman ve mekânın ötesindeki alana saf bir bilinç olarak erişim olanağımız var. Bu alemin giriş kapısından geçtiğimizde istediğimiz gerçekliği yaratabilme gücümüz var. Bunun için frekansımızı bu alandaki istediğimiz şeyin frekansıyla eşleştirmemiz gerekir. Bütün potansiyel gelecekler oradadır ve bizim isteğimiz de orada bir potansiyel olarak durmaktadır.

Bu alana saf bir niyetle girmelisiniz ve ne istediğiniz konusunda çok net olmalısınız. Daha sonra bu alana güçlü bir enerji göndermelisiniz ki bu da yüksek frekanslı duyguları hissetmeniz gerektiği anlamına gelir. Kendinizi ne kadar güçlü, heyecanlı, sevgi ve takdir dolu hissederseniz alana gönderdiğiniz enerji o kadar güçlü olacaktır. Bunun için hayal ettiğiniz şeyi gerçekleşmiş gibi düşünmeniz ve o gerçekleştiğinde hissedeceğiniz duygulara kendinizi açmanız gerekir. O duyguları özellikle kalbinizde hissetmenizi öneririm. Çünkü kalp merkeziniz en güçlü duyguları üretir. O zaman yaydığınız frekans istediğiniz o şeyin frekansını çok daha hızlı yakalayacaktır. Eğer bu imgelemeyi inançsız ve kurban enerjisinde yaparsanız yaydığınız titreşimin gücü isteklerinizi çekmeye yetmez.

Bu nedenle hayatınızda büyük değişimler istiyorsanız eğer onları çekebilecek kadar büyük duyguları hissedebilme kapasitesine de erişmiş olmanız gerekir. Bedeniniz o duyguyu hissettiğinde kayda alır yani bir nevi o duyguyu bedeninize tanıtmış olursunuz. Bunu bir kez yaptığınızda bedeninizin o duyguya erişimi çok daha kolay olacaktır.

Bu farkındalığı daha sonra da sürdürebilmeniz önemlidir. İstediğimiz birçok şeyin gerçekleşmeme nedeni daha sonra onun gerçekleşeceğine dair zayıflayan inancımız ve şüphelerimizdir. Yani büyük bir heyecanla ister, onu kuantum alanında seçeriz ancak daha sonra bu heyecanın titreşimine tekrar yükselemeyiz. O yüzden isteğinizi net bir şekilde belirledikten sonra nasıl gerçekleşeceği kısmına çok takılmamanızı öneririm. Çünkü bu durum direnç yaratır. Kuşku ve güvensizlik yaratır. Bu da enerjimizi düşürür. Direnç dediğimiz negatif duygulardan başka bir şey değildir. Yaratmak istediğinizi daha büyük bir zekâya teslim edin ve sonra akışa bırakın.

Dışarıda gördüklerin içindekilerdir aslında..

Onlar sadece ayna tutar içindekini rahat görebilesin diye. Kızdığın da, acıdığın da kendinsindir çoğu zaman...

Başka insanlara kızıp suçladığında kendini de ayırırsın ve onlar gibi olursun zamanla. Onlar kadar bencil, korkak ve acımasız...

Ayrılık böyle başlar ruhunla... İçinde sen olmayan başka bir "ben"e teslim edersin kendini...

Sonu gelmez bir fasit dairenin içine böyle sıkışır kalırsın. Ait olduğu yerin okyanuslar olduğunu bilen akvaryumdaki balık misali...

Kendine acımaktan, kızmaktan vazgeçtiğin gün başlarsın iyileşmeye.

Kendini her hâlinle sevip, kabul ettiğinde geçmeye yüz tutar acıların, kapanmaya başlar yaraların…

Karanlık yüzünü görmeden, ikiliğin içinden geçmeden "Bir"liği anlama imkânın yok! Bundandır o sana benzeyen ama sen olmayan karanlık hallerin...

Birilerine olan kinini bitirip affettiğinde, aslında kendin olan bir parçanı affedersin. Bütünlük, birlik yolunda eksik olan bir parçana daha kavuşursun...

Bundandır rahatlaman, hafiflemen... Bundandır içine dolan o huzur esintisi...

Korktuğun da kendinsindir, kızdığın da…

Her öfkenin altında başka bir korkun yatar. Ne zaman ki özgürleşirsin o korkulardan, bir parçana daha kavuşursun, yabancılığın biter. "Bir"liğe bir adım daha yaklaşırsın. O başkalarının gözlerinde gördüğün korku sana aittir, öfke sana aittir...

Hepsi bittiğinde saf olan sevgi kalır.

Sana "sen" gibi bakmaya başlar insanlar. Her baktığın

yüzde kendini görür, acılarını ta yüreğinde hissedersin elinde olmadan...

Bilirsin ki artık; onlar için bir şey yapmak kendin için yapmaktır.

Gittikçe daha çok SEN olur insanlar. Korkularından, öfkelerinden arınmış, sevgi dolu insanlar...

Başka bir boyutta yaşam başlar sen farkına varmadan. Karanlığın elini yavaş yavaş çekip yerini aydınlığa bıraktığı ışık dolu bir dünyaya adım attığını fark edersin sevinçle.

Sevgi hepimizi birbirine bağlayan bir tutkal gibidir.

Yaşayan her canlının gözlerinde görebilirsin onu eğer bakmayı bilirsen… Bahçendeki o kırmızı gül senin için açar... O ağaç senin için meyve verir aslında...

Eline 1 lira verip mendil aldığın çocuktan, kucağına aldığın bebekten, başını okşayıp beslediğin kediden, köpekten akar, yayılır evrenin en ücra köşesine...

İşte mutluluk da budur aslında. Onca acı ve sıkıntıdan sonra kendini yeniden hatırlamak…

Saf sevgi olduğunu hatırlamak…

KUANTUM OLASILIKLAR DÜNYASI

Bu hayatta hemen hepimizin istekleri var. Bazılarımız bir ev, araba ister, daha çok zenginlik ve mal mülk ister. Bazılarımız işinde yükselmek ya da dünyayı gezmek ister. Her ne olursa olsun tüm bunları temelde kendimizi daha iyi, güvende ve huzurlu hissetmek için isteriz. Mutlu olmak için isteriz. Ancak dikkatli bir gözlemle şunu fark ederiz. Egoya dayalı isteklerimizin hiçbiri, onlara kavuşmuş olsak bile o hep aradığımız kalıcı mutluluğu ya da huzuru getirmez. Buna rağmen egomuzun maddeye dayalı istekleri hiç durmadan devam eder. Zengin olduğunda, evlendiğinde, boşandığında, emekli olduğunda mutlu olacaksın der. Böylece mutlu olma hayallerimizi sürekli geleceğe erteleriz. Bazen eğitimlerime katılan arkadaşlarıma sorarım:

Şu anda mutlu musun?

Sence mutlu olman için ne gerekiyor?

Hemen hiç kimse olduğu yerden memnun değildir. Birçoğu başka bir iş yaparlarsa daha mutlu olacaklarına inandığını söyler. Bir kısmı ise evlenir ya da boşanırlarsa daha mutlu olacağına inanır. Onlara şu andaki frekanslarının o hayalleri çekemeyeceğini söylerim. Şu andaki hâlinizden memnun olmadığınız hatta çoğu zaman şikâyet ettiğiniz için frekansınız düşük. Hatta bazılarınız kurban rolünü oynayıp bu durumuyla ilgili çevresindeki insanları suçluyor ki bu en düşük frekanstır. Oysa istekleriniz, dilekleriniz bu boşlukta ve yüksek frekansta dolanıp duruyor. Sen düşük frekansta kaldığın sürece onlar öylece dönüp durmaya devam edecek. Çünkü çekim yasasına göre sen düşük frekansta iken yüksek frekanslı hiçbir şeyi hayatına çekemezsin. Sır daima şimdidedir. Bu da şu anlama gelir. Her nerede ne yapıyorsan ve kiminle yaşıyor olursan ol ilk önce bu durumu kabul et ve bu durumun kendi seçimlerinin sonucu olduğunu bilerek sorumluluğunu al. Sonra kendi dışındaki insanları suçlamayı ve şikâyet etmeyi bırak. Bu süreçte kendini suçlama ya da pişmanlık duyma tuzağına da düşme. Bu durumdasın çünkü şu andaki hayatında görmen ve deneyimlemen gereken şeylere ihtiyacın vardı. Kendine açık ve dürüst ol. Bu durumun altında yatan kök duygularını ve korkularını bul. Örneğin; buradayım çünkü yeni bir iş bulmaktan ya da kendi işimi kurmaktan korktum. Buradayım, bu ailede, ilişkide ya da evlilikte... Çünkü dışarıdaki hayatla tek başına mücadele edebilecek gücü kendimde bulamadım. Bunun için kendimi güçsüz ve yetersiz hissettim. Buradayım çünkü yalnız kalmaktan korktum vs.

Kendinize karşı çıplak kalmaktan korkmayın. Tüm bu duygularınız çok insani ve normaldir. Hangimiz bu duyguları yaşamadı ki...

Bu yüzleşme değişimin en önemli adımıdır. Bir kez bunu yaptığınızda artık hiçbir şey eskisi gibi olmaz. Bu zamana kadar zihniniz size şu oyunu oynuyordu. "Buradan çıkış yok, sen başarısız ve yetersizsin. Bu yüzden istesen de değiştiremezsin." Şimdi ise durum farklıdır. Artık kendi koşullarınızı değiştirip dilediğiniz hayatı oluşturabileceğinizi fark ettiğinizde zihniniz çözüm odaklı çalışmaya başlar. Evet, şimdi buradayım ama yarın çok daha başka bir yerde olabilirim demeye başlarsınız. Sorularınız değişir:

"Bu durumu değiştirmek için ne yapabilirim?"

"Hangi seçeneklere sahibim?"

"Bundan daha iyisi nasıl olur?" demeye başlarsınız. Artık odağınız değişmiştir. Dikkatiniz artık istemediklerinizde değil neler istediğinizde yoğunlaşmıştır. İşte mucize bu noktadan sonra başlar. Siz bir kez harekete geçtiğinizde o olasılıklar da yavaş yavaş hayatınızda belirmeye başlar. Çünkü artık enerjiniz değişmiştir. Daha heyecanlı ve coşkulusunuzdur. Kendinize olan inancınız ve güveniniz arttığı için frekansınız yükselmiştir. Çekim yasası hepimiz için istisnasız çalışır. Yaydığınız yüksek frekans yine bu boşluktaki yüksek frekanslı olasılıkları size çekmeye başlar. İlk başlarda şaşırırsınız. Hatta "Bu kadar basit miydi?" dersiniz kendi kendinize. O olasılıklar daima etrafınızdaydı ancak siz daha düşük frekansta olduğunuz için onları göremiyordunuz. Yükseldiniz ve onlarla eşleştiniz. Olan budur.

Bunu bir benzetmeyle açıklamam gerekirse; varsayalım evinizde oturdunuz televizyon izliyorsunuz. Siz izlediğiniz bir programı beğenmediğinizde ne yaparsınız? Elinize kumandayı alır kanal değiştirirsiniz. Çünkü sonuna kadar o programı izlemek zorunda değilsiniz. Televizyonunuzun içinde yüzlerce kanal daha vardır ve o kanalların farklı frekanslardaki dalgaları da bu boşlukta salınmaktadır. Kumandanızdaki bir tuşa basarak o dalgayı yakalar ve ânında başka bir programa geçersiniz. Yine beğenmezseniz başka bir tuşa basmanız yeterlidir. İşte hayatımızla olan ilişkimiz tıpkı o televizyon ile kumanda arasındaki ilişki gibidir. Şu andaki hayatınız kendi yansıttığınız bir dalga boyundan ibarettir çünkü frekansınız buna ayarlıdır. Ama eğer bu hayatınızdan memnun değilseniz frekansınızı yükseltir ve başka bir hayata geçersiniz. Yeni bir frekans ve bilinç seviyesinde yansıttığınız bu hayat da şimdikinden farklı olacaktır. Şimdi yeni frekansınıza uygun olan olaylar ve insanlar hayatınıza doğru çekilirken daha düşük frekansta olanlar kapsama alanınızın dışına düşecektir. Kuantumun en basit anlatımı budur.

İşte biz bilinçli ya da bilinçsiz tüm hayatımızı böyle yaratırız. Bilinçsizce yarattığımız hayatta kendimizi bir kurban gibi görürken bilinçli bir odaklanmayla yarattığımız hayatta, hayatımızın efendisi gibi hissetmeye başlarız. Daha önce gözlerimiz kapalı bir araba sürüyorduk ve doğru dürüst önümüzü göremediğimiz için sürekli sağa sola çarpıp yaralanıyorduk. Şimdi ise göz bağımızı çözdük ve hedefimizi bilerek, görerek ilerliyoruz. Artık darbe yemeye ihtiyacımız yok.

Fark ettiğiniz üzere tüm bu süreç bizi aslında tek bir noktaya götürüyor.

Bir şekilde frekansımızı yükseltmemiz gerekiyor.

Bizler daima elektromanyetik bir enerji hâlinde bilgi yayıyoruz.

Daha önce de belirttiğim gibi her düşüncemizin, inancımızın ve duygumuzun bir frekansı var. Sevgi, sevinç, mutluluk, neşe, şefkat, şükran, aşk gibi duygularımızın frekansı daha yüksekken kendimize acıma, değersizlik, suçluluk kıskançlık, kin, hayal kırıklığı, güvensizlik, korku gibi duyguların frekansı düşüktür. İşte bilinçaltımıza gömülü bu duygular bizim manyetik alanımızı da kirletir, ağırlaştırır ve frekansımızın düşmesine neden olur. Frekansımız düştüğünde ise alanımızdan yaydığımız sinyaller de zayıf ve düşük olur ki bu da tıpkı yaydığımız sinyaller gibi düşük frekanslı başka sinyalleri hayatımıza çeker. Bütün hastalıkların nedeni de frekansımızın düşmesidir.

Bizler yaşamımızda deneyimlemek istediğimiz bir şeyi hayal ettiğimizde bu gerçeklik kuantum alanında bir yerlerde zaten mevcuttur. Yoksa hayal edemezdik. Başka bir boyutta zaman ve uzayın ötesinde bir olasılık olarak onu gözlemlememizi bekliyordur. O bizden daha yüksek bir frekansta titreştiği için onu göremeyiz. Dikkatimizi yönlendirdiğimiz yer enerjimizi de yönlendirdiğimiz yerdir. Odağımızı o olasılıkta belli bir süre tutarsak o olasılığın frekansıyla eşleşir ve hayatımızda görünür olmasını sağlarız.

Daha basit bir anlatımla düşük frekanslı negatif bir inancımızı ya da korkumuzu dönüştürdüğümüzde bu, yaydığımız frekansı da yükseltir. Daha güçlü enerji yaymaya başlarız. Yani saf bilinç hâlinde daha çok enerji, daha az madde oluruz. Bu enerji o hayal ettiğimiz olasılığın frekansını yakalayacak kadar güçlendiğinde eşleşme gerçekleşir ve hayal ettiğimiz şey maddi bir varlık kazanır. Kuantum alanında daima bizi beklemekte olan sınırsız olasılıklar vardır. Şimdiki an tüm potansiyel ve olasılıklara erişim sağladığımız yerdir. Bu olasılıkların içinde daha fazla bulundukça bedenimizden daha fazla enerjiyi serbest bırakır ve o enerjiden yeni hayallerimizi yaratırız. Yeni bir geleceği daima şimdiki an yaratır.

Kuantum fiziği; bizim gözlemlediğimiz maddeyi atom altı düzeyde etkileyebileceğimizi ispatladı. Enerjimizi ne kadar yükseltebilirsek maddeyi o kadar güçlü etkileriz. Madde maddeyi değil, enerji maddeyi etkiler. Güçlü bir karar aldığımızda frekansımızı yükseltiriz bu da elektromanyetik alanımızın çekim gücünü artırır.

Milyonlarca olasılık dalgasıyla dolu görülemez bir bilgi alanı olan kuantum alanı vasıtasıyla evrendeki her şeyle birbirimize bağlıyız. İşte bu alan her şeye yaşam, bilgi, enerji ve bilinç verir.

Evrende bizden daha büyük bir zekâ ve daha büyük bir zihin var. Bizi o kadar seviyor ki kendi özünden, sevgisinden yarattı. O her zaman, her yerde var olandır.

Umutsuzluğa kapıldığınız anlarda bir tek şeyi hatırlayın: değiştirebilirsiniz.

Her ne olduysa onu değiştirebilecek gücünüz var. Yeter ki açık olun. O durumdan çıkmanız için gereken bilgi, kişi ve araç size gönderilecektir.

İSTEKLERİMİZİ NASIL HIZLI MADDELEŞTİRİRİZ?

Her ne istiyorsak isteyelim bir şeyi zorlamak akıştan koptuğumuzu gösterir.

Bu ilişkilerimizde de görülür.

Birine üç adım giderseniz o size bir adım gelir ki bu iki adım değerinde reddedildiğimizi gösterir. Böylece ilişkiye katkıda bulunan o iki adımlık enerji sabit kalır ve zorlama bir enerjiyle hareket ettiğimiz için alan bizi, gereğinden fazla kullandığımız bu iki adım miktarı kadar oyalar yani işi geciktirir. Ta ki planın öngördüğü akış herhangi bir zorlama olmadan gerçekleşene kadar…

İstediğimiz bir şeyin gerçekleşmeme nedeni, değersizlik, kızgınlık, hırs, korku gibi duygularımızla, isteğimiz arasında bir direnç bariyeri oluşturmamızdır.

Siz güzel bir ilişki isteyebilirsiniz ama bu ilişkiyi yalnız kalma korkusuyla isterseniz hissettiğiniz o korku bir bariyerdir.

Siz borçlarınızı ödemek için daha çok para kazanmak isteyebilirsiniz ama borçlarınızı ödeyemezseniz olası bir haciz korkusu bariyerdir.

Buradaki sorun dikkatimizi dolayısıyla enerjimizi, istediklerimizde değil korktuklarımız üstünde tutmamızdır.

Bilinçaltımız bedensel olarak hissedebileceğimiz şeyleri daha çabuk maddeleştirmeye yatkındır. Başka bir deyişle o isteğinizi bedeniniz ne kadar gerçek olarak hissedebilirse o kadar rahat ve çabuk maddeleştirir.

Bu yüzden isteklerimizin bize yaşatacaklarını bedenen hissedebilmemiz önemlidir. Bedenimiz o isteğimizin gerçekliğini tecrübe edemiyorsa maddeleştirme devresi zorlanır.

Ve tabii bilinçaltı düzeyde onu gerçekten hak ettiğimize inanmamız gerekir. Çünkü yaptığım birçok terapide danışanlarımın o istedikleri şeyin hayatlarında yaratacağı değişimleri istemediklerini ya da henüz hazır olmadıklarını gözlemledim.

İsteğimize dair bilinçaltımızda negatif kayıtlar, duygusal yaralar olabilir. Örneğin çocukluğunuzda evde para ya da kadın erkek ilişkisine dair sizi etkileyen çok kötü bir olay yaşanmışsa, o anda yoksunluk ya da evlenmeme yemini etmiş olabilirsiniz.

Yine bazılarımız istekleriyle ilgili kendini fazla zorlamıyor çünkü onların bilinçaltında " yeterli" kodu var. Örneğin kişi, belli bir gelire sahiptir ve o gelir de ona yetiyordur, o yüzden daha fazlası için kendini zorlamaz. Ya da bir ilişkisi vardır, daha iyisi için çabalamaz. Alıştığı o düzende kendini rahat hissettiği için yeni dilekleri için fazla odaklanmaz.

Bazılarımızın da hayal gücü yıllar içinde hiç kullanılmadığı için zayıflamıştır. O yüzden yeni dileklerini imgelemekte zorlanırlar. Onlara bol bol pratik yapmalarını ve imgelemenin gücü üzerine yazılmış kitaplardan destek almalarını öneririm.

Özetle isteklerimizi maddeleştirmek istiyorsak dikkatimizi ona vermemiz ve bedenimizin o isteği normal ve gerçekmiş gibi hissedebilmesi gerekir. O şeyi hak ettiğimize inanmamız, ona açık ve hazır olmamız gerekir. Diğer yandan onun gerçekleşeceğine tam olarak inanmalı hatta emin olmalıyız, maddeleşmeye bizimle birlikte katkıda bulunan tüm varlıkları ve parçaları da takdir etmeliyiz.

İşte o zaman yaydığımız frekans, istediğimiz o kişi, eşya, durum ya da mekan ile eşleşecektir.

Ancak o istediğimiz şeyi kendimizden ayrı ve ulaşılmaz görüp o isteğimize dair şüphe ve korku duyduğumuzda, yeterince dikkatimizi vermediğimizde, hak etmediğimize inandığımızda ve olması için çok zorladığımızda maddeleştirme gücümüz zayıflar.

İsteklerimizi taşıyan düşünceler, onları çektiğimiz için değil onları çoktan alanımızda hissettiğimizden ve bedenimize gerçek ve normal gelene kadar dikkatimizi onlara verdiğimizden maddeleşir.

Bedensel zihnimizin kabul düzeyi bu nedenle çok önemlidir.

BİLİNÇALTI NASIL ÇALIŞIR?

Her sabah kalkar, günlük rutin işlerimizi yaparız. Duş alır, giyinir, yemek yapar, arabamızı kullanır, toplantılara gireriz. Tüm bunları yapmamız için %5'lik bir bilinçli zihin yeterlidir. Hemen hepimiz sağlıklı, huzurlu ve mutlu yaşamak isteriz. İşimizde başarılı olmak ve para kazanmak isteriz. Bu asıl amaçlarımıza bize ulaştıracak olan da hayatımızda %95 etkili olan bilinçaltımızdır. Başka bir deyişle bilinçaltı, hayatımızın %95'ini yöneten bir yazılım programı gibidir. Hayatımızı bir gemiye benzetirsek geminin asıl kaptanı bilinçaltıdır. Hayatımızdaki bazı isteklere ulaşıp bazılarına ulaşamamamızın sebebi de bilinçaltımızdır. İstediğimiz bir şeyin gerçekleşmesi için ona bilinçaltı düzeyde de onay vermemiz gerekir. Eğer çok istediğimiz hâlde gerçekleşmiyorsa bunun nedeni bilinçaltı düzeyde o şeyi reddediyor oluşumuzdur. O isteğimize karşı çıkan negatif bir inancımız ya da korkumuz vardır. Örneğin bilinçli hâlimizle, evlenmek isteriz ama bilinçaltımız evlendiğimiz zaman mutsuz olacağımıza inanmışsa bunu engeller. Zengin olmak isteriz ama bilinçaltımızda paranın bize mutluluk getirmeyeceğine inanmışsak ne yaparsak yapalım zengin olamayız.

Ben bazı videolarımda bu durumu iki elimi göstererek anlatırım. Bir hedefim var ve mantıklı, akıllı zihnimi sembolize eden sağ elim uzanıp onu almak istiyor ama sol elimin sembolize ettiği bilinçaltım onu reddettiği gibi almaya çalışan sağ elimi de engelliyor. Böylece iki elimin gücünü kullanamadığım için o isteğime ulaşmakta zorlanıyorum çünkü gücüm bölünüyor.

Hedefime ulaşmam için sağ elimle sol elimin aynı şeye onay vermesi gerekiyor.

Başka bir deyişle isteklerime ulaşmam için bilinçli aklımla bilinçaltımın birlikte o hedefimi onaylaması gerekiyor.

Kısaca ne kadar pozitif düşünürsek düşünelim %5'lik bilinçli zihnimiz, zihnimizin geri kalan %95'ine karşıysa onun gerçekleşme ihtimali yoktur.

Bilinçaltımızın görevi bizi korumaktır ancak sorun şu ki bunu hâlâ bir çocuk aklıyla yapmaktadır. Siz bir yetişkin olup güzel bir evlilik yapma kararı alabilirsiniz ama eğer o çocuk, evliliğin kötü bir şey olduğuna inanmışsa sizi koruma adına evlenmemeniz için elinden geleni yapacaktır.

Siz kendi işinizi kurmak isteyebilirsiniz ama o, kendi işinizi kurarsanız iflas edeceğinize inanmışsa yine sizi korumak için o işi kurmanızı engeller.

Bu nedenle, hedeflerimize ulaşmak istiyorsak bilinçaltı alanımızda neler kaydettiğimizi bilmemiz gerekir. Çünkü bilinçaltımızdaki bu kayıtlar çekim alanımızı da oluşturur.

Zihnimizden her gün 60000-90000 arasında düşünce geçer. Bunlardan bir kısmı geleceğe bir kısmı geçmişe aittir. Onların hepsi bilinçaltımıza da iner. Bilinçaltımızın iyi-kötü, doğru-yanlış, güzel-çirkin, ahlaklı-ahlaksız kavramları yoktur. O basit bir bakkal hesabı yapar. En çok hangi düşünceyi ya da görüntüyü zihnimizden geçirdiysek hayatımızda da onu görmek istediğimize inanır ve onu önümüze getirir. Yani dikkatimizi baz alır. Aynı nedenle hayatımızda neye odaklanırsak onu büyütürüz.

Bu nedenle odağımızın nerede olduğu çok önemlidir. Buradaki sıkıntı birçoğumuzun zihinlerini kontrol edemediği için rastgele düşünmesidir. Bizler görüntülerle düşünürüz. Size "Babanızı seviyor musunuz?" diye sorduğumda zihninizde babanızın görüntüsü canlanır. "Denizi seviyor musunuz?" dediğimde de zihninize deniz görüntüsü gelir.

Siz işten çıkarılmak istemediğiniz hâlde bu korkunuzla gün boyu zihninize işten çıkarılma görüntüleri atabilirsiniz. Odağınız oradadır. Bu nedenle bir süre sonra kendinizi işten çıkarılmış olarak bulabilirsiniz.

Güzel bir ilişkiniz varken kaybetme korkunuz nedeniyle odağınız terk edilme görüntülerinde olabilir.

Bilinçaltımız -me -ma eklerini algılamaz.

Size "Pembe bir fil düşünmeyin," dediğimde "düşünme" komutundaki "me" olumsuzluk ekini algılamadığı için siz yine pembe bir fil düşünürsünüz. "Ben şişmanlamak istemiyorum," dediğinizde şişman görüntüleriniz çoktan bilinçaltınıza inmiştir bile. Bu yüzden "istemiyorum" kelimesini hayatımızdan çıkaralım çünkü bilinçaltımız bu kelimeyi ifade ettiğimiz anlamda algılamıyor. Olumsuz kelimeleri hayatımızdan çıkaralım. Çünkü görüntülerle düşündüğümüz için o kelimelerin simgelediği negatif görüntüler doğrudan bilinçaltımıza kaydoluyor.

Odağımız daima istemediklerimizde değil istediklerimizde olmalı.

Bir arkadaşınıza herhangi bir konuda şikâyet ederken tüm olumsuz görüntüleri zihninizde yeniden canlandırırsınız. Bilinçaltınız şikâyet ettiğinizin farkında bile değildir.

Anlattığınız o konuya odaklandığınız için onu tekrar yaşamak istediğinizi varsayar ve çok geçmeden benzer bir olayı çeker ve siz kendinizi yine şikâyet ederken bulursunuz. Her şikâyet aslında evrene verdiğimiz bir tekrarla emridir. Bu nedenle hayatımızda köklü bir değişim istiyorsak öncelikle şikâyet etmeyi bırakmalıyız.

Keza birilerini suçladığınızda bilinçaltınız yine başka birini suçladığınızın farkında değildir. Onun dilinde suçlamak da suçluluk da aynıdır. Sadece hissettiğiniz duyguyu baz alır ve sizin hanenize yazar.

Siz kızdığınızda başka birini bilmez. Kızgınlık duygunuzu bilir ve onu yeniden yaratır.

Bilinçaltımızın zaman kavramı da yoktur. Sizler gelecekte bir gün zengin olacağınıza inanıyorsanız tıpkı bir çocuk gibi gelecek kavramını bilmediği için o zenginliği sürekli ileri atar.

O sadece şimdiyi bilir. Bilinçaltımız karmaşık mesajları da anlamaz. Ne kadar kısa ve net olursa o kadar hızlı kaydeder. "Arsalarımı satıp emekli olduktan sonra zengin olacağım," cümlesi onun için hiçbir şey ifade etmez ama "Ben zenginim," cümlesini bilir.

O yüzden bilinçaltı olumlamalarımızı geniş ve şimdiki zaman ekleriyle oluştururuz.

Görüntü ve sembolleri kelimelerden daha hızlı kaydeder.

Her ne istiyorsak net bir şekilde onu tarif edersek hedefe kitlenmiş bir roketatar gibi o şeyi bize getirecek olan durum, kişi ve şartları çeker.

Aynı anda iki şeye odaklanamaz. Örneğin siz "Tatil için Karadeniz'e mi yoksa Ege'ye mi gitsem," dediğinizde enerjiyi tek bir yöne kanalize edemeyip dağıttığı için siz ya tatile gidemezsiniz ya da gecikmeli gidersiniz. O yüzden her defasında tek bir dileğiniz üzerinde çalışmanızı öneririm. Birbirini destekleyen şeylerde sorun yoktur. Örneğin ev almak istiyorsanız hem eve hem paraya odaklanabilirsiniz. Ancak hem ev almak hem kilo vermek istiyorsanız enerjiniz dağılır.

Bilinçaltımız ters bağlantılar da kurabilir. Örneğin siz "O evi satmadan ameliyat olamam," derseniz ameliyat olamazsınız. "Bu kiloyu vermeden evlenemem," derseniz evlenemezsiniz. "Emekli olmadan bir yere taşınamam," derseniz taşınamazsınız vs. Örneğin bir danışanım evlenmek istediği kişinin kendisine çok ilgisiz ve uzak olduğunu anlatırken, bilinçaltı düzeyde kendi ailesinin onu beğenmeyeceğini düşündüğü için asıl reddeden ve mesafeyi koyanın kendisi olduğunun farkında değildi. Danışanımın bilinçaltı "Onunla evlenirsem ailem beğenmez," bağlantısını kurmuştu. Yine başka bir danışanım nişanlısının kendi oturduğu şehre taşınmamasından yakınırken bu durumu yaratanın kendisi olduğunun farkında değildi. Onun bilinçaltı nişanlısına karşı güvensizlikle doluydu ve "Eğer buraya, yanıma gelirse beni aldatır," inancına sahipti.

O yüzden kendinize sorun; bilinçaltınızda neyi, neye bağladınız?

"Şunlar olmadan .... olmaz."

"Bunlar olursa .... olur," dediğiniz neler var?

Zihniniz ve yüreğiniz farklı sinyaller gönderdiğinde de bu çatışmalar olur. Bir ilişkiyi mantıken reddedebilirsiniz ama yüreğiniz özlem dalgaları yaymaya devam ederse arzunuzun gücü baskın çıkar ve kendinizi o ilişkinin içinde bulabilirsiniz. Yüreğinizden yayılan titreşimler daima daha güçlüdür.

Bir danışanım eşi pahalı bir spor araba aldığında bundan rahatsız olduğunu anlatmıştı. Bunun nedenini sorduğumda ise "Bilmiyorum ama bu durum beni huzursuz ediyor," diye cevaplamıştı.

Tüketim endüstrisi bilinçaltımızı çok güzel kullanır. Lüks spor arabalar ya da motosikletlere uzun boylu, güzel manken kadınlar eşlik eder ve böylece erkeklerin bilinçaltına "Bu arabayı satın alırsan bu güzel kadınlar da sana gelir," mesajını iletir. Güzel arabaları bilinçaltımıza güzel kadınların görüntüsüyle kodlarlar. Bu mesajı kadınlar da alır elbette ve erkeklerin aksine danışanımda olduğu gibi huzursuzluk yaratır. "Eğer eşim bu arabayı alırsa etrafında kadınlar çoğalır ve bu da evliliğimi tehlikeye sokar. Onu huzursuz eden, bilinçaltındaki terk edilme, aldatılma ya da kaybetme korkusuydu.

Görüldüğü üzere bize aslında araba, saat vs. değil duygu satarlar. Sen özel ve değerlisin... Bu araba, saat de öyle. Bu arabaya bindiğinde ve o saati kullandığında kendini çok özel ve değerli hissedeceksin duygusunu satmaya çalışırlar.

Bilinçaltımız daima ihtiyaçlarımızı karşılamaya yönelik çalışır. Bugünkü tüketim toplumunda bilinçaltımızı tüketime yöneltmek için sürekli sanal ihtiyaçlar üretiliyor.

Örneğin çok gerekli olmadığı hâlde günlük vitamin hapları kullanmak, üstün özelliklerle donatılmış cep telefonları satın almak vs.

Bizi korumak amacıyla çözümlenmemiş olumsuz duygu yüklü anılarımızı bastırır ama bu anılarla ilgili semptomlar da yaratmaya devam eder. Örneğin yaşanan bir taciz olayını bastırır ama içteki o kirlenmişlik hissini temizlik takıntısıyla dışa vurur.

Bilinçaltımız sürekli daha fazlasını istemeyi sever. Bir araba alırız bir süre sonra o bize eski gibi görünür ve yeni bir araba almak isteriz. Değişimi sevmediği için bağımlı olduğunuz bir şeyi zararlı da olsa bırakmakta zorlanır. Tıpkı küçük bir çocuğun çikolata zararlı dediğiniz hâlde ağlayarak çikolata istemeye devam etmesi gibi.

BİLİNÇALTINDAKİ DUYGUSAL TORTULARIMIZ

Bilinçaltımız çok derinlere bastırdığımız duygusal tortularla doludur. Onlar birbirine dolanmış yün yumaklarına benzer ve açılıp çözülmedikleri sürece fiziksel hastalıklarımız dahil yaşamımız boyunca karşılaştığımız tüm sıkıntıların ana nedeni olurlar. Onlar yüzünden acı çeker ve mutsuz oluruz.

Bilinçaltındaki olumlu dönüşümü başlattığımızda sadece sağlığımıza kavuşmakla kalmayıp hep özlemini çektiğimiz o içsel huzura da kavuşuruz.

Tüm yaşanmışlıklarımızın içine sızmış bu tortular, özellikle öfke, acı ve korku duyguları, koyu bir perde gibi üstümüze öylesine inmiştir ki sevinç, neşe ve heyecan sanki çocukluğumuzda bıraktığımız soluk bir hayale dönüşmüştür. Şimdi o perdeyi kaldırma zamanıdır. Işık içeri girdikçe aydınlanacaksınız. Anlık farkındalıklar, idrakler, bilişler yolunuzu bir işaret direği gibi aydınlatırken sizler günbegün değiştiğinizi, gittikçe sakinleşip içinizin huzurla dolduğunu fark edeceksiniz. Doğuştan hakkınız olan neşeye kavuşacaksınız. Büyük ihtimal en son çocuk yaşlarda hissettiğiniz o dolu dolu neşeye...

Bunun için ilk adımımız; olduğumuz yeri, ortamı ve zamanı kabule etmek. Hayat çoğu zaman bizim planladığımız gibi gitmez. Bu nedenle birçoğumuzun geçmişi pişmanlık, geleceği ise korku doludur. Mutluluksa aynı nedenle sürekli geleceğe ertelediğimiz bir durum olarak kalır. İçinde bulunduğumuz ânı kabullenmekte zorlanırız. Bulunduğumuz yerde, işte, ilişkide ve zamanda bir yanlışlık olduğunu düşünürüz. Mutlaka düzeltmemiz gereken şeyler vardır. İşte aklımız sürekli bu düzeltmeye takılı olduğundan şimdiki an en kolay ıskalanan andır. Zihnimiz sürekli gelecekte her şeyin yoluna gireceğini söyleyerek bizi kandırır. Dünden kaçma ve yarını yakalama telaşı içinde bu döngüye öylesine kapılmışızdır ki bunu normal ve doğal kabul edip içsel huzursuzluğumuzun nedeni olarak bile görmekte zorlanırız.

Neyi kaybettiğini bilmeyen neyi kaçırdığını bilebilir mi?

Neyi kaybetmiş olduğunu bilmeyen onu bulabilir mi?

Öyle ya herkes böyle yaşıyordur ve eğer bir çare varsa bu kendi dışımızda her yerde olabilir. Bir şeyler yaparak, alarak, dolaşarak huzuru yakalayacağımızı sanırız. Oysa huzurun bir şeyleri yapmakla ilgisi yoktur. O bir duygu hâlidir ve dış koşullardan bağımsız, sadece kendi içimizde yeşertebileceğimiz bir çiçek gibidir. Geçmiş bitmiş gitmiş, gelecek ise henüz gelmemiştir ve sadece anda olanı deneyimleyebiliriz. Andaki duygu ve düşüncelerimiz gelecek dediğimiz bir sonraki anlarımızı belirler. İşte bilinçaltımızdaki o yün yumaklarını tek tek bulup çözdükçe şimdiki ânı daha çok deneyimleyeceğiz. Zihnimizin o hiç bitmeyen gürültüsü yavaşlayacak ve olduğumuz andaki huzuru daha çok hissedeceğiz. İçimizden bir ses; "Bir şey yapmana gerek yok. Burada, bu anda böylece olmaktan mutlusun," diyecek.

Bence bu dünyanın en büyük ödülüdür.

Bu kitabı ve içindeki uygulamaları bitirdiğinizde sizdeki değişim dışarıdan hemen fark edilmese de zaman içinde gözle görünür olacaktır. İlk önce duygusal çözülmeler yaşayacaksınız. Sonra zihninizin değiştiğini fark edeceksiniz. İnançlarınız ve düşünme tarzınız değişecek. Son olarak hissetme biçiminiz değişecek ki bu da davranışlarınıza ve verdiğiniz tepkilere yansıyacaktır. İşte hayatınız adım adım böyle değişecek. Bu tıpkı yeni bir "ben" inşa etmek gibidir.

Bu yolculuğun her zaman sizi gülümseteceğini söylemiyorum. İniş ve çıkışlarınız olacak. Bazen ne yaparsanız yapın hiçbir işe yaramadığını düşüneceksiniz. Biliyorum çünkü aynı süreçlerden ben de geçtim. Umudumun tükendiği, hayatımda artık iyi hiçbir şeyin olmayacağına inandığım zamanlar oldu. Bilgim vardı ama gerçek hayatta işe yaramazmış gibi görünüyordu. Şimdi geriye dönüp baktığımda o zamanlar bilgimle bilincimin aynı seviyede olmadığını fark ediyorum. Kitapları okuyor zihnimle anlıyor ama orada bahsedilen içsel değer, öz güven, zenginlik bilinci gibi duyguları tam anlamıyla yüreğimde hissedemiyordum. Bilgim, bilincime henüz yansımamıştı. Zamanla oldu. Anı bilişler, anlık aydınlanmalar yaşadım. Farkındalığım yükseldikçe bu durum hayatımda kendini açık bir şekilde göstermeye başladı.

Bugüne kadar çoğu zaman içimizden çok dışımıza özen gösterdik. Aklımızı, mantığımızı ve zekâmızı kullanarak, başarılı ve zengin olmak istedik. Gittikçe gelişen teknoloji her birimizi elinde telefon dünyayı izleyen bir dev hâline getirirken duygusal dünyamızda bizi cücelere dönüştürdü. Madde odaklı yaşamak bizi hep aynı rutinde yaşayan robotlara dönüştürdü. Artık hep ihmal ettiğimiz duygularımıza, bastırdığımız, görmezden geldiğimiz korkularımıza, kızgınlıklarımıza bakma zamanı geldi.

Bilinçaltımızda bloke olmuş bu duygularımızla yüzleşmek başlarda biraz rahatsız edici olsa da onları tek tek saklandıkları yerden çıkarıp dönüştürdükçe artan yaşam kalitemiz bize doğru yolda olduğumuzu gösterecektir.

Belki onlarca kitap okudunuz, farklı eğitimler aldınız. Ben de okudum ve birçok eğitime katıldım. Artık biliyorum ki bilgi sadece beni özüme yönlendiren basamakları gösteriyor. O bilgiyi içselleştirmediğim zamansa zihinsel bir çöplüğe dönüşüyor. Aylar süren bir eğitimden alamadığım katkıyı bir kitabın birkaç cümlesinde bulduğum çok olmuştur. Ya da hayatımdaki bir insanın rastgele söylediği bir şey o anda olanı idrak etmemi sağlamıştır. Artık eskisi kadar çok okumuyorum. Okumam gereken kitap ise bir şekilde beni buluyor. Fark ettim ki hayatın bizzat kendisi en iyi öğretmen. Yaşadığım her durum, her olay ve onlarla ilgili hissettiklerim, tepkilerim, almış olduğum yolu bana gösteriyor.

"Hiçbir şey bilmiyorum," cümlesini çok severim. Bu beni hayata karşı her an açık ve meraklı kılıyor.

Siz de yola hiçbir şey bilmiyormuş gibi bomboş çıkın. Bilginizin zihinsel bariyerler oluşturmaması için bir çocuk merakıyla çıkın. Tesadüf yok. Bu da karşılaştığınız hiç kimsenin ve hiçbir olayın rastgele orada olmadığını gösterir. Sürece ve sürecin getireceklerine teslim olun.

Biliyorum, sadece mutlu ve huzurlu olmak istiyorsunuz. Bunun için çabalıyorsunuz da. Gelin bu çabayı da bırakalım çünkü huzur zorlayarak elde edebileceğimiz bir duygu değil. Çaba bir şeye karşı verilir. Hissettiğiniz o negatif duyguları hissetmemek için bastırmaya çalışıyorsunuz O acıyı, o korkuyu yaşamak istemiyorsunuz. Bu da çabalamanıza, zorlamanıza neden oluyor.

Artık buna gerek yok. Madem kaçış yok biz de o duygulara teslim olalım. Onlara yakından bakıp tek tek çözerek ferahlayalım. Artık bastırdığımız hiçbir duygu kalmadığında çaba da biter ve işte kalıcı huzur böyle gelir.

Ortaya çıkardığınız bu duyguları, bu konulara bakış açısı size benzer olmayanlarla paylaşmayın, tartışmayın. Aynı frekansta olmadığınız için kendinizi gereksiz yere savunurken bulabilir ve motivasyonunuzu düşürebilirsiniz. Duygularınızla yüzleştikçe kendinize acıma ve birilerine anlatma tuzağına düşmeyin. Kurban rolünü oynamak başta sizi iyi hissettirse de o anda yaydığınız enerji benzer durumları hayatınıza çekmeye devam edecektir.

Buradaki amacımız bugüne kadar bilinçaltımızda bastırdığımız tüm duygularımızın yüzeye çıkmasını sağlamak ve onları dönüştürerek hayatımızı düzeltip yolumuzu açmak ve tüm yaşanmışlıklarımızdaki neden-sonuç ilişkisini kavramaktır. Böylece içinde sıkışıp kaldığımız kısırdöngüden ve sürekli tekrar eden durumlardan kurtulup içsel bir bilgelik kazanırız. Fiziksel, zihinsel ve duygusal olarak deneyimlerimizin kalitesi yükselir.

Herhangi bir sorununuzun çözümüne sadece zihninizi kullanarak erişemezsiniz. Aksine zihni devreden çıkarıp iç sesimize, sezgimize kulak verdiğimizde yanıt çok daha hızlı gelir. Bugüne kadar hep zihin odaklı olduk. Tüm cevaplarımızı zihnimizden bekledik çünkü böyle eğitildik. O sorunu ne kadar çok düşünürsek üzerinde kontrol sahibi oluruz sandık. Oysa içimizde her şeyi bilen bir parçamız var ve onun bize ulaşma yolu zihnimiz değil iç görülerimiz ve yüreğimizin en derininden yükselen duygularımız. Bir sorunla boğuştuğunuzda sorun odaklı değil çözüm odaklı düşünmeyi alışkanlık edinin. Sorun dediğiniz o durum aslında size bir şey göstermek için orada. Dikkatinizi kendinizle ilgili bir şeye çekmeye çalışıyor. Onunla ilgili kızıp şikâyet ettikçe ya da mağdur rolünü oynadıkça direnç yaratır ve o durumdan çıkma sürecinizi geciktirirsiniz. Direnç sizi düşük frekansta tutar. Aradığınız çözümlerse yüksek frekanstadır. Çekim yasası gereği isteseniz de çözümleri kendinize çekemezsiniz. Siz rahatladığınızda kendinizi iyi hissettiğinizde daha yüksek bir frekansa çıkar ve o dalga boyundaki olasılıkları görebilirsiniz.

Kendinize sorun:

"Bu durum bana ne anlatmaya çalışıyor?"

"Bu durumun bana katkısı nedir?"

Evren soruları sever. Bu soruları sorduğunuz anda çözüm için olasılıkları harekete geçirir. Bu, olana teslim olmaktır. Her şeyi bilen parçamıza güvenmek, açık olmaktır. Sorun ve bırakın. Nasıl olacak? Olur mu? gibi zihinsel arayışlara girmeyin. Cevap çoğu zaman tam gerekli olduğu anda gelecektir. Bir şeyi zorlamak değil, onun kendiliğinden hayatımıza girmesine izin vermek gerekir. Ben böyle durumlarda "Bir şekilde bu durumdan bir çıkış yolu olduğunu, bir çözüm olduğunu biliyorum," derim. "Biliyorum" kelimesinin gücüne çok inanırım. "Bu işi başaracağımı biliyorum. İstediğim o şeyi alacağımı biliyorum," derim. "Ben biliyorum," dediğim anda bilen parçam devreye girer ve çözüm yolunu gösterir. Bu çoğu zaman kendiliğinden olur. Çözümler, cevaplar hemen kendini göstermediğinde endişelenmeyin. Kalbinizi açık tutmaya ve evrensel sisteme güvenmeye devam edin. Hayata dair en güzel cevaplar siz istediğinizde değil ihtiyaç duyduğunuzda gelir. Sistem isteklerimize göre değil ihtiyaçlarımıza göre hareket eder.

Şimdi bilinçaltımızdaki bu tortuların çakralarımızı nasıl tıkadığına bakalım.

ÇAKRALARIMIZ

Bedenimizde 7 tane enerji merkezi vardır. Bu çakralar yaşam enerjisinin bedenimize akmasına izin vererek bizi dengeler. Sağlıklı ve huzurlu yaşamamızı sağlar. Onlar açık olduğunda daha dengeli ilişkiler kurar, kendimizi daha iyi hissederiz. Saat yönünde dönen her bir çakramızın kendine ait bir rengi ve manyetik bir alanı vardır.

Çakralarımız bir tekerlek gibi dönen enerji girdaplarıdır. Zamanda var olduğumuzdan bu yana tüm bilgilerimiz, anılarımız, duygularımız çakralarımızda depolanır. Eğer onlar açıksa çakra yüksek bir titreşimle dönüyor demektir ve yaşam enerjisi rahat bir şekilde tüm bu merkezlerden akar. Ancak kapalıysa oradaki enerji yavaşlamıştır ve artık özgürce akamıyordur. Bu, akan bir suyun engellendiğinde durup durgunlaşmasına benzer. Durgunlaşan su nasıl kirlenirse çakraların da dönme hızları yavaşladığında bu orada kirin biriktiği anlamına gelir. Kir ise düşük frekanslı olumsuz duygularımızdır. Fiziksel ve zihinsel gerginliklerimizdir. Özellikle korku çok güçlü bir enerji olduğundan kolayca çakralarımızı tıkayabilir. Çakralarımıza sıkışıp kalmış olan bu negatif duygulardan özgürleştiğimizde yaşam enerjimiz kendiliğinden doğal olarak akmaya başlar. Kendimizi daha enerjik ve huzurlu hissederiz.

Bunlardan ilki kök çakradır. Omurganın en alt ucunda yer alır. Rengi kırmızıdır. İkinci çakramız sakral çakradır ve göbeğimizin hemen altında kasıklara yakın bir yerdedir. Rengi turuncudur. Üçüncü çakramız karın çakramızdır; göbeğimizin yaklaşık iki parmak kadar üstünde bulunur. Rengi sarıdır. Dördüncü çakramız kalp çakrasıdır; göğsümüzün tam ortasında kalp hizamızda yer alır. Rengi yeşildir. Beşinci çakramız boğaz çakramızdır ve boğazımızın tam ortasında bulunur. Rengi mavidir. Altıncı çakramız üçüncü göz çakramızdır ve iki kaşımızın arasında yer alır. Rengi çivit mavisidir. Yedinci çakramız taç çakramızdır ve başımızın en tepe noktasında yer alır. Rengi mordur.

İlk kök çakramızda çok büyük miktarda yaratıcı enerjimiz vardır. Bu çakramız dengede olduğunda yaratım enerjimiz kolayca akar. İkinci sakral çakramız dengede olduğunda kendimizi her ortamda güvende hissederiz. Üçüncü karın çakramız dengede olduğunda gücümüzü ve irademizi kullanarak yaşamımızdaki güçlüklerin üstesinden daha kolay geliriz. Dördüncü kalp çakramız dengede olduğunda kendimizi, insanları ve yaşamı severiz. Beşinci boğaz çakramız dengede olduğunda kendimizi ve duygularımızı daha rahat ifade ederiz. Üçüncü gözümüzün olduğu altıncı çakramız dengede olduğunda daha yüksek bir bilinçte oluruz. Algılarımız açılır, daha sakin ve berrak düşünürüz. Yedinci tepe çakramız dengede olduğunda her şeyle uyum içinde oluruz.

Yaratıcı enerjimizi ilk çakradan kanalize etmeye başlarız. Yaratmak için kendimizi güvende hissettiğimizde enerji buradan akmaya başlar. Ancak cinsellikle ilgili kötü bir tecrübe yaşanmışsa enerji bu ilk merkezde tıkanır kalır, rahatça akamaz. Eğer bir kişi ilişkilerde haksızlığa, ihanete uğramışsa kendini kurban gibi hissedecek ve güven duymakta zorlanacaktır. Bu durum da onun ikinci çakrasını tıkar. Kendimize acıma, öz güvensizliğimiz, suçluluk, utanç ve korku duygularımız bu çakramızda birikir. Eğer bir kişinin egosu çok yüksekse gücünü başka insanları yönetmek için kullanıyorsa zorba, bencil, hırslı, öfkeli ve acımasızsa yaratıcı enerjisi karın çakrasında tıkalı kalır. Bir kişi kalbini açamıyor, kendini sevgisiz hissediyorsa dördüncü kalp çakrası, hissettiklerini ifade etmeyip içine atıyorsa beşinci çakrası tıkanır.

Enerjimiz genellikle ilk üç çakrada tıkanır. Bu ilk üç merkezimiz hayatta kalmayla ilgilidir. Hayvan doğamızı da yansıttığından en temel korkularımız burada saklanır. O yüzden onlara aşırı kullanıldığında enerjimizi tüketen merkezler de diyebiliriz. Sürekli korkarak, stres altında yaşarsak, cinselliği ve yemeyi abartırsak yaratıcı enerjimizi bunlarla tüketir ve bu üç merkezin üstüne çıkamayız. Bu aynı zamanda ışığımızı ve etrafımızı saran manyetik alanımızın çekim gücünü zayıflatır. Bu da güçlü niyetler, yüksek duygular çekecek güçlü frekanslara erişmemizi engeller.

Manyetik alanımız güçlüyse bedenimiz tıpkı bir mıknatıs gibi olur. Her ne istiyorsanız onu çekim alanınıza kolayca çekebilirsiniz.

Varsayalım bir ilişki içindesiniz ve bu ilişkiyle ilgili kendinizi mağdur hissediyorsunuz. Size haksızlık edildiğine inanıyor ve partnerinizi suçluyorsunuz. Ya da bir durumla ilgili kendinizi suçlu hissediyorsunuz. Bu durumda siz ikinci çakranızdan enerji çekmektesinizdir. Ya da güven duygusu hissetmekte zorlanıyor ve bu nedenle aşırı kontrolcü davranıyorsunuz. Bu durumda da üçüncü çakranızdan enerji çekiyor olursunuz.

Bu da demektir ki hissettiğimiz tüm o negatif duygular o duyguların türüne bağlı olarak farklı çakralarımızdan sürekli enerji çekiyorlar.

İşte bu nedenle çakralarımızın açık olması çok önemlidir. Çünkü eğer tıkanmışlarsa tüm yaratıcı yaşam enerjimiz dağılır gider. Bu çakralarımızda depolanan enerji hastalıklarımızın da nedenidir. Oysa biz o enerjimizi saf bir şekilde isteklerimize kanalize edebilirsek hayatımızda mucizevi dönüşümler yaşarız. İşte biz yaptığımız nefes çalışmalarında bu depolanan negatif enerjiyi serbest bırakıp saf enerjiye dönüştürmeyi hedefleriz. Bedenimiz o enerjiyi saldıkça kendimizi daha enerjik, hafif ve huzurlu hissederiz.

BİLİNÇALTIMIZIN İLK KODLARI NASIL OLUŞUR?

Biz dünyayı beş duyumuzla algılarız. Herhangi bir rahatsızlığımız yoksa doğduğumuzdan itibaren görür, işitir, dokunur, koklar ve tadarız. Yani görerek, işiterek, dokunarak ve koklayıp tadarak bu dünyayla iletişim kurarız ve onların hepsi tüm bunları yaparken hissettiklerimizle beraber aynı anda bilinçaltımıza da kaydolur. Biz bunlara ilk kodlar deriz. Olumlu ya da olumsuz duyguyu en güçlü hissettiğimiz anlar bilinçaltımızdaki en güçlü kodları oluşturur. O yüzden bilinçaltına yönelik çalışmalarımızda biz özellikle o negatif duygunun ilk oluştuğu anları öğrenmeye çalışırız. Oraya bir duygu, bir acı sıkışmıştır ki o da düşük frekanslı bir enerjiden başka bir şey değildir. Ben onlara duygusal tortular (kodlar) diyorum. Eğer o tortu ortaya çıkarılmazsa, yaşanmışlıklarınızla birlikte gittikçe güçlenir ve ulaşmak istediğiniz her hedefte önünüze çıkıp sizi engeller. Eğer bilinçaltınızdaki bu kodun farkında değilseniz neden hep aynı engellerle karşılaşıp durduğunuzu sorar durursunuz. Başlarda bunu kendi dışınızdaki nedenlere bağlasanız da bir zaman sonra hep aynı sonuçlarla karşılaşmak sizi uyandırır ve bunun kendi alanınızdaki negatif bir koddan kaynaklandığını fark edip o kodu olumlu olanla değiştirirsiniz.

Bilinçaltının çalışma şekli o kadar ilginçtir ki negatif bir duyguyu en güçlü hissettiğiniz anda burnunuza gelen bir kokuyu da kaydeder ve siz yıllar sonra bile ne zaman o kokuyu alsanız nedenini bilmeden kendinizi kötü hissedersiniz. Varsayalım siz daha 2-3 yaşlarındayken anne babanız çok şiddetli bir kavgaya tutuştu ve siz çok korktunuz ya da kendinizi kötü hissettiniz. O esnada da evin içinde kolonya kokusu vardı. Sonraları siz ne zaman kolonya sürseniz enerjinizin düştüğünü fark edersiniz. Ya da belki o sırada mercimek çorbası içiyordunuz. Aynı şekilde o çorbayı içtiğiniz zamanlar kendinizi kötü hissedersiniz. Bilinçaltınız o anda hissettiğiniz duyguyla, yediğiniz ya da kokladığınız şeyi birbirine bağlamış ve hepsini birden negatif kodlarınıza yazmıştır.

Farkındalık yolumuz ilk olarak duyguyla başlar ve sonra zihinsel, fiziksel gelişim yoluyla devam eder. Doğduğumuz andaki ilk sürecimiz duygusaldır. Acıktığımızda, bir ağrı hissettiğimizde içgüdüsel olarak ağlarız. Bu otomatik gelişen bir süreçtir. Sonra ağladığımızda kucağa alındığımızı, yemek verildiğini, güldüğümüzde ise pışpışlandığımızı öğreniriz. Bu artık otomatik tepkilerimizi bıraktığımız, farkındalığımızın biraz daha arttığı ve zihnimizi de kullanmaya başladığımız dönemdir. Görüntülere, sese, ışığa ve harekete tepki veririz. Bebeklik dönemimizdeki deneyimlerimizi hatırlamayız çünkü yaşadıklarımızı anlamlandıran ve neden-sonuç ilişkisini kuran mantık yetimiz henüz gelişmemiştir. Sesler, görüntüler ve devamlı hareket hâlindeki enerjiler vardır ama onların ne olduğuna dair bir fikrimiz yoktur.

İlk doğduğumuzda ayrılık fikrimiz de yoktur. Kendimiz ve başkaları yoktur. Ardından ilk kelimelerimiz gelir. Yavaş yavaş dışımızdakileri tanır, bir şeylerin adını koymaya başlarız. Bölünmüşlük ve ayrılık hissi ilk böyle başlar. Artık kısmen de olsa ben ve başkaları vardır. Sonra emeklemeye ve yürümeye başlar, büyük bir merakla insanlara, eşyalara dokunur, fiziksel olan dünyayla ilk ilişkimizi kurarız. Farkındalığımız duygudan zihne, oradan da dış dünyaya yani fiziksele kadar uzanmıştır. Bilinçaltımız hiç durmaksızın çalışan bir kayıt cihazı gibi tüm bu deneyimlerimizi kaydetmeye devam eder. Yani bu yaşlarda geçirdiğiniz bir kaza ve hastalığı da kaydeder. Doğar doğmaz kokusunu aldığınız anne ve babanızdan ayrılığı da. Çok küçük olduğunuz için kaza ya da hastalığı bilmezsiniz ama o acıyı hisseder, ilk kodunuz olarak bilinçaltınıza alırsınız. Ya da ebeveyninizden ayrıldığınızı bilmezsiniz ama alıştığınız o kokunun eksikliğini hisseder onu da kaydedersiniz.

Emeklemeye başlayıp evdeki ilk vazoyu kırdığınızda bunun yapmamanız gereken bir şey olduğunu bilmezsiniz. Sadece bir nesneye dokunmuş ve onun yere düştüğünü görmüşsünüzdür. Ancak anneniz gelip de size bağırdığında ya da belki çok sinirlenip bir tokat attığında canınız acır ve kendinizi kötü hissedersiniz. Bu can acıma hissiniz bir koddur, kendinizi kötü hissetmeniz bir koddur. O yaşlarda bu duygunun adını bilmezsiniz ancak ilk suçluluk duygunuz çoktan bilinçaltınıza kodlanmıştır. Artık evdeki başka bir eşyayı devirdiğinizde hemen bir köşeye siner, zaten bildiğiniz bu duyguyla annenizin size bağırmasını beklersiniz. Derken eve yeni bir kardeş daha gelir. Ebeveynlerinizin tüm ilgisi artık bu yeni misafirin üstündedir. Yine kendinizi kötü hissedersiniz. Dışlanmış ve sevilmemiş hissedersiniz. Hatta tüm ilgiyi topladığı için bebeğe kızarsınız da. Bu yeni kodunuzun adı "değersizlik"tir ve çoğu zaman güçlü bir kıskançlık ve bazen kızgınlık duygusuyla birlikte gelir. Yani "kimse beni sevmiyor, ben sevgiye layık değilim, hak etmiyorum" duygunuzun ilk temeli de böylece atılmış olur. Mahzun bir tavırla bir köşeye çekilir, anne ve babanızla konuşmazsınız. Başka bir deyişle küsersiniz ki zaten bunu da anneniz, babanızla tartışıp bir odaya kapandığında ondan öğrenmiştiniz. Çocuk aklınızla ilk cezalandırma davranışınız da böyle şekillenir. Anneniz bir gün kardeşiniz kucağındayken elinizi bırakır ve siz korkarsınız. Ya annem bir daha elimi tutmazsa? Ya annem beni artık eskisi kadar sevmezse? Kıskançlık, değersizlik duygunuzun alt açılımıdır. Kızgınlığınızın altında da korkularınız yatar. Başka bir gün komşunuz siz yaşlardaki çocuğuyla evinize misafir gelir. Elinde çok güzel bir bebek ya da araba vardır. İlk önce gözleriniz parlar sonra o oyuncağın başka bir çocuğun elinde olduğunu fark edersiniz. Bu da içinizi burkar. Zaten daha önce öğrenip kayda aldığınız kıskançlık duygunuz tekrar alevlenir. Oyuncağı elinden almak istersiniz ama çocuk vermez. Bu defa kızarsınız. Ama zaten artık kıskanmayı da kızmayı da öğrenmiştiniz. Siz böyle yaptığınız için anneniz sizi azarlar. Yine küsüp bir köşeye çekilir, kimseyle konuşmazsınız. Ayrıca o çocuk oyuncağı vermediği için ona kinlenmişsinizdir de. Kin duygunuz da alanınıza kodlanır. Döngü böyle devam eder. Sadece ortam ve oyuncular değişir ama hissettiğiniz duygular hep aynıdır.

Bugün bile kendinize pahalı bir şey aldığınızda ya da kendiniz için bir şey yaptığınızda suçlu hissetmenizin nedeni budur. Bilinçaltı düzeyde hak ettiğinize inanmazsınız. Olaylar, dekorlar ve insanlar değişir ama sizin hissettiğiniz duygu daima aynıdır.

Örneğin çocukken sevilmek istediğinizde ihmal edildiniz. Yetişkin olduğunuzda, ihmal edilme bilinçaltınızda sevgi tanımınızı oluşturabilir. Yani bilinçaltınız ihmal edilmeyi sevgi olarak görür ve yaydığınız bu titreşim hayatınıza hep sizi ihmal edenleri çeker. Acaba sizin bilinçaltınızda sevilmenin tanımı ne? Eğer şiddet görüyorsanız dövülmek, terk edilme olarak bağladıysanız terk edilmek olabilir.

İşte ilk kodlarımız böyle oluşur. Zamanla içimizde büyümeye devam eder. Daha sonra yaşayacaklarımız ise bilinçaltımızdaki bu kodlara göre şekillenir. Bu kodlar bilinçaltımızdan yayılan sinyallerdir. Elektromanyetik alanımızı oluşturup benzer enerjileri çeken de bu sinyallerinizdir. Yani siz sevilmediğinize inandığınız ve bunu hissettiğiniz sürece tıpkı sizin gibi sevilmediğini düşünen insanları hayatınıza çekersiniz. Çünkü benzer enerjiler birbirine çekilir. Siz, sizinle aynı yaraya sahip insanlarla karşılaşırsınız. Birbirinize yaralarınızın yerini gösterir, şifalanma beklersiniz.

Hayatımızın bu ilk yıllarındaki kodlar, ebeveynlerimiz ve yakın akrabalarımız tarafından yazılır.

Sonra biraz daha büyürüz ve okul dönemimiz başlar. Bu dönemdeki kodlarımız da ailemiz dışında öğretmenlerimiz, arkadaşlarımız ve sosyal çevremiz vasıtasıyla oluşur. Okumayı, yazmayı öğreniriz. İçinde yaşadığımız aile ve çevre tarafından kabul görmek için artık onların beklentilerine göre davranmayı da öğrenmişizdir. Duygularımız yavaş yavaş arka plana düşer. Neyi nasıl yaptığımız ne hissettiğimizden daha önemlidir artık. Okulda öğretmenimiz azarlar ya da bir arkadaşımızla tartışır ve kendimizi kötü hissederiz. Eve gelip bunu anne ya da babamızla konuşmak, duygularımızı paylaşmak istediğimizde bize "Boş ver, takılma, olur böyle şeyler," derler. "Git biraz oyna," ya da "Bir dilim kek ye iyi gelir," derler. Güzel bir şarkıda coşar, eteklerimizi savura savura dans etmek isteriz. "Çok ayıp, böyle ulu orta dans edilir mi," derler. Ne zaman duygularımızı ifade etmek istesek umursanmadığımızı ve bazen de yargılandığımızı görürüz. Çünkü insanların çoğu duygulardan korkar. Onları zayıflık olarak görür. Böylece toplumda kabul görmek için yavaş yavaş o duygularımızı bastırmayı öğreniriz. Bu yükseklerden akan bir suyun zorla durdurulmaya çalışılması gibidir. Orada akan bir enerji vardır ve durdurulmuş gibi görünse bile derinlerde bir yerde akmaya devam eder. Özgün varlığımız kabul görmemiştir. O zaman küçük oyunlar oynayalım. Her ortam için uygun bir maske bulup onların görmek istediği gibi görünelim. Eğer ilgi görürsek bu maske artık hep bizimle kalsın. Sanki içimizde artık iki kimlik vardır. Biri tüm o duyguları, coşkuyu, heyecanı, acıyı yüreğinde hisseden asıl ben ki onda varlığımın özü vardır. Diğeriyse olması gerektiğini düşündüğüm ben. Bu benliğimi de egom yönetir. Zamanla bu iki benliğimiz arasındaki uçurum açılır. Bu uçurum genişledikçe mutsuzluğa doğru yelken açarız. Dışarıdan bakıldığında başarılı gibi görünsek de içimizde bir mutsuzluk vardır. Hepimiz hayatımızın bir döneminde "İçimde fırtınalar kopuyor," cümlesini kurmuşsunuzdur eminim. Ailemizin isteğiyle okulda sayısal bölümde okumuş ve iyi notlar almışızdır belki ama yüreğimiz yazma ya da müzik yapma isteğiyle yanıp tutuşmaktadır. Babanız kendi işini devam ettirmenizi bekliyordur ama sizin yüreğiniz başka bir işin heyecanı içindedir. Evlenmeyi düşünmüyorsunuzdur ama bir süre sonra kendinizi sürüden ayrı düşmüş koyun gibi dışlanmış hissedebilir ve bu duyguyla tekrar o sürüye katılabilirsiniz. Ya da bir aile kurmak istersiniz ama ebeveyniniz "Ne gerek var. Evlenip de ne olacak, evlenmek derttir," der ve bir süre sonra kendinizi dünyanın en yalnız insanıymış gibi hissederken bulursunuz. Boşanmayı düşünürsünüz. Yine çevreniz "Sakın boşanma. El âlem başaramadı, beceremedi diye yargılar," ya da "Dışarıda da hayat zor, idare edin birbirinizi," der ve siz birileri 3-5 gün konuşacak diye mutsuz olduğunuz evlilikte ömrünüzü geçirirsiniz. Çalışmak istersiniz, eşiniz "Ne gerek var? Paraya ihtiyacımız mı var?" der. O çok heveslendiğiniz mimarlığı yapamazsınız. Kendiniz için ne zaman bir şey yapmak isteseniz birileri karşı çıkar.

Çünkü böyle yetiştirildik. Kendimiz dışında herkesin fikri ve düşüncesi bizimkinden önemli oldu. "Kendini düşünmek, kendini sevmek bencilliktir. Önce başkalarını sev ve saygı duy," denildi bize.

Peki ben ne hissediyorum? Tüm bu sevmediğim işleri yaparken, başkalarının ihtiyaçları için koşturup dururken kendi içimde ne hissediyor neler yaşıyorum? Bu hiç sorulmadı. Sorulmadığı ve önemsenmediği içindir ki tüm bunları içimizde, asıl benliğimizi hapsettiğimiz kimliğimizle yaşadık. Üstelik çoğu zaman hissettiklerimizin yanlış ve utanç verici olduğunu düşündük. Kendimizi güçsüz, yetersiz ve başarısız gördük. Birileri bizi sevdiğini söylediğinde şaşırdık "Bende ne buldu ki seviyor?" dedik. Ya da takdir ettiklerinde ezilip büzüldük. Sanki hakkımız olmayan bir şeyi vermişler gibi.

Öyle ya içimiz bu kadar suçluluk, pişmanlık ve utanç verici düşüncelerle doluyken sevilmeyi hak ediyor muyuz?

Birçok insanla bireysel terapi yaptım. Kendim dâhil bu duyguları yaşamayan tek bir kişiyle bile karşılaşmadım. Hangi mevkide ve yaşta olurlarsa olsunlar bastırılmış duyguları ortaya çıktığında hepsi küçük bir çocuk gibi yüzüme bakıyorlardı.

Bazen suçlu, bazen kızgın, bazen de sevilmemiş bir çocuk...

Sonuçta ne oldu?

O duygular ne kadar bastırmış olursak olalım uygun buldukları her ortamda ortaya çıktılar. Kendimize bile itiraf ederken zorlandığımız bazı duygular ya bir öfke ya bir ağlama krizinde ortaya çıktılar. Zaten hiçbir yere gitmemişlerdi. İçimizde bir yerlerde uygun buldukları ilk ortamda yüzeye çıkmak üzere bizimle yaşıyorlardı.

Yetişkinler dünyasına kabul edilmeye çalışırken içimizdeki çocuğu ihmal ettik. Şimdi o çocuk bize fiziksel, zihinsel ya da duygusal bir takım dengesizlikler yaşatarak "Ben hâlâ buradayım, lütfen beni gör ve iyileştir," diyor.

O çocuk iyileştiğinde biz de iyileşeceğiz.

Bence dünyadaki en büyük sorun birçoğumuzda olan bu sevgi eksikliğidir. Çocukluğumuzda ailemizden, yakınlarımızdan yeterince alamadığımız bu sevgiyi dışarıdan beklemeye başladık. Arkadaşlarımızdan, öğretmenlerimizden, eşimiz ya da partnerlerimizden sevgi bekledik. Tabii ki bulmakta zorlandık. Çünkü çekim yasası gereği yaydığımız sinyaller tıpkı bizim gibi sevgiye ihtiyacı olan insanları hayatımıza çekti. Bize yeterince değer vermedikleri ve sevmedikleri için onlara kızdık, suçladık. O sevgiyi öncelikle kendimize vermemiz gerektiğini bilecek farkındalığa henüz erişmediğimiz için bu süre zarfında çokça hayal kırıklığına uğradık, kalbimiz kırıldı, incindik. Oysa dışımızdaki insanlar ancak bizim kendimizi sevdiğimiz kadar sevebilirdi. Ne bir eksik ne bir fazla.

O sevgiyi alabilmek için bazılarımız sürekli bir şey vermesi gerektiğine inandı. Maddi ya da manevi herkese koştu, yardımcı oldu. Bilinçaltı düzeyde böyle yaparsa kabul göreceğine ve sevileceğine inandı. Aşırı fedakâr olmamızın altında çoğu zaman bu duygumuz yatar. Bazıları insanları manipüle ederek, güç kullanarak sevgiyi elde etmeye çalışırken kimisi de kurban rolüne girdi. Beraber olduğu insanı küçümseyip kendi değersizliğini bastırmaya çalışanlar da vardı elbette. Bu yollardan hiçbiri sevgiyi getirmedi çünkü hepsi yanlıştı. Hatta bu şekilde sevgi almaya çalışan birçoğumuz hayal kırıklığına uğradı. Verdiklerinin karşılığını alamadığı gibi ciddi darbeler yedi. Burada suç da suçlu da yoktu. O darbeyi vuranlar sadece yeniden dengeyi sağlamamız içindi ve o dengeyi kurmanın ilk şartı da aradığımız sevgiyi dışarıda bir yerlerde bulamayacağımızı anlayıp ilk önce kendimize vermeyi öğrenmekti.

Bu birçoğumuz için çok tanıdık bir hikâye değil mi?

Artık başkalarından ilgi ve sevgi görmek için bu dramları yarattığımızı biliyoruz. Ama kızarak ama suçlayarak ama küserek...

Tüm yaşadıklarımız iç dünyamızın dışarıya yansımasından başka bir şey değildir.

Çocuklarımız da bu süreçte bize aynalık yapar. Bastırdığımız duyguları onlar aracılığıyla ortaya çıkarmamıza yardımcı olurlar. Duygusal tortularımızı temizledikçe bu durumun olumlu yönde ilk onlara yansıdığını görürüz.

Farkındalığınız arttıkça eski duygusal kalıplarınızın sürekli tekrar ederek sizi geçmişte yaşattığını, aynı nedenle yeni bir gelecek yaratamadığınızı fark edeceksiniz. Bu ileriye doğru yürüdüğünüzü sanırken geri geri adım atmak gibidir. Geçmişiniz bu şekilde daima geleceğinizi yutarken fiziksel ve zihinsel olarak dengenizi de bozar.

Hepimizin hayatında kötü dönemleri olmuştur. Ani bir kayıp, kaza, intihar, hastalık, iflas, boşanma ve terk edilme bunlardan bazılarıdır. Bu da bizde şok ya da travma yaratır. Hissettiğimiz acının üstesinden gelmekte zorlanırız ve sonuçta yaşamımız, sağlığımız dağılır. Hatta sürekli aynı şekilde düşünerek ve hissederek geçmişe takılı kalır, o acı ve kedere neredeyse bağımlı hale geliriz.

Bir an gelir o kadar yorulur ve bunalırız ki kalpten bir değişim isteriz. İşte o zaman harika bir şey olur. Kalbimizden çok güçlü bir karar ve niyet dökülür. İşte o karar ve niyetin enerji gücü, frekansı o kadar yüksektir ki içinde bulunduğumuz olasılıklar deryasında bizim mucize dediğimiz kişiyi ya da olayı yakalayıverir ve o çok istediğimiz değişimi başlatır. Her şeye yeniden başlarız. Bu kalpten yükselen niyetin gücüdür. Sevginin gücüdür. Kalbimiz birliğin, bütünlüğün merkezidir. O kuantum alanla aramızdaki bağlantıyı kuran merkezimizdir. Bu nedenle kalp merkezimizi açmamız ve oradaki enerjiyi harekete geçirmemiz gerekir. Çünkü en güçlü çekim dalgalarını kalpten yaratırız.

Şimdi amacımız sevginin o muhteşem gücüyle, asıl benliğimiz ile dışarı yansıttığımız kimliğimiz arasındaki bu uçurumu kapamak. İyi-kötü, doğru-yanlış diye etiketlemeden yüreğimizden yükselen tüm duygularımıza dikkatimizi verip bizi mutlu edeceğini düşündüğümüz bir hayatı inşa etmek.

Bunu yapabiliriz. Hepimizin içinde bu güç var. Hep vardı. Şimdi o gücü harekete geçirme zamanı. Bu noktada en büyük gücümüz kendimize inanmak olacak. Bunun dışında sizi aşağı çeken tüm inançlarınızı bırakın. Onlar size ait değiller. Hayatınızın bir döneminde birilerinden duydunuz, aldınız, kabul ettiniz ve kendi gerçeğiniz yaptınız. Hepsine meydan okuyun!

Tıpkı bir tren rayı döşer gibi sizi güçlendiren yeni inançlarla beyninizde yepyeni nöral ağlar oluşturabilirsiniz.

Sevgi dünyadaki en büyük ve en güçlü enerjidir.

Ne zaman sevgisiz kaldığını düşünürsen elini kalbine koy ve kendine sevgi ver. Kalbin kaybettiğin sevgiyi mıknatıs gibi yeniden sana çeker.

Bu dünyadaki tek pusulan yüreğin olsun. Yüreğinin sesine ve sezgilerine daima güven. Gerçeğin sesi sadece oradan duyulur. Zihnimizde olanı başkalarından aldık ama yüreğimizdeki ezelden beri vardı.

Zihnimiz daima geçmiş ve gelecek arasında gider gelir. Şimdiyi bilmez. Ama kalbimiz daima buradadır. Zihnimiz bizi yanıltır ama kalbimiz asla yanıltmaz. Bu dünyada hiçbir şey yoktur ki yüreğimizdeki sevgiden daha büyük ve üstün olsun.

Çocukken kurduğum bir hayal vardı.

Bunu düşlemeye ne zaman başladım tam olarak hatırlamıyorum... Belki ilkokulda belki kendimi yalnız hissettiğim gecelerden birinde… Ama düşlemeye başladıktan sonra bir daha hiç aklımdan çıkmadı.

Zaman geldi âşık oldum, hayat güzelleşti.

Öylesine güzelleşti ki sonunda yaşamımın tüm kontrolünün tamamıyla kendi elime geçtiğini sanmanın tatlı ama sahte rehavetine kapıldım.

Zaman geldi aşk bitti… İş bitti, hayat bitti sandım.

Bitmedi. Herkes gibi eksiğiyle gediğiyle devam etti yaşamım. Mutlu değildim artık ama kimse de çok mutlu değildi zaten. Buna rağmen çocukken kurduğum hayal yakamı bırakmadı. Bunun üzerine bavulumu sırtlayıp mutluluğun peşine düştüm. Her neredeyse bulup saklandığı yerden çıkaracaktım onu.

Kimse erişemediğine göre, mutluluk o en yüksek dağın tepesinde olmalıydı.

Bunca zamanı telafi etmenin tek yolu da acele etmekti.

O yüzden telaşla aynı yöne koşturan kalabalığın arasına karıştım. Yazgımın bana biçtiği zamandan habersiz bir an önce o en yüksek dağa tırmanmak için koşturuyor, aşağıya yuvarlanmamak için arkama bile bakmıyordum.

Oysa koşturduğum yollarda ne bir taşın ne bir ağacın acelesi vardı. Ulu çınarların gölgesinde kuşlar cıvıldıyor, tembel inekler geviş getiriyordu. Bense korkuyordum geç kalmış olmaktan…

Sadece benim değil herkesin acelesi vardı bu yolda. Çarpıp geçtiler bana. Bir anda intikam hırsı bürüdü gözlerimi. Onlar gibi olmak istedim. Çabaladım da. Sonra anladım ki benim de bir kötü olabilme sınırım var. İstesem de içimden geçen her kötülüğü yapamıyorum. O yüzden buna kafa yormaktan vazgeçtim.

Sonradan anladım ki içinde bulunduğum ilahi düzen iyi kötü karşıma çıkan her insanı bir eksikliğime denk gelecek şekilde çıkarmış. Kötü dediğim de iyinin hizmetindeydi. Kafam karıştı. İyi ve kötünün sınırları kayboldu. Her ikisinin de aynı şey olduğunu gördüm.

Dağın tepesi mutsuz insanlarla doluydu.

Herkes şaşkın gözlerle birbirinin yüzüne bakıyordu. En yüksek, en büyük, en çok…

Mutluluk burada, yeryüzü ile gökyüzü arasında değilse neredeydi?

Bunca eziyete bunun için mi katlanılmış, bunca yol bunun için mi alınmıştı?

Büyük bir hayal kırıklığıyla aşağıya indim.

Ama ötedeki gün bahara gebe.

İçimde nedensiz bir neşe pencere kenarında oturuyorum şimdi. Her şeyi gören gözlerle bir kuş bakıyor yüzüme. "Aç yüreğini gireyim," diyor.

Olmuyor. Öfkem, kibrim ve acelem sertleştirmiş yüreğimi. Açmakta zorlanıyorum.

Fark ediyor bilge kuş. "Kendini rahat bırak, güneşe dön yüzünü," diyor. "Ağaçların, rüzgârın sesini dinle." Yüzümü güneşe dönüyorum. Sessizlik… Kalbimi yoran düşünceler yavaş yavaş çekiliyor. Yorgun ruhum dinleniyor.

Ana kucağına dönmüş bir çocuk gibi sakinleşiyorum. Yüreğim yumuşuyor, açılıyor.

Hep yazar olmayı düşleyen küçük bir çocuk gülümsüyor içimde…

Ötelerde bir kuş şakıyor.

BİLİNÇALTI-BEDEN-BEYİN

Beynimiz hayal ile gerçek arasındaki ayrımı bilmez. Hayal ettiklerinizi de gerçekten yaşadığınızı düşünerek tepki verir. İyi ki de bu özelliği vardır çünkü biz tüm çalışmalarımızı imgelemeler kullanarak yaparız. Sinirlendiğiniz bir olayı yakın bir arkadaşınıza anlatırken sesinizin yükseldiğini, bedeninizin gerginleştiğini fark edersiniz. Bunun nedeni beyninizin o olayı o anda yaşıyor olduğunu düşünmesidir. O olayı yaşarken ateşlediğiniz nöronlar o anda yeniden ateşlenmiştir.

Beyin dalgalarımız ölçülebilir frekansa sahiptir ve en yavaşından en hızlısına şöyle adlandırılır:

Delta: Derin ve onarıcı uyku hâli, tamamen bilinçdışı hâl.

Teta: Derin uykuyla uyanıklık arasındaki hâl.

Alfa: Yaratıcı, görselleştirici hâl.

Beta: Bilinçli düşünceler.

Gama: Bilincin yoğunlaşmış hâlleri.

Beta, günlük uyanık hâlimizdir. İçimizden çok, dışımızdaki dünyaya odaklıyızdır. Zihnimizden çok sayıda ve hızla düşünce geçer. Alfa ise daha gevşemiş hâlimizdir; dinlendiğimiz zamanlar. İç dünyamızla daha ilgiliyizdir. Zihnimizden geçen düşünceler azalmıştır. Gün boyunca alfa ile beta arasında gider geliriz. Teta seviyesinde meditasyon yapabiliriz çünkü uykuyla uyanıklık arasındaki bu hâlimizde zihnimizden geçen düşünceler çok yavaşlamış ve ağırlaşmıştır. Bilincimizin kapanıp geriye çekildiği bu devrede bilinçaltımıza erişim daha kolaydır. Açık bir tabak gibi ne versek almaya hazırdır. Bu hâlde iken gördüğünüz, işittiğiniz şeyler bilinçaltınıza çok daha hızlı iner. O yüzden şirketler televizyonlara reklam vermek için geç saatleri kullanır. Delta seviyesinde ise bilincimiz tamamen kapanır, derin uykuya geçeriz.

Bugüne kadar tüm yaşadıklarımız beynimizde nöral ağlar oluşturmuştur. Bir düşünceyi tekrar tekrar düşündüğünüzde o ağı kalınlaştırır, aradaki bağlantıyı güçlendirirsiniz. İnançlarımız böyle oluşur. Olumlamalar söyleyerek yapmaya çalıştığımız da budur. Birlikte ateşlenen nöronlar birlikte bağlanırlar.

Eğer her gün aynı şeyleri düşünür ve hissedersek yeni bir şey öğrenmiş sayılmayız. Aynı nöronları ateşleyerek daha önceden otomatik olarak oluşturduğumuz programları kullanırız. Örneğin konuştuğumuz dil, yemek yapmak, giyinmek, araba kullanmak sürekli kullandığımız otomatik programlardan bazılarıdır. Onları yaparken artık bilinçli bir şekilde düşünmemiz gerekmez. Beynimize her gün aynı yollardan sinyaller gönderir ve yıllar boyu aynı nöral ağları aktive ederiz. Belli bir yaşa geldiğimizde o kadar çok otomatik program oluşmuştur ki o artık bizim kimliğimiz olmuştur. Beynimizin donanımı artık aynı desenlerle örülmüştür. Bu desenler de beynimizi geçmişin bir eseri hâline getirir. İşte bu eski desenlerden yeniyi yaratamayacağımız gibi eğer bilinçli bir şekilde üzerinde çalışmazsak geçmişe programlı bir beyinden yeni bir gelecek yaratamayız.

Örneğin "Ben sinirli bir insanım" inancınız beyninizdeki nöral bir ağdan başka bir şey değildir. Keza "Güzel yemek yaparım" inancınız da. Tüm inançlarınızı, düşüncelerinizi ve fikirlerinizi o kadar dillendirmişsinizdir ki o bağlar sıkı bir şekilde bağlanmıştır. Birisi sizinle ilgili bir soru sorduğunda beyninizde o konuyla ilgili oluşturduğunuz nöronlar aynı anda ateşlenir ve siz art arda kendinizi anlatmaya başlarsınız. Beyninizde hemen her konuya ait nöral bir ağ vardır. Bunun yanı sıra yeni bir kitap okuduğunuzda, yeni bir eğitim aldığınızda, yeni bir insanla tanıştığınızda beyninizde ona dair yeni bir nöral ağ oluşturursunuz. Yeni bir şeyi hayal ettiğinizde beyninizde yeni bir bağlantı oluşturursunuz. Daha sonra aynı konuda aldığınız her eğitim, söylediğiniz ve okuduğunuz her cümle o bağlantıyı güçlendirir. Kurduğunuz her hayal o bağlantıyı güçlendirir. Beyniniz artık farklı ağlar, desenlerle sinyaller göndermeye başlar. Yeni nöral bağlar kurdukça kimliğiniz de yeniden farklı bir şekilde şekillenir. Bunun yanı sıra kullanılmayan nöronlar arasındaki bağlantı da gittikçe zayıflar ve birbirinden kopar. Buna beynin nöroplastisite özelliği denir. Yani beynimiz bir plastik gibi yeniden şekillendirilebilir. Onun bu özelliği sayesinde tamamen farklı düşünen, konuşan ve hisseden insanlar hâline gelebiliriz.

Beynimizde hâlâ geçmiş anıların bağlantılarını ve yazılımlarını kullanıyor olduğumuz için geçmişe takılır kalırız. Yeni bir ilişkiye başlar ve çok geçmeden eski bir ilişkimizin anısına yakalanıveririz. Örneğin partnerimiz biraz uzak dursa "Beni sevmiyor, bu da beni terk edecek," deriz ki bu eski yazılımdır. Düşünce dediğimiz iki nöron arasındaki elektrik akımıdır. Bu sinyal de bedenimizde bir duygu yaratır. Özetle; beynimizin dili düşüncelerimiz, bedenimizin dili duygularımızdır.

Bugüne kadar yaşadığımız endişeler, korkular, utanç ve başarısızlıklarımız sadece bilinçaltımıza değil bedenimize de kaydolur ve onu şartlandırır. Örneğin çocukluğunuzda sizi bir köpek ısırmışsa bu bedeninize de kaydolmuştur. O yüzden bir köpek gördüğünüzde bedeniniz ani tepki verir. Bir topluluk önünde konuşma fikri bile sizi bir anda sizi korkutur ve heyecanlandırır. Çünkü geçmişinizde yine benzer şekilde bedeninize kaydettiğiniz bir anınız vardır. Beyninizde o anıyı bağladığınız nöronlar ateşlenir. Şartlanmış bedeniniz, daha önceden öğrendiği ve korkuyla ilişkilendirdiği otomatik tepkiyi verir. Beden o anda bilinçaltı tarafından yönetilmektedir, bu yüzden tıpkı bilinçaltınız gibi düşündüğünüz şeyle yaşadığınız şey arasındaki ayrımı da bilmez. Köpekten korkan birine istediğiniz kadar ısırmaz deyin hiçbir faydası olmayacaktır. Bu bilinçli zihinle yönetilebilen bir durum değildir.

Beden kendini kötü hissettiğinde ne kadar olumlu düşünmeye çalışırsak çalışalım pek bir işe yaramaz.

BİLİNÇALTIMIZDA ANNE VE BABALARIMIZIN ROLÜ

Her çocuk gibi masum doğarız. Gözümüzü açar ilk anne ve babamızı görürüz. Onlardan beklediğimiz ilgi ve sevgiyi alırsak hayatın tüm ihtiyaçlarımızı karşılayacağına inanır, güveniriz. Kendimizle ilgili ilk algı ve inançlarımızı da ebeveynlerimiz oluşturur. Onlar "Seni seviyorum," dediklerinde sevilebilir "Sana güveniyorum," dediklerinde güvenilir olduğumuzu düşünürüz. "Güzelsin," dediklerinde güzel olduğumuza inanırız.

Çocukluğumuzda ebeveynlerimizden beklediğimiz ilgi ve sevgiyi alamadığımızda ise kendi değerimizin farkında olmaz, kendimize ve hayata güvenmekte zorlanırız. Alanımızda sevgi ve güven eksikliği vardır ki sonraki hayatımız genelde bu eksikliği başkaları tarafından doldurmak üzere kurulur.

Daha küçük yaşlarımızda merkezimizde anne ve babamız vardır. Bütün dünyamız onlardan ibarettir. İyi çocuklar olup ebeveynlerimizin her dediğini yaparsak onları mutlu edeceğimize ve daha çok sevileceğimize inanırız. Bu ilk çocukça yanılgımızdır. Örneğin devamlı mutsuz ve şikâyet hâlinde bir anneye sahip olan çocuk o yaşlarda bütün annelerin böyle olduğuna inanır. Çünkü gördüğü, bildiği tek anne modeli budur. Onu mutlu etme çabaları sonuç vermeyince yavaş yavaş onun gibi olmaya başlar. Normali bu sanır. Bilinçaltında annesi mutsuzken kendisinin mutlu olmaya hakkı olmadığına inanır. Eğer onun mutsuzluğunu paylaşırsa onun da yükünü hafifleteceğine inanır. Ve bu elbise böylece üstünde kalır. Sanki çocukluğunda annesine bir söz vermiş gibidir: "Söz anneciğim senden daha mutlu olmayacağım."

Sonra büyür. Ama ne yaparsa yapsın bilinçaltı düzeyde artık o mutluluğu hak ettiğine inanmamaktadır. Sanki kendisi dışında herkes o mutluluğa layıktır.

Ya da çocuk güzel bir resim çizer, büyük bir hevesle anne ya da babasına gösterir. Tek beklentisi bir aferin almak ve saçlarının okşanmasıdır. Ebeveynleri o anda meşgul ya da keyifsizse beklediği ilgiyi göstermez. Çocuğun boynu bükülür. "Demek beni sevmiyor, önemsemiyorlar," der. Daha sonraları kendisi için önemli olan günlerde, örneğin doğum gününde, bir maçta ya da mezuniyet töreninde ebeveynlerini yanında görmediğinde bu duygusu daha da güçlenir.

Daha sonra bu çocuklar sevilmek ve kendini iyi hissetmek için sürekli birilerine koşan, yardım etmeye çalışan yetişkinler olarak önümüze çıkar.

İşte değersizliğin ve güvensizliğin ilk tohumları bilinçaltımıza genellikle böyle atılır.

İlerleyen yaşlarımızda aklımız, zekâmız ve mantığımızı kullanarak eğitim alır, evlenir çocuk sahibi oluruz hatta kariyer basamaklarını tek tek çıkabiliriz ancak içimizde bu duygu bizimleyse bir türlü istediğimiz huzuru ve mutluluğu yakalayamayız. Çünkü o eksikliğimizi dışımızdaki insanlarla doldurmaya çalışırız. Sevgi alma adına beklentiler geliştirir eğer karşılanmazsa hayal kırıklığına uğrarız. İlişkilerimizde çatışmalar yaşarız. Anne babamızla nasıl bir ilişkimiz varsa o titreşimi taşıdığımız için büyüdüğümüzde onlara benzer titreşimleri yayan insanlara çekiliriz. Hayatınıza giren insanların anne ya da babanıza ne kadar benzer olduğunu fark ettiniz mi?

Maddi anlamda işinde zirveye çıkıp daha sonra hepsini kaybeden insanlar tanıdım. Ya da çok sağlıklıyken hastalanan insanlar. Bu onların bilinçaltı düzeyde ilgi ve sevgi görmek için dikkat çekme yollarıydı. Küçük bir çocuğun düşüp "Anne, baba bak dizim kanıyor," demesi gibi.

Bugün birçok kaynak annemizin bize hamileyken onun yaşadığı stresin, acı, üzüntü ya da korkunun bizim de bilinçaltımıza kaydolduğunu doğrulamaktadır. Bu yüzden uzmanlar hamilelik sürecindeki annelere güzel, sakinleştirici müzikler dinleyip karınlarındaki bebekle konuşmalarını önerirler. Çünkü tüm bunların bebeğin bilinçaltını etkilediğini bilirler.

Henüz 3-5 aylıkken anneden ayrılmak zorunda kalan bebekte fiziksel ve psikolojik bir geri çekilme de deneyimlenebilir. Annenin sesine, kokusuna, tadına alışmıştır ve bunlar bir anda kaybolmuştur. Bebek yaşamı tehdit edici bir yer olarak algılamaya başlar ve bu durum devam ederse buna tepkisi umutsuzluk olacak, sonra bebek vazgeçecektir.

Bizler anne babalarımız aracılığıyla dünyaya geldik, onlar bize hayat verdi ve bu nedenle yaşam gücümüz kendimizi onlardan kopuk hissetsek bile onlardan bize akmaya devam eder ve bu bağ serbest bir şekilde aktığında kendimizi daha güçlü ve iyi hissederiz.

Ancak bir nedenle bu bağ bozulduğunda, örneğin onlara kırgın ve kızgın olduğumuzda enerjimiz de düşer.

O yüzden anne ve babalarımızla aramızdaki bağın niteliği çok önemlidir.

Kendimize bazı sorular soralım:

Anne ve babamızı düşündüğümüzde ne hissediyoruz?

Kırgın, kızgın, küskün müyüz?

Onlar tarafından dışlandığımızı mı hissediyoruz?

Yeterince sevilmediğimizi mi?

Şimdi, şu anda onların hayatına benzer bir hayat mı yaşıyorsunuz?

Onların yaşadığı kısırdöngüler sizin hayatınızda da tekrarlanıyor mu?

Onların hissettiği bazı duyguları siz de kendi içinizde hissediyor musunuz?

Tüm bu soruların cevabı ebeveynlerinizle olan ilişkinizin niteliğini de belirleyecektir.

Varsayalım anne ya da babanızdan beklediğiniz sevgiyi alamadınız ve çocuk aklınızla onlarla küserek ilişkinizi kestiniz ve kalbinizi kapadınız.

Ya da anne ve babanız çok kavga ediyordu ve siz mağdur olduğunu düşündüğünüz ebeveyninize daha çok bağlanıp diğerini suçladınız ve reddettiniz. Reddettiğiniz ebeveyninizle de gizli bir bağ oluşturduğunuzun farkında bile olmadınız.

Anne ya da babamızda reddettiğimiz ne varsa kuvvetle muhtemel bizim içimizde de yaşayacaktır. Bu bizim farkında olmadan onları sevme ve yaşamlarımıza geri getirme yolumuzdur.

Onları reddettiğimizde onlardan sürüklediğimiz benzer duyguları da görmekte zorlanırız. O duyguları da reddettiğimiz için bastırma yoluna gideriz ama sıklıkla çevremizdeki insanlara yansıtırız.

Uzun yıllar süren bir araştırmanın sonucuna göre, ebeveynlerimizle olan ilişkilerimizin kalitesi, yaşamımızın ilerleyen dönemlerinde sağlığımızı da etkilemektedir.

Anne ve babamızla yaşadığımız sorunlar sadece sağlığımızı değil ilişkilerimizi de etkiler. Sevgilisi soğuk ve ilgisiz olduğu için ayrıldığını söyleyen bir kadın fark etmeden annesini de aynı şekilde tarif eder.

Babasını aşırı asabiyet ve bencillikle suçlayan bir adam benzer suçlamayı eşi için de yapar. Alkolik ya da otoriter bir babayı reddeder, sonra hayatımıza alkolik veya otoriter bir partner çekeriz. Ve aslında onlar bu reddedişleri fark edip içimizdeki yaraları iyileştirmemiz için bize aynalık yaparlar.

Ebeveynlerimizi reddettiğimizde bu bedenimizde bir ağrı ya da gerginlik olarak kendini gösterir. Bedenimizin o bölgesine sıkışmış bir duygu, bir acı vardır.

Siz yıllarca birilerine anne ve babanızla ilgili hikâyeler anlatabilirsiniz. Onların size nasıl haksızlık yaptığını, nasıl hayal kırıklığına uğrattıklarını anlatabilirsiniz. Tüm bunlar size olumlu hiçbir şey vermeyeceği gibi hissettiğiniz acıyı büyütmekten başka bir işe yaramaz.

Çoğu zaman kendimizi mutsuz ve huzursuz hissetmemizin altında, en derinlerimizde yatan bu acılar vardır. İşte yaşam gücümüzü çeken de bu acılardır. Ancak ebeveynlerinizin de kendi kişisel hikâyeleri vardır ve onların arkasındaki o duyguları bir kez ortaya çıkardığınızda acıdan da özgürleşirsiniz. Bir şekilde kalbimizi onlara yeniden açmamız ve çocukken hissettiğimiz o saf ve doğal sevgiyle yeniden bağlanmamız gerekir. O zaman bizim taşıdığımız ama aslında onlara ait olan tüm acı veren duygular serbest kalır.

Eğer hayatı neşeyle kucaklamak, sağlıklı olmak ve güzel ilişkiler kurmak istiyorsak ilk önce ebeveynlerimizle olan ilişkilerimizi düzeltmemiz gerekiyor.

Bugüne kadar birçok danışanımla bireysel terapiler yaptım. Anne ve babayla ilgili çok dramatik yaşam öyküleri dinledim. Biliyorum bazılarınız için bu zor ancak ne kadar uzun sürerse sürsün bu adım atlanamaz. Bununla er ya da geç yüzleşmek zorundasınız. Birçok videomda da anlattığım üzere kendi üzerimde yaptığım çalışmaların büyük kısmında bilinçaltımdaki hangi taşı kaldırsam ağırlıklı olarak altından ya annem ya babam çıktı. Uzun bir süre çözdüm sandığım bazı şeyleri çözemediğimi fark ettim. Bugün neyi ne kadar çözdüğümü ya da iyileştirdiğimi bilmiyorum ama bildiğim bir şey var. Bu çalışmaları yaptıkça annem ve babamla olan ilişkim eskisine göre o kadar değişip güzelleşti ki bugün artık onlara karşı saf sevgiden başka bir şey hissetmiyorum.

Her şeyden önce onları olduğu gibi kabul etmeyi öğrendim ve artık farklı olmalarını beklemiyorum. Değişimin sorumluluğunu onlara yüklemeden kendim üstlendim ve sonuçta onlar bazı konularda aynı kalsalar da benim bakış açım ve tepkilerim değiştiği için ilişkimiz daha huzurlu ve sevgi dolu oldu.

Bu nedenle yaptığım terapilerde ilk buradan yani anne babamızla olan ilişkimizden başlarım. Çünkü ilk kök duygularımızı onlarla oluştururuz.

Burada yeterince sevgi alamadığımız anne babalarımız da suçlu değildirler. Onlar da kendi ebeveynlerinden böyle görmüşlerdir. Başka türlüsünü bilmezler. Onlara da kendi anneleri; "Hadi gel biraz bunun üzerinde konuşalım. Senin bu duyguları hissetmen gayet normal. Ben de benzer duyguları hissediyorum. Bazen kendimi incinmiş, mutsuz hissediyorum bazen de kızgın," demedi. "Seni her hâlinle seviyorum," demedi.

Bu nedenle bizi yetiştiren ebeveynlerimizi suçlamayalım. Yaşadığımız her şey ilahi bir ana plan olarak tasarlanmıştı. Bizim öğrenmemiz için tam da o aileye, çevreye ve koşullara ihtiyacımız vardı.

Bunca zaman boyunca net olarak gözlemlediğim en önemli şey anne babamızla ilişkilerimizi düzeltmeden kendi hayatımızı tam olarak düzeltemeyeceğimizdir. Eğer sağlıklı, huzurlu ve tatminkâr ilişkiler istiyorsak hayatta ya da ölmüş de olsalar onlarla olan ilişkimizi tamir etmemiz gerekiyor. Kalbimizi onlara yeniden açmamız gerekiyor.

Eğer bu hayatta tesadüf yoksa onların anne ve babamız olmalarının da bir nedeni olmalı. Ben onların başka bir boyutta bizi en çok seven ruhsal varlıklar olduğuna ve bizim tekâmül planımızdaki rollerini kusursuzca oynadıklarına inanıyorum. Bu bazen iyi bazen kötü bir roldür ama gelişimimiz için tam da gerekli olandır.

Hayattaki bazı insanlara ve olaylara iyi, bazılarına kötü dersek asıl büyük resmi gözden kaçırırız. Denge bu ikisinin de üstünde, ortada bir yerde kurulur. Büyük resme baktığımızda kötü olarak tanımladığımız bazı insanların onlara ne kadar kızarsak kızalım bizim hayrımıza nasıl hizmet ettiklerini fark ederiz. "Kötü komşu insanı ev sahibi yapar," cümlesi bunun kanıtlarından biridir. İşinizde size haksızlık yapan patronunuza kızar, işten çıkar sonra gidip o çok hayal ettiğiniz işi kurabilirsiniz. Hayatınıza dikkatlice baktığınızda ne kadar kötü insanla karşılaşmış olursanız olun o kritik kavşaklarda elini uzatıp size yardım eden insanları da tanımışsınızdır. Anneniz iyiyse babanız kötü olabilir. Anneniz kötüyse teyzeniz iyidir vs. Onların hepsi sadece sizin tekâmül planınızda kendi rollerini oynarlar. Tek görevleri de iyi ya da kötü, sizde olanı açığa çıkarmaktır.

Belki anneniz ya da babanız bencildi. Sorumsuzdu. Size sizin düşündüğünüz kadar iyi anne-baba olamadılar.

Belki yeterince olgun değillerdi; siz annelik ya da babalık yaptınız. Eğer size yapmış oldukları haksızlıklardan dolayı anne ya da babanızla ya da ikisiyle birden ilişkinizi kestiyseniz onlardan size akan doğal sevgi akışını da kesmiş olursunuz. Annenizi reddediyorsanız varlığınızın dişil tarafını, babanızı reddediyorsanız varlığınızın eril tarafını reddedersiniz. Bu da içinizde bir bölünme yaratır ve kendimizi olduğumuz gibi kabul etmemizi ve sevmemizi engeller. "Annemi sevmiyorum," demek, daha derin bir anlamda "Bendeki dişili yani varlığımın bir parçasını sevmiyorum," demektir, "kendimi sevmiyorum," demektir. Onları reddettiğimizde, onlara benzeyen yanlarımıza da kör kalırız. Bu durum bedenimizin sağlığını da bozar. Kendimizi gergin ve huzursuz hissetmemize neden olur. Oysa bizler onların bir parçasıyız. Bedenimizde onların genlerini taşıyoruz.

Burada anne ve babanızla ilgili meselede haklı ya da haksız olmanızdan bahsetmiyorum. Haklı olabilirsiniz ancak bu haklılığın sizin iyileşmenize bir katkısı yoktur. Onları olduğu gibi kabul etmenizden bahsediyorum. Bakın affedin bile demiyorum çünkü ortada affedilecek bir durum olduğuna inanmıyorum. Her şey olması gerektiği gibi yaşanmış ve her insan kendi rolünü oynamışsa ortada suç da suçlu da yoktur.

Suçun olmadığı yerde affetmekten bahsedebilir miyiz?

ATALARIMIZDAN GEÇEN TRAVMALAR

Bilinçaltımız derya deniz bir depo alanıdır. Yalnızca kendi travmatik anılarımızı değil bazen atalarımızın çözümlenmemiş travmalarını da içinde barındırır ve sonraki nesillere yansıtır. Duygularımıza, seçimlerimize ve tepkilerimize yansıtır.

Güzel olan şu ki onları bulup bilinçli farkındalığımıza getirdiğimizde alanımıza sıkışıp kalmış olan o duygu serbest kalır ve çözülür. En derin düzeyde bu kendi yansımalarımızla yaptığımız bir dans gibidir. Bizim dışımızdaki herkes özde bizim yansımamızdır ve aynı nedenle onların acısı benim acımdır.

Aile travmalarının özelliklerini kalıtsal olarak devraldığımız ve yeniden yaşadığımız görüşü, tanınmış alman psikoterapist Bert Hellinger tarafından 50 yıldan uzun süre birçok aileyle çalışılarak detaylı bir şekilde incelenmiştir.

Hellinger bir ebeveynin, kardeşin, çocuğun zamansız ölümü, bir terk ediliş, suç ve ya intihar gibi travmatik olayların bizleri derinden bir şekilde etkilediğini ve tüm aile sistemimiz üzerinde nesiller boyunca iz bıraktığını gözlemlemiştir.

Annemiz aracılığıyla büyükannemizin annelik özelliklerini de alırız. Onun yaşadığı travmalar, acılar, üzüntüler kendi yaptığı annelikle bizim annemize de geçer ve ondan da bize geçer. Bu sadece kalıtımsal değildir. Çünkü anne-babalarımız da kendi anne-babalarından öğrendikleri ve bildikleri kadarıyla bize ebeveynlik yaparlar.

Aynı anne -babadan doğmuş olsak da atalarımızdan farklı travmaları devralabilir ve farklı kaderler yaşayabiliriz.

Hellinger'e göre hiç bilmeden daha önceki bir aile üyesinin duygularını ya da tepkilerini sanki kendimizinmiş gibi taşırız ama buna gerek yoktur. Hepimiz kendi kaderimizden sorumluyuz. Bu nedenle onlara ait yükleri serbest bırakmalıyız.

Anne ve babalarıyla başarılı, güven dolu bağlar oluşturan çocuklarda bu geçişler gözlemlenmeyebilir. Atalarımızdan sadece olumsuz özellikler değil, güzellik, liderlik vasfı, ticari zekâ ve sanatsal yetenekler gibi olumlu özellikler de devralabiliriz.

Birçoğumuz aile geçmişimizden bazı kalıntılar taşısak da bilinçaltımızdaki korkularımız ve kök duygularımız üzerinde yapacağımız çalışmalarla ıçsel bir iyileşme sağlayabiliriz.

Zihinlerimiz görüntüler aracılığıyla iyileşme konusunda muazzam bir kapasiteye sahiptir. Evet, genler aracılığıyla geçen bazı travmalar vardır ama sandığımızdan çok daha güçlü ve dayanıklıyız ve ne çeşit bir travma yaşanmış olursa olsun hepimiz kendimizi hızla iyileştirme kapasitesine sahibiz.

Bunu yapmanın yollarından biri de eski travmalarımızın bizde yarattığı korku ve duygulardan çok daha güçlü olumlu deneyim ve görüntüleri bilinçaltımıza yüklemektir.

Bu ister affetmeye dair bir sahne olsun ister çok sevdiğinizin birinin görüntüsü olsun tüm bunlar bedenimize ve bilinçaltımıza kaydolur.

Gözlerimizi kapatıp bir eylemi imgelediğimizde o eylemi o anda gerçekten yapıyormuşuz gibi beynimizdeki görme korteksimiz aktif hale gelir. Görsek de imgelesek de aynı bölge harekete geçer. Başka bir deyişle beynimiz gerçek olanla hayal olanı ayırt edemez. Her ikisine de aynı tepkiyi verir.

Bu da çalışmalarımız açısından bize büyük bir avantaj sağlar. Tüm kuantum ve NLP teknikleri görüntülü çalışılan tekniklerle doludur.

Özetle; bir şeyi zihnimizde ne kadar imgelersek beynimizde o kadar güçlü yeni nöral ağlar kurulur ve düşünce sistematiğimizi olumlu yönde değiştirir. Birlikte ateşlenen nöronlar birlikte bağlanırlar. Bu da demek oluyor ki zihnimizde canlandırmayı ne kadar sık yaparsak o kadar otomatik hale gelir. Örneğin bir ev hayal edersiniz. Manzarasını, içine koyacağınız eşyaları düşünürsünüz. Aynı hayali sık sık kurduğunuzda o evin görüntüsünün eskisinden çok hızlı bir şekilde zihninizde canlandığını fark edersiniz. Çünkü beyninizde o eve ait nöral bir desen oluşturdunuz ve sonra sık sık zihninizde canlandırarak onu beslediniz. Böylece bu deseni oluşturan bağlar güçlendi. Artık zihniniz nasıl bir ev istediğinizi biliyor.

Aynı şekilde siz yüzlerce defa kendinize "Kendimi çok seviyorum," dediğinizde bu da beyninizde kalın nöral bir ağ yaratır. Bu ağ siz tekrarladıkça daha da güçlenir ve bir bakarsınız bu cümle sizin doğal düşünme sürecinizin bir parçası olmuş ve bilinçaltınıza yerleşmiş. Yani artık bu cümleyi tekrarlamasanız da sık sık aklınıza gelir.

Yeni nöral ağlar, yeni düşünce ve yeni duygular özetle yeni bir beyin haritası demektir. Artık beyninizin farklı düşünmesi ve yeni sinyaller yayması demektir.

Bu görüntüler aynı zamanda seratonin-dopamin gibi kendimizi iyi hissetmemizi sağlayan hormonları da harekete geçirir.

Ben ŞİMDİ'ye inanırım. Geçmiş ve gelecek sadece zihnimde var olduğuna göre atalarım da her ne yaşamışsa hepsi şimdi, şu anda yaşanıyor. O zaman değiştirilebilir de. Şimdi yaptığım her çalışma zaten onlardan sürüklediğim duyguları da şifalandırıyor. Uzun zamandır atalarımızdan gelen ve bilinçaltımıza sızan bu duygusal travmaların çözülüp dönüştürülmesi için kendi geliştirdiğim bir tekniği uyguluyorum ve kendim dâhil birçok danışanımda başarılı sonuçlar aldım. Yeter ki saf bir niyetle yola çıkalım. Sevgiyle dönüştüremeyeceğimiz hiçbir olumsuzluk yoktur.

Anneme...

Bazı insanlar hayatınıza girmek için bir köşe başında bekler ve zamanı gelip de hayatımıza girdikten sonra bir daha hiçbir şey eskisi gibi olmaz. Bazı insanlar da ta en başından oradadırlar.

İlk nefesimiz, ilk çığlığımızda...

Yıllar önceydi... Bir gece haber vermeden ilk uçağa atlayıp eve geldim. Annem kapıyı açtı, şaşkın ve korkulu gözlerle yüzüme bakakaldı ve bakar bakmaz hâlimi anladı. Ona, "İş bitti, para bitti, aşk bitti," dedim. "Artık kaybedeceğim hiçbir şey yok!"

Yaşlı gözlerle bana sarıldı ve gülümsedi.

O kadar güzel güldü ki hayatım boyunca bir daha o kadar güzel bir gülüş görmedim.

"Her şey bitebilir ama bir gün yeniden başlar. Çünkü sen bitmedin. Yaradan sana bir zorluk vermişse, altından kalkacak gücü de vermiştir mutlaka," dedi.

O anda nereden, nasıl geldiğini anlamadığım ani bir huzur geldi, sessiz ve derinden yüreğime yerleşiverdi.

Şimdi düşünüyorum da tutunacak hiçbir şey kalmadığında hep ona tutunmuşum. "İyi ki annem var," demişim ve onun elleriyle kendime tutunmayı öğrenmişim.

O gece sabaha kadar dua ettiğini hatırlıyorum.

Bir annenin yüreğinden kopan hangi dua kabul olmaz ki?..

Onun da oldu.

Gün geldi, gücünü işinden, aşkından, adından ya da parasından değil kendi içinden alan bir kadın oldum. Ve bir daha hiçbir şey beni o kadar güçsüz ve çaresiz bırakamadı.

Anladım ki kendi içimdeki dünyayı görmek için gözlere ihtiyacım yok.

Saf, temiz bir yüreğe ihtiyacım var.

Kapadım gözlerimi... İçimdeki sonsuzluk ortaya çıktı. Zamanın olmadığı o boyuttan aşağıya baktım ve oyunu gördüm.

O, Tanrı'nın bana uzandığı eldi.

En zorlu kavşaklarda beni sarıp sarmalayan yuvamdı.

Çok çok eskilerden tanıdığım, kanatlarının gölgesinde dinlendiğim MELEK'ti...

Artık biliyorum... Burada ya da başka bir boyutta beni en çok seven ruh varlığı olarak hayatım boyunca sevmeye ve korumaya devam edecek.

İşte bu yüzden bazı sabahlar kalkıp da birlikte kahvemizi içerken; onun etten, kemikten varlığının ötesine geçer, içindeki meleği selamlarım;

NAMESTE!

"Senin önünde saygıyla eğiliyorum.
Ruhun, ruhumu onurlandırıyor,
İçindeki ve içimdeki Tanrı'yı selamlıyorum."

TESLİMİYET

Birçoğumuz hatıralarımıza bağlıyız çünkü şimdiki ânımızı kabul etmiyoruz. Şimdide eksiklerimiz var sanıyoruz.

Hepimizin kurtarıcısı dışarıda değil içimizdedir. O ezelden beri bizimledir. Her şeyi hayrımıza verendir. Bu ruhsal yolculukta hakiki kimliğimizi keşfetmek için ve O'ndan ayrı olmadığımızı anlamak için buradayız. "Öz"ümüz hiç başlamayan ve hiç bitmeyendir. Her şeyden önce vardı her şeyden sonra da olacak. Bu dünyada hiçbir şey yoktur ki O'ndan ayrı olsun. O her birimizde ve her şeyde kendini ifade etmektedir. Kendimiz sandığımız sahte benliğimizi, üstümüzde daima iğreti duran bir elbiseyi çıkarır gibi sıyırıp attığımızda kalbimizde sadece O kalır. Dönüşümüz O'nadır. Başka birinde sevdiğimiz şey de aslında onda hissettiğimiz bu özdür.

Özümüz daima bizimle konuşuyor. Zihnimizin gürültü ve zırvalıklarını yatıştırdığımızda O'nun sesini daha çok duyarız. O bazen kitapta bir cümledir, bazen bir arkadaşımızın söylediklerindedir. Nazlı nazlı süzülen kuşun kanadında, bir kedinin sevgi dolu bakışındadır. Tüm varoluşun her zerresi bize O olarak göz kırpar. Sadece sessiz kalalım ve dinleyelim. Bize dinginliği ve bilgeliği getirecek olan da budur. O dinginlik içinde her şeyle olan bağınızı çok daha güçlü hissedersiniz.

Biz aynadaki görüntümüzden ibaret değiliz. Sadece bu beden ve duygularımızdan ibaret değiliz. Tüm düşünce ve duygularımız bir sinema perdesine yansır gibi dünya dediğimiz aynaya yansıyıp bize geri döner. Bu nedenle dünya tıpkı bizim bilincimizde oynayan bir sinemaya benzer. İllüzyon dediğimiz de budur. Varoluşun bir parçasıyız ama egomuz nedeniyle kendimizi ondan ayrı sanıyoruz. OLAN, en küçük kuantum parçacığından tüm evrenlere kadar ilahi bir zekâyla planlanmıştır. Yaşam kendiliğinden en güzel hâliyle akar. Değişir, dönüşür, akar... Bu değişime direndiğimizde OLAN'a direnmiş oluruz. Çünkü bu akışa güvenmeyiz, korkarız. Kendimizi bilinmez ve korkutucu bir kaderin mahkûmu gibi hissederiz. Her şeyin tam istediğimiz gibi olmayacağından korkar ve direniriz. İnsanları ve olayları kontrol etmeye çalışırız. Bu hâlimiz akan bir nehirde tersine yüzmek gibidir ve kaçınılmaz olarak sıkıntı ve çatışmalarımızı başlatır. Oysa sadece kendimize güvenmediğimizde insanlara güvenmekte zorlanırız. Kendimize tam olarak güvenmek en derin düzeyde asıl varlığımızın farkına varıp tüm benliğimizle ona teslim olmaktır. Her ne yaşarsak yaşayalım onların kendi hayrımıza hizmet ettiğini anlamak ve bu nedenle o deneyimlerimizi sevgiyle kabullenip kucaklamaktır.

Kendimizin zamansız ve sınırsız doğasını keşfetmek bizi benlik yanılsamasından kurtararak tüm acı verici deneyimlerimizi sona erdirir. İşte bu yüzden kendi üzerimizde çalışıyoruz. Zihnimizin ötesine geçmeye, bize ait olduğunu sandığımız tüm fazlalıkları atarak içimizdeki o cevhere, o öze ulaşmaya çalışıyoruz.

Anlayalım ki mutsuzluğumuzun tek nedeni zihnimizden geçen düşüncelerdir. Cennet ve cehennem zihnimizdeki farklı bilinç düzeyleridir. Güzel düşünceler üretip kendimizi mutlu hissettiğimizde cenneti, olumsuz düşünceler içinde kendimizi kötü hissedip cehennemi yaşarız. Tam bu nedenle sarf ettiğimiz her kelime önemlidir. Hissettiğimiz her duygu önemlidir. Çünkü onlar hayatımızı şekillendiren yapı taşlarıdır. Farkındalık bizi, düşüncelerimizin farkında olmaya zorlar. Çünkü düşüncelerimiz ile duygularımız arasındaki bağlantıyı bilir. Her düşüncemizin bir duygu yarattığını ve eğer düşüncelerimizin niteliğini olumsuzdan olumluya çeviremezsek bunun bize sadece mutsuzluk vereceğini bilir. Aynı nedenle o düşünce ve duygularla özdeşleşmekten kurtulmalı, onların sadece tanığı ve gözlemcisi olarak farkındalığımızı yükseltmeliyiz. İşte o zaman hem kendimizi hem başkalarını yargılamadan çok daha büyük bir sevgi ve anlayışla bakabilir, iyi ya da kötü demeden her olanı kabule geçebiliriz. Korku ve endişelerimizden kurtulur, hayatımızda güzellikleri yaratmaya odaklanabiliriz. Bu bilgelik yolunda sarılacağımız en kuvvetli ip sevgidir. En büyük farkındalık ise kendimizi sevmek ve bilmektir.

Ben gün içinde defalarca kendime nasıl hissettiğimi sorarım. Bir düşünce zihnimizden hızla gelip geçer ama eğer düşük frekanslı negatif bir düşünce ise yarattığı duygu bizimle kalır. Kendimizi huzursuz ve keyifsiz hissederiz. Ben onlara kapatılmamış parantezler derim.

Örneğin o sabah yapmam gereken bir işi yapmadıysam ya da açmam gereken o telefonu açmadıysam bunların henüz kapatılmamış bir parantez olarak gün içinde zihnimin arka fonunda bir huzursuzluk yaratacağını bilirim. O yüzden "Kendimi nasıl hissediyorum?" sorusu beni kendime getirir ve o keyifsizliğimin izini hızlıca sürmemi sağlar. Eğer o anda yapabileceğim bir şey varsa yaparım, yok eğer planlamam gereken bir şeyse planlar, vermem gereken bir kararsa o kararı verir, netleşirim. Eğer o anda bunlardan hiçbirini yapamıyorsam "Her şey yolunda," der ve hızlıca içinde bulunduğum âna gelirim.

İşte yıllar boyu kendime sorduğum bu soru beni o andaki duygularımla özdeşleşmekten kurtarıp farkındalık sürecime ciddi katkı sağladı. Geçmişin yüklerini daha hızlı atmamı sağladı. Farkındalığım arttıkça da zihnim sakinleşti.

İnsan doğası gereği acıdan kaçmaya, hazzı aramaya yatkındır.

Ancak zihin sorunları sever. Bu nedenle bilinçli aklınızla reddetseniz de acıya bağımlı olmak diye bir şey vardır. Bu bağımlılık size bir kimlik verir ve o acıyı elinizden almak isteyenlere aynı nedenle tepki verirsiniz.

Tıpkı uyuşturucu ya da sigara bağımlılığı gibi bedeniniz o duyguyu ister ve hatta bu yüzden acıyı bizzat kendiniz yaratırsınız.

O acı sizi sahte ama güvenli (?) alanınızda tutar. En çok istediğiniz şey olmadıysa bilin ki bilinçaltınızda bunu reddeden sizsiniz.

Çünkü bilincinde olmasanız da o şeyden korktunuz. Belki yalnız kalma... Belki başa çıkamama... Yetememe... Başaramama... Düzeniniz bozulur kaygısı vs.

Görünen tarafınız isterken görünmeyen tarafınız reddetti.

Aynı korkularla; istemediğiniz o işte çalışır, mutsuz evliliklerinizi, birlikteliklerinizi yürütür, hastalıklara tutunursunuz.

Alışıp bildiğiniz mutsuzluk bilmediğiniz ve emin olamadığınız mutluluktan iyidir diyerek...

Türlü bahanelerle kendinizi kandırmaya devam edersiniz.

Bunun bedeli de acıdır… Mutsuzluk ve hastalıktır. Bir zaman sonra kendinizi suçluluk, pişmanlık öfke ve kendine acıma duyguları içinde boğulurken bulursunuz.

Tüm bunlar da hastalanma ve yaşlanma sürecinizi hızlandırmaktan başka bir işe yaramaz.

Bir gün gelir. Acınız kritik eşiği aşar ve tüm korkularınızı yıkar geçer.

"Ne olursa olsun," dersiniz. Hiçbir şey bundan kötü olamaz.

İşte o an büyülü bir andır.

İçinde yıllarca dönüp durduğunuz o kutudan, o kısırdöngüden çıkma zamanıdır.

Sadece bir KARAR alırsınız.

O yük artık taşınamaz hale geldiğinde kendiniz için yeni bir acı yaratmama ve yeni bir adım atma kararı alırsınız.

Geçmiş bitmiş gitmiştir ve bu nedenle ona hiçbir ihtiyacınız yoktur. Gelecek de henüz gelmemiştir. O yüzden peşin ödeme yapıp şimdiden endişelenmenin ya da korkmanın hiçbir faydası yoktur.

Bir şeylerin bir gün yoluna gireceğini düşünerek BEKLEMEK bile zihnin bir oyunudur. Beklemek, şu anda içinde bulunduğunuz ortamı, durumu reddetmek ve bu nedenle içsel çatışma yaratmak demektir.

Elinizde olanları değil olmayanları istemeniz demektir. O beklediğiniz sağlık, zenginlik, mutluluk gelecekte gelmez. İçinde olduğunuz yeri, durumu kabullendiğinizde ve Bu AN'ı fark edip bu an içinde elinizden gelenin en iyisini yaptığınızda gelir.

YENİNİN İNŞASI İÇİN ESKİNİN YIKILMASI GEREKİR

Şimdi artık duygusal tortularımızın aslında içimizde bastırılmış ve bloke olmuş düşük frekanslı enerjiler olduğunu biliyoruz. Bu yüklerimizi attıkça titreşimimiz yükselecek, hafifleyeceğiz. Daha yüksek bir bilinç seviyesinden farklı sinyaller gönderdiğimiz içindir ki istediğimiz şeyleri kendimize daha rahat çekebildiğimizi göreceğiz. Çocukluğumuzdan bu yana bu tortularla birlikte yaşadığımız içindir ki birçoğumuz onların ağırlığını hissetmez bile. Oysa içimizdeki kızgınlığın, huzursuzluğun ve mutsuzluğun tek nedeni bu tortulardır. Korkunun ve acının nedeni de öyle.

Bu duygularla başa çıkamadığımızda ya onları bastırır ya da bağımlı oluruz. İnternet, alkol, sigara, seks, kumar, alışveriş ve uyuşturucu bu bağımlıklarımızdan bazılarıdır. Sağlığımızı bozan tüm hastalıklarımızın altında da bu negatif duygularımız vardır. Bu bağımlılıklarımıza ve hastalığımıza neden olan duygularımızı bulup dönüştürmeden iyileşmemiz mümkün değildir. Yüzeyde bir iyileşme görünse bile o duygu tekrar tetiklendiğinde aynı hastalığı ya da bağımlılığı yaratacaktır. Duygusal tortularımız bizimle olduğu sürece aynı dramları yaratmamız kaçınılmazdır. Alerjilerimizin nedeni bile aslında bilinçaltı düzeyde bu duyguları reddetmemizdir.

Bu duyguların üstünde çalışmak her zaman keyifli bir deneyim olmayabilir. Ben de size bir gecede tüm hayatınızı değiştirme vaadinde bulunmuyorum. Ancak şu anda sağlığı, aşkı, huzuru ve bolluğu yaşayamıyor olmamızın altında bu duygularımızın yattığını bilirsek kararlı ve disiplinli bir şekilde kendi üzerimizde çalışma motivasyonunu bulabiliriz.

Bu süreçte kendi üzerinizde çalıştıkça bazen işler daha da zorlaşmış gibi görünebilir. Bunun nedeni siz kendi üzerinizde çalıştıkça bastırdığınız, kaçtığınız her duygunun tetiklenerek bir olayla önünüze çıkmasıdır. Bunların hepsi gereklidir. Zihnimiz ve bilinçaltımız değişimi sevmediği için türlü bahanelerle bizi engellemeye çalışır. "Bildiğin, alıştığın kötü, bilmediğinden iyidir," der. "Bunlar kandırmaca ve sen bunu daha önce de denedin, işe yaramadı," der. "Sen yapamazsın, bunun için yeterli değilsin," der. "Diğerleri doğuştan zengin ve güzel, şartlarınız farklı," der. "Bu yol çok uzun ve zahmetli, üstelik işe yarayacağının garantisi de yok, kendini yorduğuna değmez," der. Der de der...

Bu noktada güçlü ve kararlı duruşunuz işe yarayacaktır.

Bilinçaltınızı bir denize benzetirsek siz denizi temizlemeye başlamışsınızdır. Hayatınızdaki bazı şeyler yavaş yavaş yoluna girmeye başlarken bazı şeyler de dağılıyor, bozuluyor gibidir. Burada anlamamız gereken; öyle görünmese de aslında her şeyin yolunda gittiğidir. Bazı şeylerin yeniden inşa edilmesi için artık gerekli olmayanların elenmesi gerekir. Başka bir deyişle su temizlenmiştir ama şimdi de yürüdüğünüz kumun altındaki küçük cam kırıkları, gazoz kapakları ayağınızı acıtmaktadır. Ve onların da görünür olması için ayağınızın biraz acımaya ihtiyacı vardır. Ayağınıza batan her cam kırığını oradan çıkarırsınız bu esnada su biraz bulanır ama işiniz bittiğinde artık tertemiz bir suda yürümekte olduğunuzu fark edersiniz.

Bu nedenle onlardan kaçmak yerine yüzleşmek ilk adımdır.

Bu bazen bir işten çıkarılmak olur. Görüntüde işsiz kalmışsınızdır ancak daha derin bir şekilde baktığınızda o işte zaten mutlu olmadığınızı ve hep başka bir işin hayalini kurmuş olduğunuzu anlarsınız. Sonra bir gün kendinizi o hayal ettiğiniz işte çalışırken bulursunuz. Bu bazen eşinizden ya da sevgilinizden ayrılmak olur. Sizi çok zorlar, acıtır ama daha sonra hayatınıza öyle bir insan girer ki diğeri iyi ki gitmiş dersiniz. Ya da ayrıldığınız kişi değişmiş olarak geri gelir ve ilişkiniz çok daha güçlü bir zeminde yeniden başlar.

Bırakın sizinle titreşimsel eşleşme içinde olmayan herkes, her şey gitsin. Eski yaşamınıza dönmeye çalışmayın. Yeniyi daima sevin. Çünkü yeni içinde muhteşem potansiyeller vardır.

Ağlamak bu duygusal tortuların çözülme işaretidir. Gözyaşlarınız, bedeninizde brikmiş olan enerjilerin salınmasını sağlar. Alanımızdaki buz tutmuş, katılaşmış tüm negatif enerji akar gider.

Bizler çoğu zaman korkularımızdan dolayı eyleme geçemeyiz. Ancak bizim yapamadığımızı sistem yapar. Uzun yıllar önce bir kitapta okuduğum gibi biz hayatımızı değiştirmek üzere bir kez yola çıktığımızda tüm evren bize yardımcı olmak için işbirliği yapar. Kötü gibi görünen bile iyiliğimize hizmet eder. Tüm o kavşaklardan geçtiğimizde artık o hep aradığımız huzur bizimledir.

Sonunda güzel olan şu ki artık bu acıtıcı deneyimlere ihtiyacımız yoktur. Frekansımız ve buna bağlı olarak bilincimiz yükselmiş olduğu için bir daha kendimizi aynı kuyunun dibinde bulmayız. Gittikçe daha hafif olayları deneyimleriz.

Burada vereceğim çalışmaların bazıları duygu odaklı olduğu için kendinizi hazır hissettiğinizde uygulamanız önemlidir. Mecburi bir görev hissiyle değil içinizden gelerek yapmanızı öneririm.

Bu kitaptaki amacım düşüncelerinizi ve inançlarınızı değiştirmekten ziyade duygularınızı yani hissetme biçiminizi değiştirmek. Çünkü en güçlü sinyalleri duygularımız aracılığıyla yayarız. Duygularınız değiştiğinde bu zaten otomatik düşünme biçiminizi de değiştirecektir. Bu da olaylara bakış açınızı ve deneyimlerinizi etkileyerek hayatınızın değişmesini sağlar. Kökten bir değişim gerçekleştiği için artık sürekli bu durumunuzu koruma çabanız da kalmaz. Bu sizin yaşamınızın doğal bir parçası olur.

Usul usul damıtıyorum kendimi.

Yersiz öfkelerden, hırslardan, kaygılardan…

Biliyorum artık yaşamın içinden geçmek başka bir şey, ona kulak vermek başka.

Hayatımın ve yüreğimin içinde kibirle saltanat sürenlerin artık gitme vakti. Hak etmeyeni gereğinden fazla barındırmayan tek yer yürektir. Her şey aslına döner.

Gereksiz gurura son!

Saygının da sevginin de bir gün karşılığını verir hayat.

Sadece gururun fazla karşılığı yoktur bu hayatta.

Başköşeme samimiyet ve iyilik yerleşti uzun zaman önce.

Saçlarından, gözlerinden ve hatta ellerinden samimiyet akan insanlar var artık hayatımda…

Baktığımda berrak bir su gibi gözlerinin dibini gördüğüm...

Samimiyet; sevginin en güzel dilidir.

Ne çok mutlu ne çok mutsuz olmak umurunda artık.

Mutsuzluğun da bir onuru, gururu vardır.

Başınıza geldiğinde onu kabullenecek bir cesaret ve olgunluk bekler.

İnsan ne yaşamış olursa olsun, her şey olacağına varıyor.

"Herkes kötü" yaygaram da bitti çoktandır.

İçimdeki kötülükle mücadele etmek, dışımdaki kötülükle mücadele etmekten çok daha zordur. Bu savaşı kazanmanın tek yolu ise kendimi iyi tanımaktan geçer.

Bazı şeylerin kıymetini her zamankinden iyi biliyorum.

Sağlıkla kalktığım bir sabahın, tadına vararak yediğim bir yemeğin ve uzun kış gecelerinde dostlarla yaptığım sohbetlerin.

Sık sık gözlerimi yıkıyorum bu aralar.

Dünyayı daha berrak ve parlak görebilmek için…

Hayat o kadar da kirli ve karmaşık değilmiş aslında.

Bu hayatı artık sadece "KENDİM" için yaşıyorum.

"Başkaları ne der" diye değil… Kendimi ispatlamak için de değil.

Artık zamanı geldiği için…

NE EKERSEK ONU BİÇERİZ

Zihnimiz çoğu zaman ya geçmişte ya gelecektedir. Bu da bizim şimdi içinde bulunduğumuz ânı yaşamamızı engeller. Bunun bir sonucu da düşünce ve duygularımızın yarattığı sonuçları görememektir. Her bir düşünce ve duygumuz farklı frekanslarda bu boşluğa yayılır. Sevgi, şefkat, sevinç, neşe, şükran ve aşk gibi duygularımız yüksek frekanslıyken kendimize acıma, korku, kıskançlık, suçluluk, kin ve pişmanlık gibi duygularımız düşük frekanslıdır. Boşluğa yayılan bu duygularımızın her biri de kendine uygun frekansta olanları çeker. Ancak arada zaman filtresi olduğu için düşündüklerimiz ile kendimize çektiklerimiz arasındaki bağlantıyı görmekte zorlanırız. Neden ve sonuç arasındaki ilişkiyi göremeyiz. Bunu göremediğimizde yaşadıklarımız bize rastgele olaylar gibi görünür. Anlam vermekte zorlanırız.

Oysa evrende tesadüf yoktur, aksine şaşmaz bir ilahi denge vardır.

Yani her eylem ve duygumuzun bir karşılığı vardır. Ne ekersek onu biçeriz.

Örneğin sabah yaşadığımız bir olay enerjimizi düşürür ve anda yaydığımız dalgalar gider yine enerjimizi düşürecek keyifsiz bir olayı kendine çeker. Bu yüzden bir süre sonra o olayı da yaşamak zorunda kalırız ancak aradan geçen zaman ikisi arasındaki bağlantıyı görmemizi engeller. Son yıllarda boşluğun titreşimi gittikçe hızlandığından bu iki olay arasındaki zaman da azalmakta, düşündüğümüz şeyler çok daha hızlı gerçekleşmektedir.

Birisi hakkında dedikodu yaptığımızda çok geçmeden onun da bize kötü davrandığını görebiliriz. Giydiğimiz beyaz bir elbise kirlenmesin diye ne kadar dikkat etsek de günün sonunda lekelendiğini fark edebiliriz. Çünkü o elbiseyi giyerken zihnimizden o görüntü geçmiş ve gidip o dalgayı yakalamıştır. Tüm yaşantımız aslında bu döngü üzerine kuruludur. Düşünür, hisseder ve sonra bunun sonuçlarını yaşarız. Genellikle aynı şeyleri yaşamamızın nedeni bu olaylara hep aynı tepkiyi veriyor oluşumuzdur.

Örneğin hasta olan bir arkadaşınızı aramanız gerekirken bunu unuttuğunuzu fark ettiniz. Bu da kendinizi suçlu hissettirdi. O anda yaydığınız frekans suçluluk yüklüdür. Bu da demek oluyor ki yakında kendinizi yine suçlu hissedeceğiniz bir olayın zeminini hazırladınız. İki üç gün sonra anneniz arar, incinmiş bir sesle, çok önem verdiği o aile yemeğine neden gelmediğinizi sorar. Kendinizi yine suçlu hissedersiniz. Hemen kendinizi savunmaya geçer, gelememe bahanelerinizi sıralarsınız ki bu da her zaman verdiğiniz otomatik tepkidir. İşte tuzağa düştüğümüz yer de tam burasıdır. Çünkü bu bahanelerinizi yine suçluluk hissiyle yaptığınız için boşluğa yeni suçluluk dalgaları yaymaya devam edersiniz ve sonra bir bakarsınız o hasta arkadaşınız sitem dolu bir mesajla kendini neden aramadığınızı soruyor.

Peki ne yapacağız?

Öncelikle bu ve buna benzer otomatik tepkilerimizi fark edeceğiz. Hangi duyguyla hareket ettiğimizi anlayıp bunu kabule geçecek ve sorumluluğunu alacağız. Sonra da o tepkimizi değiştireceğiz. Bu bilinçli bir seçim olacak. Aynı örnekten yola çıkacak olursak annemize ya da arkadaşımıza kendimizi savunmak yerine "Özür dilerim. Biraz özensiz davrandım ama bir dahaki sefere gelmeye çalışacağım ya da buna dikkat edeceğim," dediğinizde bu döngüyü kırarsınız.

Otomatik tepkilerimizin altında kırgınlıklarımız vardır. Utançlarımız, korkularımız, pişmanlık ve suçluluklarımız vardır.

Fark ettiğiniz üzere buradaki kritik nokta daima ne hissettiğinizin farkında olmaktır. Zihninizi o olayın nedenine, nasılına yormadan sadece duyguya odaklanın. Böyle gergin zamanlarınızda bedeninizi de izleyebilirsiniz. Hissettiğiniz her negatif duygu bedeninizin bir yerinde kendini gösterecektir. Terleyebilirsiniz, yüzünüz kızarabilir, boğazınız tıkanabilir, kalbiniz, mideniz sıkışabilir, göğsünüzün ortasına bir yumruk oturabilir.

Kızmak, küsmek, alınmak, suçlamak ve saldırmak başlıca otomatik tepkilerimizden bazılarıdır. Bunları ne zaman ve hangi duyguyla yaptığınızı fark edin. Bu durumun karşınızdaki insanla hiçbir ilgisi yok. Onu suçlamanın bize hiçbir faydası yok. O sadece tetikleyicidir. Görevini yapar, bitirir. Suçlayarak dikkati kendi üzerimizden çekip onlara yöneltiyoruz ve böyle yaparak kendimizi daha da güçsüzleştiriyoruz. Koşulların kurbanı olduğumuza inanmış oluyoruz. Ona bu negatif duygunuzu açığa çıkarmasına yardımcı olduğu için teşekkür edin ve bırakın. O olayı görmezden gelmeyin, bastırmayın. Bastırmak ben bu duyguyla nasıl başa çıkacağımı bilemiyorum demektir. Ben bunun için yetersizim demektir. Hissettiğiniz duyguyla baş başa kalın ve onu kabule geçerek sorumluluğunu alın. Bütün negatif duyguların mesajı aynıdır.

"Lütfen beni dönüştür."

Dünya üzerinde tek bir insan yoktur ki bu duyguyu hissetmemiş olsun. Kurban rolümüzü bırakalım. Birileri bana haksızlık yapıyor, hak etmediğim acıları yaşatıyor hikâyelerini bırakalım. Zihnimizi artık bize hizmet etmesi için kullanalım. Kararlı, dikkatli, azimli ve disiplinli olalım. Niyetimiz, değişim ve dönüşüm olsun. Bilinçaltınızdaki suçluluk duygunuzu dönüştürdükçe bu tür deneyimler de hayatınızda azalmaya başlayacak. Anlayalım ki suçluluk duygumuz daima bizimle birlikteydi. Ailemiz ya da yakın çevremizden birileri sadece onu tetikleyip aynalık yaptılar. Yani bize o duygumuzun varlığını gösterdiler.

Bu neden ve sonuç ilişkisi olumlu durumlar için de geçerlidir. Varsayalım hiçbir karşılık beklemeden ihtiyacı olan birine yardım ettiniz. Bu da size kendinizi mutlu hissettirdi. O anda bu boşluğa mutluluk dalgaları yayarsınız. Aynı gün hiç beklemediğiniz birisi elinde güzel bir hediyeyle size gelir ya da bir işinizin çözülmesine yardımcı olur ve siz yine mutlu olursunuz. Ya da kötü bir kazayı çok ucuz atlatırsınız, mutlu olursunuz. Verilmiş sadakan varmış ya da yaptığın bir iyilik karşı gelmiş derler ki bu deyim çok doğrudur.

Evrendeki sistem alma ve verme dengesi üzerine kurulmuştur. Ne verirseniz onu alırsınız ve daha geniş bir perspektiften bakıldığında aslında kendimizden başka hiç kimseye bir şey vermeyiz. Olan her şey bizim lehimizedir.

Evren farklı yollarla daima bizimle konuşur. Eğer farkındalığınız yüksekse, dinlemeye ve almaya hazırsanız tam ihtiyacınız olduğu anda gelen o bilgiyi, o insanı ya da teklifi eş zamanlı olarak kendinizin yarattığını yani tesadüf olmadığını da bilirsiniz. Eğer hayatınızda bu eş zamanlılıklar çoğaldıysa bilin ki direnciniz az ve akışla uyum içerisindesinizdir.

Mesela hayatınızda olumsuz bir şey olduğunda tepkisel olarak şikâyet etmezseniz çok kısa bir zaman sonra gerçekleşen bir durumla o olumsuzluğun nasıl hayrınıza hizmet ettiğini anlarsınız. Şikâyet ettiğiniz takdirde olanı kabul etmediğiniz için direnç yaratacak ve bu durumun sizin iyiliğinize olduğunu fark edemeyeceksiniz. "Belki bunda da bir hayır vardır," diyecek ama yine de şikâyet etmeye devam edeceksiniz ki bu da o iyiliğin hayatınıza girme sürecini uzatacaktır.

Bunu anlamanın bir yolu da bakış açımızı değiştirmek, detaylara değil bütüne bakmaktır. Çünkü bütünü göremediğimizde detay bize tam bilgiyi göstermez ve detaylar içinde çok çabuk kayboluruz.

İnsanlar sadece şikâyet etmeyi değil dedikodu yapmayı da severler çünkü kendi hayatlarında mutlu olamadıklarında başkalarının hayatlarıyla daha çok ilgilenirler. Onların yaşamında buldukları bir kusur ya da hata kendilerini kısa bir süreliğine iyi hissettirse de sonrasında o anda yaydıkları düşük frekanslı enerjinin tekrar kendilerini bulması nedeniyle kısa bir süre sonra kötü hissederler. Dedikodu manyetik alanımızı biraz daha kirletmekten başka hiçbir işe yaramaz.

İnsan kendi derinliğine bakma ve kendiyle yüzleşme cesareti bulamadığında kendi dışındaki insanlarla meşgul olur. Kendi yapamadığı ya da cesaret edemediği şeyleri başkasının yaptığını gördüğünde bundan egosu rahatsız olur ve bu nedenle o kişiyi açıkça ya da arkasından dedikodu yaparak ezmeye ve incitmeye çalışır. Kendisinin çok isteyip de alamadığı bir şeyi başkasının aldığını gördüğünde sinirlenir. Başkalarının varlığı ondaki yokluk duygusunu tetikler ve ortaya çıkarır. Ortaya çıkan bu duygu da kişiyi mutsuz eder. O mutsuzluğunu bastırmak için de yeniden dedikodu yapar.

Ben dedikoduyu bumeranglara benzetirim. Her ne hakkında konuşuyorsanız bilinçaltınız bunu başkalarının deneyimlediğini fark etmediği için sizin deneyimlemek istediğinizi varsayarak o olayın benzerini tekrar size çekecektir. Neye dikkat verirsek onu büyütürüz.

Halk arasında "büyük konuşma" deyimi de bu döngünün yaşam içinde sıklıkla tekrarlanması nedeniyle çıkmıştır.

Her insanla bağı olduğunu fark eden bir insan dedikodu yapmadığı gibi bunun olduğu ortamlarda da çok fazla bulunmayı sevmez. Mecburen olmanız gereken bir yerde dedikodu başlamışsa yapanları yargılama ya da küçümseme tuzağına düşmeden sessiz kalma hakkınızı kullanın. Her insan kendi yolculuğunda kendi hızına göre ilerliyor. Bu yolda biraz daha geride kalmış olanları yargılamak bizim haddimiz değil.

Zaten frekansınız yükseldikçe bu tür ortamlarda daha az bulunduğunuzu fark edeceksiniz. Bunun yerine hayata bakış açısı size benzeyen, sizinle aynı derinliğe sahip insanları hayatınıza çekeceksiniz.

Benim arkadaş ve dostlarımdan biri gerçekleşen bir hayalinin sevincini benimle paylaştığında hem onun adına hem kendi adıma çok sevinirim. Çünkü onun benden ayrı olmadığını bilirim. Eğer tesadüf yoksa evren onun üzerinden, onun aynalığında bana da bir mesaj vermektedir. Böyle durumlarda eğer içinizden sevinç dışında hiçbir negatif duygu yükselmezse bilin ki sizin müjdeniz de yoldadır. Sıra sizdedir.

Elbette bir arkadaşınız sizin de hayal ettiğiniz bir şeye kavuşursa ona imrenebilirsiniz. İmrenme duygusunda kötü bir şey yoktur. Ancak içinizden bir kırgınlık, kızgınlık, kıskançlık, isyan ya da kendinize acıma gibi bir duygu yükselirse hemen mesajı doğru alın ve o duygularınızı fark edip bir yere not alın. Çünkü bu durum sizde olan bu duyguları açığa çıkarmak için yaşandı. Başka bir deyişle onları fark edip dönüştürmeniz için yaşadınız.

Aynı durum sizdeki bazı negatif inançları ve sınırlamaları da ortaya çıkarır.

Bir örnek verecek olursak:

Varsayalım yakın bir arkadaşınız çok güzel bir ev aldı ve öyle bir ev sizin de hayalinizdi. O evi gezerken içinizden şöyle düşünceler geçebilir.

"Tabii ki alacak o aileden zengin ve şanslı."

"Bu ev benim için sadece bir hayal."

"Asla böyle bir ev alamam."

"Bu evi almak için yeterli param yok."

"Bana miras dâhil hiçbir yerden para gelmeyeceğine göre bu evi de alamam."

Sonra duruma göre size hiçbir miras bırakmamış olan ebeveyninize de kızabilirsiniz. Asla böyle bir eviniz olamayacağı için kendinize de acıyabilirsiniz.

Tüm bunlar sizin sınırlandırıcı inançlarınız ve dönüştürmeniz gereken duygularınızdır.

Bu dünyada her birimizin tekâmül planı farklıdır. O plana göre kimimiz işimizle, kimimiz ilişkilerimiz ve parayla kimimiz de sağlığımızla ilgili deneyimlerden geçeriz. Yaşadığımız sürece bu deneyimler de olacaktır. Önemli olan onlara verdiğimiz tepkilerdir.

Bir danışanım yakın bir arkadaşının çok dedikoducu olduğunu ancak kendisi uzun zamandır dedikodu yapmayı bıraktığı için bunun kendisine neyi gösterdiğini sormuştu. Etrafımızdaki insanlar bize her zaman bire bir aynalık yapmazlar. Bazen bize eksiklerimizi, bazen de fazlalıklarımızı gösterirler. Danışanıma o arkadaşının kendisine eski hâlinin aynalığını yaptığını ve bir anlamda aslında aldığı yolu gösterdiğini anlattım. Yani o arkadaşına bakarak ona göre yükselen bilinç düzeyini fark edebilirdi. Büyük ihtimal bir zaman sonra aynı nedenle yolları ayrılacaktı.

Her Şey Olması Gerektiği Gibi...

Kendimi bildim bileli meraklı oldum...

Her şeyi merak ettim. Hayatı, ölümü, insanı, Tanrı'yı... Ölümden sonra yaşamı... Uçan daireleri vs.

Din, felsefe, psikoloji, spiritüel ve metafizik kitapları yıllarca özel ilgi alanım oldu. Teoride birçoğunu anladım ancak pratikte hayata geçirmek o kadar kolay olmadı. Onca bilgiyi içselleştirmek zaman aldı.

Bütün kitaplar korkularımı dönüştürdüğümde her şeyin yoluna gireceğini söylüyordu ama bir dolu korkum vardı.

Yine birçoğu evrende kusursuz bir düzenin olduğunu yani her şeyin olması gerektiği gibi olduğunu söylüyordu ama bana göre hiçbir şey olması gerektiği gibi değildi. Maddi ve manevi olarak bir türlü kendimi mükemmel hissedemiyordum.

Bir gece okuduğum kitaplardan birinde yine aynı cümle düştü önüme:

Her şey olması gerektiği gibi...

O kadar açık, o kadar basitti ki afalladım bir anda... Sanki bir anda gözümdeki tüm perdeler peş peşe açıldı ve dünya olanca çıplaklığıyla gözümün önüne seriliverdi. Bu cümlenin yanına bir nokta bile koyamadım ondan sonra.

Balkona çıktım... Karşı apartmanın çatısındaki martıya baktım önce... Rüzgârda tatlı tatlı salınan ağaçlara... Güneşin altında kıvrılmış uyuyan kediye...

Onlara dair bir dünya şey yazabilirdim ama orada sadece bir martı, bir ağaç ve kedi vardı hepsi bu. Sonra banyoya yürüyüp aynadaki aksime baktım.

Kaşlarımın tam ortasına yerleşmiş bir çizgi gördüm. Saçlarımın arasında sırıtan beyaz telleri ve kaşlarımdan birinin daha kalın göründüğünü...

Her geçen gün değişen bu yüze dair de bir dünya şey yazabilirdim ama orada sadece aynaya bakan orta yaşlı bir kadın vardı.

Tüm sıfatlarım kalktı ondan sonra... Genç, yaşlı, güzel, çirkin, doğru yanlış, iyi, kötü, uzun, kısa, şişman, zayıf vs. Zihnim hızla sakinleşmeye ve açılmaya başladı. Özgürleştim ve ardından o çok özlediğim huzur geldi.

Bunca yıldan sonra elime geçen en değerli şey bu.

Sabahları yine elimde bir fincan kahveyle pencere kenarındaki koltuğuma oturuyor ve yine ağaçları, kuşları seyretmeye devam ediyorum.

Meğer doğanın ta kendisi en güzel öğretmenmiş...

Meğer seyrettiğim ağaç da kuş da benmişim...

Onlar korkmuyorsa ölümden, bir bildikleri varmış meğerse.

Yaşlılık da yalanmış, geçen yıllar da...

Ben varsam dünya varmış, yoksam yokmuş...

Küçücük bir kız çocuğu göz kırpıyor şimdi bana uzaktan,

Bir göz kırpışında geçmiş koca bir yaşam...

İNANÇLARIMIZ

Sahip olduğumuz inançlarımız önemlidir çünkü neye inanırsak onu yaratırız. İnançlarımız seçimlerimizi, seçimlerimiz de hayatımızı şekillendirir. Tıpkı bir odayı dip köşe temizlemek gibi bilinçaltınızda da tam bir arınma gerçekleştirmek için sahip olduğunuz inançlarınızı gözden geçirmelisiniz. Tıpkı bir odada artık işinize yaramayan eşyaları atmanız gibi orada da artık size bir hayrı olmayan sınırlandırıcı inançlarınızı atmalı, onların yerine size hizmet eden yeni inançlar koymalısınız.

Eğer siz sağlıklı ilişkiler kuramadığınızı düşünüyorsanız "Kimse beni sevmiyor," ya da "Ben sevilmeyi hak etmiyorum," gibi bir inanca sahip olabilirsiniz. Ya da belki "Ben ilişkilerde başarısızım," inancı taşıyor olabilirsiniz. Yaptığım terapilerde en çok değersizlik duygusuyla karşılaştım. Değersizlik duygusunun olduğu yerde mutlaka güvensizlik duygusu da vardır ve bu da öz değer ve öz güven eksikliği yaratır. Değersizlik duygusunun açılımı kişinin kendini sevgiye layık görmemesi, güzel şeyleri hak ettiğine inanmamasıdır. Bu duyguyu da genellikle danışanlarımın kullandığı çekirdek dillerinden anlarım. Eğer bir danışanım "Ben bunları hak etmedim," ya da "Hakkımı yediler," diyorsa hak kelimesini işittiğim anda değersizlik duygusuyla karşı karşıya olduğumu anlarım. Değersizlik duygusunu yoğun olarak barındıran insanlarda mutlaka suçluluk duygusu da bulunur ki bu duyguya da değersizlik duygumuzun bir alt duygusu olarak bakabiliriz. Burada danışanımın birini suçlaması ya da kendini suçlu hissetmesi benim için aynı anlama gelir. Alanında suçluluk duygusu vardır. Değersizlik duygusu olan insanlarda genelde alma-verme dengesi de bozulmuştur. Onlar daha çok vermeye programlıdırlar. Sıkıntı da burada başlar zaten. Onlar sürekli verdiklerini ve karşılığını alamadıklarını söylerler. Esasen bilinçaltı düzeyde sevilme ve kabul görme duygusuyla gereğinden fazla vererek dengeyi bozduklarının farkında değillerdir. Bir ortama girdiğinizde onları her şeye ve herkese koştururken görebilirsiniz. Aşırı fedakâr görünürler ya da alıngan. İlişkilerde de kıskanç olurlar. Değersizlik duygusu olan insanın öz güveni de eksiktir. Bu hayata ve insanlara olan güvensizlik gibi görünse de en derinde kendine olan güvensizliğidir. İnsanlara güvenmekte zorlanırlar. Kendilerini dışlanmış hisseder ve hayatın doğal akışına güvenmekte zorlanırlar. Bu yüzden kontrol ihtiyaçları çok fazladır. Aynı nedenle korkuları da çoktur. Kaybetme korkusu, gelecek korkusu, parasız kalma, başarısızlık, hastalanma, yetersizlik, terk edilme ve aldatılma korkusu bunlardan bazılarıdır.

Hepimizin kendimize, hayata, sağlığımıza, paraya ve birçok konuya dair inançları var.

Ben başarılı bir insan değilim.

Beni kimse sevmiyor.

Kimseye güvenmiyorum.

Hayat zor.

Para kazanmak zor.

Kendime göre bir eş bulamam.

Para kirli bir şeydir.

Çabuk hastalanırım.

Ben unutkan bir insanım.

Şanslı bir insan değilim.

Zamanı iyi kullanamam.

Bu liste böyle uzar gider. Bu inançlarımızın hepsi geçmişimizden gelir. Zamanında annemiz, babamız, arkadaşlarımız, öğretmenlerimiz söylemiş biz de sorgulamadan alıp kabul etmişizdir. Onlar sağlığımızı, mutluluğumuzu ve tüm hayatımızı etkiler. Bunların hepsi doğru mudur? Yoksa değiştirebilir miyiz?

Eğer bir inancımızı değiştirmek istiyorsak ilk önce bunun mümkün olduğuna inanmamız gerekir. Güçlü bir niyet ve kararla yola çıkmamız gerekir. Bu karar öyle büyük olmalı ki beynimizde oluşturduğumuz eski programlardan da büyük bir enerji dalgası yaratmalı. Beynimizde yepyeni sinyaller gönderecek kadar güçlü bir nöral ağ oluşturmalı. Bu ağ eski inancımızdan güçlü olduğunda eski inancımıza ait nöronlar kopar ve yazılım silinir.

Bu inançlarımızın çoğu bilinçaltımıza kaydolmuştur.

Kitabın ilerleyen kısımlarında bilinçaltınızdaki negatif kök inanç ve korkularınızı bulmanızı sağlayan uygulamalı bir çalışma verdim. Bir defter ve kalemle çalışmanızı öneririm. Sorduğum sorulara içten yanıtlarınız, hızlı bir şekilde alanınızdaki kök duygularınızı bulmanıza yardımcı olacaktır.

Cam Kırıkları...

İnsan kendi içine bakmaktan korkar.

Görmek istemediği şeyleri görmekten ve onlarla yüzleşmekten korkar.

Orada cam kırıkları vardır. Korkularımız, pişmanlıklarımız ve kızgınlıklarımız vardır.

İşte bu cam kırıkları canımızı acıtır korkusuyla her birimiz sahte bir güvenlik hissiyle, yarattığımız konforlu alanlarımızda yaşar ve orada kalmak için mazeretler üretiriz ve onlar küçük bir darbeyle dağılan karton kutulara benzerler.

Bir gün bir fırtınadan kaçmaya çalışırken keskin bir cam kırığına bastım.

İçimden kocaman bir öfke çıktı.

Şaşırdım... Ne zaman nasıl saklanmıştı oraya... Beni çoğaltan değil azaltan bir öfkeydi. Yürüdükçe üstüne küçüldü. Sonra hafifledim. Artık rahatım diyordum ki bir gün bir mesaj düştü telefonuma.

İçimden kocaman bir acı çıktı, ağladım.

Bitmiş gitmiş sanıyordum ama en hazırlıksız ânımda saklandığı köşeden çıkıp beni vurmayı başardı.

Bilemedim onunla ne yapacağımı... İçim yandı, sığamadım bir yerlere...

Kaçtım, kaçtığım her yere benimle geldi. Yerle gök, gece ile gündüz birbirine karıştı. Yana yana geçtim içinden.

O kadar yandım ki başka bir şeye dönüştüm.

Kör topal devam ettim hayatıma...

Bazı durakları görmeden geçtim, bazılarında inmeyi unuttum, bazılarında gereğinden fazla kaldım.

Alışamam dediklerime alıştım, unutamam dediklerimi unuttum.

Birilerinden gittim sonra. Birileri benden gitti sandım ve yola devam dedim. Bir yere gidiyor gibi görünseler de kimse bir yere gitmiyordu aslında.

Herkes sadece kendine doğru gidiyordu.

Kavgayı da yargılamayı da sevmedim hiç. Bildim; bu yolda her insan kendi kabının büyüklüğü ve derinliği kadar yol alır ve sever.

Hayatımda ve yüreğimde olmaktan mutlu olanlar benimle kaldı. Büyüdüm..

Bir gün acım bitti. İçimden kocaman bir hüzün çıktı. Acı gitmiş, yerini hüzne bırakmıştı. Gittiğim her yerde bana eşlik eden koyu bir gölge gibi uzun zaman birlikte yaşadık. Hemen her yere sinmişti. Bazen bir şarkının melodisinde bazen bir şiirin dizelerinde gördüm onu…

Sonra bir gün hüzün de bitti. İçimden kocaman bir umursamazlık çıktı. Umurumda değildi dünya… Olup bitenler…

Canımı acıtan hiçbir şey kalmamıştı. Suya sabuna dokunmadan yaşıyordum. Rahattım. Ta ki o umursamazlığımın ardında yatanı anlayana kadar.

İçimden kocaman bir korku çıktı.

Korkuyordum insanlardan, incinmekten, sevdiklerimi kaybetmekten… Yalnız kalmaktan..

Korku bulabildiği tüm çatlaklardan sızdı içime. Beni ele geçirdi, yıllarca yönetti.

Caddebostan sahilinde bembeyaz martılara denk geldim bir sabah...

"Bende olmayan ne var sizde?" dedim. "Özgür ve korkusuzsunuz."

En yaşlısı fısıldadı kulağıma…

"Bakma göklerde böyle güzel süzüldüğümüze. Düşmeden uçmayı öğrenemedik hiçbirimiz. Kırılsa da kolumuz kanadımız her düştüğümüzde daha yükseklerden uçacağımızı bildik."

Anladım ki mutluluk bir gün yeniden özgürce uçabilme umudunda saklıydı.

Usulca uzandı, gözyaşlarımı sildi.

İçimden kocaman bir SEVGİ çıktı.

Su gibi aktı; öfkemi, acımı, korkularımı yıkadı bitirdi.

Sonrası herkesin hikâyesi gibiydi.

Sonrası UMUTTU.

KORKULARIMIZ

Kendi benliğimizin bilincinde olmadığımızda korkarız.

Korkunun bin çeşidi vardır ama derinlerdeki en büyük korkumuz, ölüm yani varlığımızın sona ermesi korkusudur ve tüm korkularımızı da sahte benlik dediğimiz egomuz yaratır. O bize her gün bir korku pompalar. "Sen aciz, zayıf bir insansın ve her an başına bir şey gelebilir, dışarıdaki herkes ve her şey sana zarar verebilir," der. "Hasta olabilirsin, deprem olabilir, bir yakınını kaybedebilirsin," der. Egomuz zihnimizin gerisinde devamlı bir gün ölmek zorunda olacağımızı fısıldar.

Birileri ölür, birileri hastalanır ve biz onların başına gelen kötü şeylerden bile korkarız çünkü egomuz "Senin de başına gelebilir," der ve biz yine korkarız.

Bir dönem dişim çok ağrıyordu ve ben diş doktoruna gitmekten çok korktuğum için sürekli erteliyordum. Sonunda bir gün ağrım öyle dayanılmaz bir hale geldi ki mecburen doktora gittim. Doktor dişimi çekmeye karar verdiğinde ben hâlâ korkudan tir tir titriyordum. Bir ara doktora "Lütfen canımı çok yakmayın," dediğimi hatırlıyorum. O da gülümseyerek cevap verdi. "Çektim bile fark etmediniz mi?"

O zaman anladım ki kendime boşuna eziyet etmişim. Dişimi çektirmeye korkarak yaşadığım o süreç, dişimin çekilmesinden çok daha acı vericiymiş.

O zaman bir karar verdim. Bundan sonra korktuğum şeyin üzerine gidecektim. Çünkü bunu yapmadığım sürece korkularım Demokles'in kılıcı gibi beni sürekli korkutmaya ve yönetmeye devam edecekti. Onların üstüne gittikçe sandığım kadar büyük olmadıklarını fark ettim. Korkularımla irili ufaklı hayali balonlar oluşturduğumu ve o balonları tek tek patlatmadığım sürece ilişkilerim dâhil tüm hayatımı kendi istedikleri gibi yönettiklerini anlamıştım.

Korku çok güçlü bir çekim gücüne sahiptir ve eğer onları fark edip dönüştürmezsek çekim yasası gereği korktuğumuz şeyleri hızla kendimize çekeriz. Bu tabii ki her korkumuzun gerçekleşeceği anlamına gelmiyor. Özellikle çok odaklanarak bir duygu girdabı yarattığımız korkuların gerçekleşme ihtimali daha fazladır. Bir örnek vermem gerekirse; varsayalım aklınıza birden "Ya işten çıkarılırsam" korkusu geldi. Sizi asıl korkutan işten çıkarılmak değildir. İşten çıkarılırsanız birilerine muhtaç olup kendinizi kötü hissetmekten korkarsınız. Bu düşüncenizin o anda fazla bir gücü yoktur, o nedenle sizi işten çıkaracak kadar güçlü bir çekim alanı yaratamaz. Ancak siz günler boyu sürekli bunu düşünür ve bu korkuyla yaşarsanız o zaman bu düşünceyi ve çekim alanını güçlendirmiş olursunuz. Bu da korktuğunuz olayın dalgasını yakalar ve önünüze getirir.

Hayat korktuğunuz bir şeyden odağınızı çekmeniz için küçük mesajlar da yollar. Örneğin işten çıkarılma korkunuz varsa yakın bir arkadaşınız gelir, kendisini işten çıkardıklarını söyler. Hastalanma korkunuz varsa bir yakınınız kendisinin ya da arkadaşının hastalandığını söyler. Evrende tesadüf olmadığına göre tüm bu olaylar da tesadüf değildir. Size; "Bak bu korkuna odaklanarak şimdilik çevrendekilere yansıtıyorsun ancak odaklanmaya devam edersen senin de başına gelebilir. Lütfen odağını bu korkulardan çek," der.

Yıllar önce bir danışanım annesi ve teyzesi dahil etrafındaki tüm yakınlarının kanser hastalığına yakalandığını, kendisinin de kaçınılmaz olarak bu sonu yaşamaktan korktuğunu anlatmıştı. Ona dedim ki; "Bunların hiçbiri tesadüfen yaşanmadı. Senin tekâmül planında bu olaylar varmış ancak tüm bunlar senin de bu hastalığı yaşayacağın anlamına gelmiyor. Sen sağlıklı olmayı seçebilirsin. Sen onları gözlemledin ve neler yaşadıklarını gördün, alman gereken öğretiyi aldın, artık bu deneyime ihtiyacın yok. Bundan sonra ne zaman aklına bu korkun gelse; omuzlarını dikleştir, yüksek, güçlü ve kararlı bir sesle, 'Şimdi sağlıklı olmayı seçiyorum,' de."

Yine meme kanserine yakalanan yakın bir arkadaşıma "Seni çok rahat görüyorum, sanki çevrendeki insanlar senden daha endişeli, daha çok korkuyorlar. Bu kadar rahat olmayı nasıl beceriyorsun?" dediğimde bana şöyle cevap vermişti:

"Geçmişte kendime çok acıyıp bana haksızlık yaptığını düşündüğüm yakınlarımı cezalandırmak için bu hastalığı bedenime nasıl davet ettiğimi çok iyi hatırlıyorum. Ölümü hiç düşünmedim. Tek amacım sadece hastalanarak onların acı çekmesini sağlamaktı. Kendimce onları bu şekilde cezalandıracağımı düşünürken aslında kendime ceza verdiğimi fark ettim. O yüzden bu hastalığı nasıl çağırdıysam aynı şekilde nasıl göndereceğimi de biliyorum. Hemen her gün bu hastalığıma da teşekkür ediyorum. Çünkü hayata bakış açımı tamamen değiştirdi. Önceliklerimi değiştirdi. Şimdi artık kendi değerimin farkındayım. Artık önceliğim kendi ruh sağlığım ve mutluluğum oldu. Anladım ki ben iyi olursam herkes iyi olur. Eğer iyi ve mutlu bir dünya yansıtmak istiyorsam önce kendi içimde mutlu ve huzurlu olmalıyım.

En yakın arkadaşımın bu hastalığa yakalanmasının tesadüf olmadığının farkındaydım. Onun bu güçlü duruşu ve bakış açısı hastalıklara karşı tüm ezberimi bozdu ve beni derinden etkiledi. Kendi değerimin daha çok farkına varmamı sağladı.

Korku denince yıllar önce yakın bir arkadaşımın yaşadığı başka bir olay daha gelir aklıma. Bu arkadaşımın 5 yaşında ikiz çocukları var. Bir gün kendisi mutfakta yemek yaparken çocukları da salonda oynamaktadır. Bir ara salonda sesler azalınca arkadaşım merak eder ve salona girer. Bir bakar ki ikizlerden biri pencereyi açmış, yarı beline kadar sarkmıştır. Bana anlatırken bile sesi korku doluydu. "Dondum kaldım," dedi, "Ne yapacağımı bilemedim. Bağırsam, koşsam panikleyip düşebilirdi. Hiçbir şey yapmasam da düşebilirdi. Sonra bir filmin ağır çekimi gibi oğlum kendini içeri çekti, bana dönüp "Anne," diye koltuktan atlayarak yanıma geldi. O zaman anladım ki benimkiler dâhil tüm çocukları Allah koruyor. Ben en güvenli yerde yani evin içinde korunaklı olduklarını sanırken meğer değillermiş. Her an her şey olabilirmiş. Ondan sonra hayata bakış açım değişti. Üstün bir güç tarafından daima korunduğumuza daha çok ikna oldum ve en büyük cümlem 'Allah'a emanet,' oldu."

Anlattığı bu olay o zamanlar beni de çok etkilediği için bu konu üzerinde derin derin düşündüğümü hatırlıyorum. Hayatı boyunca en büyük korkusu sevdiklerini kaybetmek olan ben, arkadaşımın yaşadığı bu olayı dinledikten sonra hayatın akışına güvenmekten başka çarem olmadığını kesin bir şekilde fark ettim. Geçmişte bu korkularım nedeniyle hayatı sürekli kontrol etme arzum vardı ve ben hiç kimseyi ve hiçbir şeyi asla kontrol edemeyeceğimi anlamıştım.

Evet, her an her şeyin değiştiği bu dünyada bu güce teslim olmaktan başka çaremiz yok. Her an biri ölebilir, iflas edebilir, ayrılır, boşanır, hastalanabiliriz. Buna benzer durumları yaşadık ve hayattayız. Hepimizin bu durumlara adapte olabilme gibi bir gücü var. Sürekli bu korkularla yaşamaya devam edersek hayatımızı cehenneme çevirdiğimiz gibi onların gerçekleşme olasılıklarını da aktive ederiz.

Elbette olumsuz durumlar yaşamama adına tüm tedbirlerimizi alacağız ancak bunları yaptıktan sonra teslimiyet dediğimiz o ilahi akışa güvenmeyi seçeceğiz.

Korkunun kendi başına hiçbir gücü yoktur. O kendi yarattığımız bir duman gibidir. Üflersek dağılır ancak korkar ve onunla yüzleşmeyip kaçarsak içimizde büyümeye devam eder.

Bu güçsüzlüğüne rağmen ona odaklandığımızda tüm yaşamımızı etkileyecek kadar güçlü bir frekansa yükselip tüm enerjimizi de tüketebilir.

Ne zaman bir şeyi çok istesek bilinçsizce hemen yanı başında bir korku baloncuğunu da oluşturuveririz.

Birini severiz, sonra da "Ya giderse, ya onu kaybedersem," diye korkarız.

Sağlıklı olduğumuza şükreder ama hasta birini görür görmez "Ya hastalanırsam," diye korkarız.

Bir sınavı kazanmak ister sonra "Ya kazanamazsam," deriz.

Biraz para kazanır "Ya sonra kaybedersem," deriz ve bu döngü böyle devam eder. En çok istediklerimiz, "ya olmazsa" diye en çok korktuklarımız hâline gelir.

Korku hayatta kalmak için kullandığımız en temel içgüdümüzdür ve zaten bunun için vardır. Kendimizi korumak için bu duygu ortaya çıkar. Sorun şu ki; biz bu güvende olma ve korunma içgüdümüzle sayısız hayali korkular yarattık ve sonra kendimizin yarattığını unutup onların esiri olduk.

Korktuğumuz sürece bu düşük frekanslı duygumuz her deneyimimize ustalıkla sızar ve onu kirletir. Birini severiz ama korkmaya başladığımızda aramızdaki sevgi bu duyguyla zehirlenmeye başlar ve bozulur.

Anlayalım ki onları çocukluğumuzda bir elbise gibi üzerimize geçirdik ve şimdi onları çıkarıp atma zamanı. Çünkü bu elbise üzerimizde olduğu sürece hayatta gerçekleştirmek istediğimiz hayallere ulaşmakta zorlanırız. Onlar isteklerimizle aramızdaki en büyük bariyerleri oluşturur.

Tüm korkularımız ölüm korkumuzun yansımalarıdır aslında. Eğer bunu fark edebilirsek onlardan kurtulmamız kolaylaşır. Dünya üzerinde tek bir insan yoktur ki ölüm korkusunu yaşamamış olsun. Herkes korkar çünkü ölüm karşısında hepimiz güçsüzüz, hiçbirimizin ayrıcalığı yoktur.

Kendi özümüzden ne kadar uzaklaşırsak korkularımız o derece artar. O nedenle korkularımızla baş edebilmenin tek yolu onların egomuzdan kaynaklandığını fark edip silkeleyip atmak ve kendimizi bulmaktır. Çünkü bu; asla ölmeyecek olan yanımıza erişmektir. İşte o zaman ölüm korkusu sona ermeye başlar. Anlarız ki bu bir trenden inip başka bir trene binmek gibidir. Varlığımız sonsuzdur ve başka bir boyutta yaşamaya devam eder. Korkunun olmadığı yerde şeytanın —egonun— da işi kalmaz. Onun yerine saf neşe, mutluluk ve huzur gelir.

Sevgi yüreğimizde var olurken korku zihnimizde var olur. Korkularımız geçmiş deneyimlerimizden ve kayıtlarımızdan gelir. Geçmişte üstesinden gelemediğimiz ya da gelmekte zorlandığımız şeyleri yine yaşamaktan korkarız. Zarar görme korkusuyla o kadar güvensiz yaşarız ki sevgiden bile korkar hale geliriz. Kendimizi korumak için etrafımıza duvarlar örer, sonra o duvarların ötesinde kayboluruz.

Bizler bildiğimiz şeylerden değil bilmediklerimizden korkarız.

Ölümü de bilmiyoruz. Kim bilir, bilseydik belki de bu kadar korkmazdık.

Hazreti Mevlana, ölüm gecesini "Şeb-i Arus" yani dünya gurbetinden kurtuluş, vuslata eriş olarak ifade eder. Ölümün, ruhun özgürlüğe kavuşup hakiki bir ölümsüzlüğe gidiş olduğunu şu mısralarıyla ne güzel ifade eder:

"Öldüğüm gün tabutumu götürürlerken, bende bu dünya derdi var sanma.

Benim için ağlama, yazık vah vah deme! Beni toprağa verdiklerinde veda, veda (ayrılık) deme!

Mezar bir perdedir ki, onun arkasında cennetin huzuru vardır.

Batmayı gördün değil mi? Doğmayı da seyret! Güneş'le Ay'a batmadan hiç ziyan gelir mi?

Yere hangi tohum ekildi de bitmedi?

Endişelenme! İnsan tohumu bitmeyecek diye telaşlanma!

Toprağa konulduğumu zannetme!

Ayağımın altında yedi gök vardır."

Mevlana, ölüm gününe "Şeb-i Arus" yani Düğün

Gecesi diyerek bizi ölümle en yüksek noktadan barıştırır. O ölerek yâr bildiği Allah'a kavuşacaktır. O hep korktuğumuz ölüm bundan daha güzel anlatılabilir mi?

Ölümün, bir hiçlik ve tamamen yok oluş olmadığı bundan daha güzel ifade edilemez herhâlde.

Korkularımızı çocukluğumuzda farkında olmadan üzerimize aldık. Şimdi bilinçli bir şekilde onları bırakabiliriz.

Ünlü düşünür Sokrates'e ölüm döşeğindeyken, "Ölümden korkmuyor musun?" diye sorduklarında çok anlamlı bir cevap verir.

"Ölümden korkmanın bir anlamı olduğunu düşünmüyorum çünkü her şey bir yana nasıl bir şey olacağını bilmiyorum ve sadece iki olasılık var. Ya hayatta kalırım ki o zaman korkmaya gerek yok. Hayatta kalırsam ve eğer bilincim de yerinde olursa orada olduğum için sorun olmaz. Ya da hayatta kalamam ki o zaman yine korkmama gerek yok. Ben yoksam sorun da olmaz."

Yaşam bizim ondan korkmamızı değil keyif almamızı ister. Geçmişe takılıp kalmamızı değil anda ona katılmamızı ister. Anda ona katılmak her ne yapıyorsak tamamen orada olmak demektir. O anda yürüyorsak sadece yürümektir, duş alıyorsak orada, o suyun altında olmaktır, yerleri siliyorsak sadece silmektir... O zaman korkularımızı da yoğun hissetmediğimizi fark ederiz. Korku, biz orada olmadığımızda ortaya çıkar. Bazen sınıfta öğrencilerime derim ki; "Şimdi hepiniz beni dinlerken buradasınız ve burada, bu anda sorun yok. Her şey yolunda. Dersi dinliyor, yeni şeyler öğreniyorsunuz. Ancak ben sizden beş dakika izin isteyip bir telefon görüşmesi için buradan ayrıldığımda her birinizin zihni ileri geri sarmaya başlar:

'Acaba o beklediğim para, telefon vs. geldi mi? Ya gelmediyse?'

'Acaba çocuğum sağ salim eve döndü mü?'"

Pişmanlıklarımız geçmişle, korkularımız gelecekle ilgilidir. Anda korku olmaz. Gelecekle ilgili endişelenmeye başladığımızda korkularımız ortaya çıkar.

Ölüm bile biz ondan korkmayı bıraktığımızda tüm gücünü kaybeder.

Korkularımızı eğitemez, önleyemeyiz belki ama onları anlayıp dönüştürebiliriz. Varlıklarını reddedersek onları sadece bastırmış oluruz ve derinliklerimizde yaşamaya devam ederler. Ve öyle bir zamanda ortaya çıkarlar ki biz bile kendi içimizde nasıl olup da bu kadar korkunun var olduğuna şaşar kalırız. Korku güçlü bir enerjidir ve enerji yok edilemez. Sadece başka bir enerjiye dönüştürülebilir. Tüm kızgınlıklarımızın altında da bir korkumuz yatar. O aynı enerjinin farklı iki yüzüdür.

Eğer onları dönüştürmek istiyorsak ilk önce varlığını kabullenmeli ve neden orada olduğunu anlamaya çalışmalıyız. O duygunun bize vermek istediği bir mesaj vardır. Korkularımıza, kendimizi suçlamadan, yargılamadan ve anlayış dolu bir yaklaşımla baktığımızda onlar da görünür olurlar. Onları istek ve arzularımız yaratır. Bir şeylere sahip olmak istediğimizde korkularımız da başlar. İsteriz ve sonra "Ya olmazsa," diye hemen yanı başında o arzumuzun zıt kutbunu yaratırız. Daima güvende olmak isteyen egomuzun yarattığı bir enerjidir. Arzumuzun olmadığı yerde korku da yoktur. An'da kaldığımızda korku yoktur. Korkumuzu dönüştürdüğümüzde onu harekete geçiren enerjinin büyük bir bölümü serbest kalır ve bu da yaratıcı enerjimiz olarak bize geri döner.

Tıpkı akan bir suyun tıkandığı yerde durgunlaşıp kirlenmesi gibi korkular da içimizde tıkanıklıklar yaratarak manyetik alanımızı kirletir ve enerji akışımızı zayıflatır. Yalnız kalmaktan korkar, o artık istemediğimiz beraberliği ya da evliliği sürdürürüz. Acı çekmekten ya da terk edilmekten korkar aşka kapımızı kaparız. İşsiz kalmaktan korkar sevmediğimiz işlerde çalışmaya devam ederiz. Tüm bunlar bizim aynı döngünün içinde mutsuzca yaşamamıza neden olur. Çünkü o döngünün dışına çıkarsak başımıza geleceklerden korkarız. Bu bir kutunun içine sıkışıp kalmak gibidir. Oysa kutunun dışına çıkabilmek cesaret gerektirir. Bilinenin ötesine geçip bilinmeyene güvenmek gerektirir. Gerçek anlamda yaşamak budur.

Bir olay olur, biri bizi suçlar ya da saygısızca hareket eder. Sınırlarımızı zorlar. İşte o zaman içimizden düşmanlık ya da kızgınlık kılığına girmiş korku yükselir. Bu nedenle sesimiz yükselir, bağırıp çağırmaya başlarız. Yüreğimizden ne kadar uzaklaşırsak sesimiz o kadar yüksek ve kızgın çıkar. O bilinçsiz ânımızda egomuz bizi ele geçirmiştir ve o haklı çıkmak için her şeyi yapmaya hazırdır. O haklı çıkarak kendi kimliğini koruma derdindedir. Bunu da saldırarak ve suçlayarak yapabileceğine inanır. Eğer o ânınıza farkındalık getirirseniz, başka bir deyişle bilinçli kalabilirseniz öfkeyi ve korkuyu değil huzuru seçersiniz. Haklı olup olmamanız önemli olmaz. Bu egonun da yenilgisidir. Belki her defasında değil ama siz çatışma anlarınızda yavaş yavaş da olsa bilinçli kalmayı başardığınızda, tartışmayı ve suçlamayı bırakıp sakin kalmayı seçtiğinizde bu, egonuzun gücünü zayıflatır.

Ben içimde bir korku hissettiğimde elimi kalbime götürür ve orada küçük, korkan bir kız çocuğu görürüm. Bilirim asıl korkan odur. Ona derim ki:

"Sakin ol... Artık korkmana gerek yok, ben buradayım."

"Seni görüyorum."

"Seni işitiyorum."

"Seni hissediyorum."

"Seni seviyorum."

Bu sözlerimin çocuğu sakinleştirdiğini hatta gülümsettiğini görürüm. Çocuğun artık güven içinde olduğuna ikna olduğunu hissederim ve pembe renkli yoğun bir sevgi enerjisinin bir bulut gibi onu sarıp sarmaladığını ve o bulutla uçup gittiğini görürüm. O anda korkum sevgiye dönüşür ve anlarım ki bir korkumdan daha özgürleştim.

Bu uygulama, korkumu hissettiğim anda yaptığım bir çalışmadır ve her yaptığımda içimdeki korku balonunun biraz daha zayıfladığını, küçüldüğünü hissederim. Eskisi kadar sık ortaya çıkmaz artık. Bu çalışmanın püf noktası korkuyu hissettiğiniz anların farkında olmaktır ki zaman içinde pratik yaptıkça bu farkındalığınızın da yükseldiğini yani korkunun ilk dalgasını hissettiğiniz anda onu rahatça dönüştürebildiğinizi göreceksiniz.

Yine korkumun içeriğine bağlı olarak sürekli kullandığım güçlü cümlelerim vardır.

Örneğin hastalıkla ilgili bir korku içimden yükseldiği anda:

"Genetik olarak güçlü bir aileden geliyorum. Her zaman sağlıklı ve zindeyim."

Parasızlıkla ilgili bir korkuya yakalandığımda:

"Ben paranın ta kendisiyim. Para parayı çeker."

Gelecekle ilgili bir korkuya yakalandığımda:

"Bugünüm iyi çok şükür, demek yarınım da güzel," derim.

Siz de size iyi gelen güçlü cümleler bulabilir ve korkular enerjinizi düşürdüğü anda bu cümlelerinizi kullanarak enerjinizi tekrar yükseltebilirsiniz.

Bazen olur...

Her şey üstümüze üstümüze geliyor gibidir. Her şey fazladır.

Her gün aynı işe gitmekten, aynı insanları görüp aynı şeyleri yapmaktan bile sıkılırız.

Hayat hemen yanı başımızdan tüm güzelliğiyle akıp gitmektedir ama biz sanki oyun dışı kalmış gibiyizdir.

Birileri kendini anlatıyordur ama aslında bizi anlatıyor gibidir.

İyi ki de olur...

Çünkü artık "aynı" kelimesinin yerini "farklı" kelimesine bırakması gerektiğini başka türlü anlayamayız.

Bazen olur...

Kendimizde düzeltmemiz gereken şeyleri göremez, bunun yerine kolayına kaçar karşımızdakileri suçlarız. "Sen bunu yaptın... yapmadın... söyledin... söylemedin vs."

Oysa suçladığımız her şey aslında kendi içimizde çözemediklerimizdir.

Aynada bire bir kendimizi gördüğümüzü fark edemeyiz.

İyi ki de olur...

Çünkü başka türlü kendi içimize bakmak aklımıza gelmez.

Bazen olur...

İşimizden, mecburiyetlerimizden ve sorumluluklarımızdan o kadar bunalırız ki farkında olmadan kasılır, düğümlenir kalırız.

Ruhumuz, "Bırak! Bırak! Sadece sevdiğin şeyleri yap sevmediklerini yapma! Önce SEN ve ruh sağlığın!" diye haykırırken egomuz o sesi bastırır ve "Hayır! Yola devam! Sorumlulukların var. Şunu da bunu da yapmalısın. Para kazanmak zorundasın," der.

Onu dinler, yola devam ederiz.

Sonra herkes, her şey batmaya başlar.

Tahammülümüz azalır. O asıl neşeli, çocuksu, meraklı benliğimiz başka bir şeye dönüşür. Katılaşır, düğümlenir, donuklaşırız.

Hayata ve birilerine dair cebimize en güzel şeyleri koyarken bir anda bu durumun sorumlusu olarak dışarıda hata, suçlu aramaya başlarız. Onlar da bol bol gerekçe verir ve büyük bir keyifle onları kullanmaya başlarız.

Cebimiz kirlenmeye başlar. Kirlendikçe kızar, kinleniriz. Oysa tüm bu durumun birileri ya da bir şeylerle hiç ilgisi yoktur. Tek neden o andaki yorgunluğumuz ve mutsuzluğumuzdur.

Sonra o doluluktan habersiz, incir çekirdeğini bile doldurmayacak bir sebeple birine ya da bir şeye patlarız.

Muhtemelen bu en sevdiklerimizden biri olur.

Öyle ya onlar kahrımızı da çekmelidirler.

Bazen onlar da çekmez... Çekemez.

İyi ki de böyle olur.

Çünkü o dibi görmeden yukarı yükselme şansımız kalmamıştır. Eski bizi kaybettiğimiz için eski güzellikleri göremediğimizi anlayamamışızdır.

Sonunda, "Ben oynamıyorum yaa!" diye bağırır, o hep istediğimiz şeyi yapar, kaçar bir yerlere gideriz.

O her zaman baktığımız manzaranın dışına çıkıp da o sessizliğe girdiğimizde mucizevi bir şey olur. O kargaşa ve gürültüde duyulmayan ruhumuzun sesi rahatça yeniden duyulmaya başlar.

"Hiçbir şey senden ve senin fiziksel, ruhsal sağlığından önemli değil. Bu illüzyonu yaratan sensin ve sen iyi olmadığın sürece illüzyonun da düzelmez. Kendine kızma... Sadece sev ve şefkat duy."

İşte bu nokta yaramızın şifalanacağı ve ışığın yeniden içimize dolacağı yerdir.

Kaçıp geldiğimiz yerde daha sakin, dingin ve sessiz bir hayat sürmektedir. Üstelik tüm bunlar için ne fazladan bir konfora ne paraya ihtiyaç vardır. Hatta ne kadar az o kadar huzurdur.

Burada hiç kimsenin ve hiçbir şeyin acelesi yoktur.

Bir horoz sesi bile en güzel ilaç gibidir.

Uzak zamanlardan hatırladığımız çocukluğumuzun en güzel döneminden çıkıp gelmiştir.

İçinden çıkıp gittiğimiz dünyada her şey olduğu gibi devam etmektedir. Bensiz olmaz dediğimiz işler yürümekte, bize ihtiyacı olduğunu düşündüğümüz hiç kimseye de bir şey olmamaktadır. Anlarız ki "Bana ihtiyaçları var," yanılgısı da egomuzu besleyen kibirden başka bir şey değilmiş.

Yavaş yavaş sakinleşmeye başlarız.

Asıl ihtiyacımız olan huzur hücrelerimize kadar dolmaya başladıkça düğümlenmiş hâlimiz çözülür yumuşarız.

İçimizdeki ses bir kez daha duyulur:

"Bundan sonra sadece en sevdiğin şeyleri yap, canının istemediklerini yapma... Sana iyi gelen herkesin ve her şeyin kıymetini bil. Ama önce kendi değerini bil."

Günün sonunda hayata kaldığımız yerden devam ederiz. Ama eski biz değilizdir artık.

Hayat bir kez daha kendi üzerine düşeni yapmış canımızı acıtma pahasına asıl önceliklerimizi görmemizi sağlamıştır.

Olana güvenmekten başka çare yoktur.

Çünkü o ilahi düzen bir şeyleri dağıtmadan yeniyi inşa edemeyeceğimizi bilir.

Tutunduklarımızı kolay kolay bırakamayacağımızı bilir.

İyi ki de bilir...

Yoksa kaybolup giderdik.

Yol uzun... Hayat güzel...

Canımızı acıtan her kavşak, yola eskisinden de güçlü çıkmamızı sağlar.

Yolda fark ederiz ki; cebimize attığımız güzellikler de çoktur ve zaman bize en güzellerini hatırlatıp göstermekte çok ustadır.

Bir de bakarız ki;
Sadece onlar kalmış...
Sevgi kalmış...
Özlem kalmış...
Umut kalmış...

ZENGİNLİK BİLİNCİ

Yaptığım terapilerde danışanlarımın farklı nedenlerle parayı reddettiklerini gördüm. Dışarıdan hepsi parayı, zenginliği ister gibi görünüyorlardı ama birçoğu paradan korkuyordu. Bunun nedeni ise çocukluktan bu yana edinmiş oldukları inançlardı.

Bunlardan bazılarını ebeveynlerinden bazılarını da hayatlarına giren diğer insanlardan almışlardı. Birçoğu bilinçaltında parayı hak etmediğine inanıyordu. Bazıları para gelirse düzeninin bozulacağından, yoldan çıkacağından bazıları ise bu parayla baş edememekten korkuyordu. Büyük bir kısmı ise işinden aldığı maaş ya da emekli maaşının dışında bir geliri olmadığı için zengin olma ihtimalinin olmadığına inanıyordu. Zengin olursa dışlanacağına, artık sevilmeyeceğine inananlar da vardı. Para eline geçerse birilerinin onu elinden alacağına inananlar da. Anne ve babası zengin olmadığı için o parayı hak etmediğine inanan danışanlarım oldu. Hatta onlar para gelince suçluluk duyup ellerinden çıkarmışlardı. "Para kirlidir, eğer elimde olursa beni de kirletir", "Para zor kazanılır, para kazanmam için çok çalışmam lazım," inançlarına da çok sık rastladım.

Eline para geçerse sorumluk almak zorunda kalacağı için kendini yoksun bırakan, para olursa eşinin kendisini terk edeceğinden korkan, zengin olursa o eleştirdiği bencil ve kibirli insanlara benzeyeceğinden korkan insanlar tanıdım.

Çocukluğunda evde para tartışması çok yaşandığı için ya da parasızlık nedeniyle tedavi olamadığını anlatan danışanlarım oldu.

Fakirlikleri nedeniyle hayatının bir döneminde utanç hisseden, kendisinin ya da aile bireylerinin parasızlık yüzünden zor durumlara düştüğünü görüp paraya kızan ve reddeden danışanlarım da oldu.

Hepsinde ortak bir nokta vardı. Bu insanlar parayı bilinçaltlarında mutsuzluğa bağlamışlardı. En basit anlatımla, para gelirse mutsuz olurum inancına sahiplerdi. Genellikle onlar paraya en çok kızgınlık duyanlardı. Yine çok büyük bir çoğunluğu bilinçaltı düzeyde parayı hak etmediğine inanıyordu. Bilinçli akıllarıyla zenginliği istiyor ve zengin olurlarsa mutlu olacaklarına inanıyor ancak bilinçaltı düzeyde de o mutluluğa layık olmadıklarına inandıkları için parayı reddediyorlardı. Temel inanç buydu. Bu nedenle genellikle, "Param olsun ama şu gitsin bu kalsın. Param olsun ama şu olsun bu olmasın," diyerek bir takım kurallar ve sınırlar koymuşlardı.

Oysa para öyle bir enerjidir ki tıpkı kapağı açılan bir barajdan akan su gibi gelir ve neyi bulursa akar götürür. Ona sınırlar, kurallar koyamayız. Eğer hayatımızda para istiyorsak onun değiştirmesi ve dönüştürmesi gereken her şeye de izin vermemiz gerekir. Para kendi başına kötü bir şey değildir. Hayatımızı kolaylaştırmak için kullandığımız bir araçtır. O yüzden ona gereğinden fazla anlam yüklemek de doğru değildir. Ancak örneğin değersizlik duygumuz fazlaysa biri bize para yardımı yaptığında kendimizi ezilmiş hissedebiliriz. Ya da bazı ortamlarda az paramız olduğu için utanabiliriz. Eğer bunları yaşıyorsak parasızlığa da tam bu duygularımızın açığa çıkması için ihtiyacımız vardır. Önemli olan para değil bizim o parayla ne yaptığımızdır. Onu hayırlı amaçlar için de kullanabiliriz. Güç sahibi olup insanları yönetmek için de.

Paranın bize gelmesi için varlık bilinci dediğimiz yüksek bir bilinç seviyesinde olmamız gerekir. Başka bir deyişle kendimizi fakir hissederken para enerjisini kendimize çekemeyiz. Kuantumsal olarak açıklarsam ben param yokken kendimi kötü ve yoksun hissederim. O anda yaydığım frekans düşüktür. Bolluk enerjisi de daha yüksek bir frekansta salınır. Eğer ona erişmek istiyorsam kendi titreşimimi de onunla aynı seviyeye çıkarmam gerekir ki bu da sadece kendimi bolluk ve zenginlik içinde hissedersem olur. Ancak o zaman o frekansla eşleşir, parayı kendime çekerim çünkü benzer enerjiler birbirine çekilir.

Ben sabah birkaç olumlama okur kendimi bir an iyi hissedebilirim. Ama ev sahibim arayıp da kirayı istediği anda enerjim ânında yine düşecektir.

Bu nedenle varlık bilincimizi kademe kademe yükseltmemiz gerekir.

Bu noktada önerebileceğim ilk şey bu konuda kararlı olmanızdır. Güçlü, kararlı ve inançlı bir sesle "Ben bolluğu seçiyorum. Ben zenginliği seçiyorum," demeniz yeterlidir.

Ardından, parasızlığa dair tüm söylemlerinizi ve şikâyetlerinizi bırakmanız gerekir. Biliyorum ekonomik olarak birçoğumuzun zorlandığı bu zamanlarda bunu yapmak her zaman çok kolay olmayabilir ancak parasızlığa ya da her şeyin pahalı olduğuna dair sarf ettiğiniz her cümle bu boşluğa düşük bir frekans yayıp kendine eşdeğer başka frekansları yani şikâyet ettiğiniz aynı koşulları bir daha çekmenize neden olur.

Zenginliği gerçekten hak ettiğinize inanmanız da çok önemli ki bu aslında bizi yine değer sorunumuza götürüyor. O yüzden ben genellikle danışanlarıma ve öğrencilerime kendi üzerlerinde öncelikle öz değer ve öz güven konusunda sıkı bir şekilde çalışmalarını öneriyorum. Çünkü biliyorum ki hak etme sorununu çözdüklerinde para da kendiliğinden hayatlarına dâhil oluyor.

Bir de bu konuda başkalarına bağımlı olma meselemiz var. Bizler genellikle paranın bize birileri vasıtasıyla geleceğine inanırız. Bunda yanlış olan bir şey yoktur aslında ama yanlış genellikle o birilerine kendi gücümüzü teslim ettiğimizde ortaya çıkar. Örneğin zengin bir eş ya da sevgili bizim ona bağımlı kalmamız için çalışmamızı istemeyebilir. Ya da biz parasız kalma ve gelecek korkusuyla onlara tutunabiliriz. Bu da gerçek potansiyelimizin ortaya çıkmasını engeller. İlişkilerimizde bizi partnerimize korku mu, ihtiyaç mı sevgi mi bağlıyor? Bu sorunun cevabı önemlidir. Bizden daha güçlü ve zengin insanların yanında kendimizi güvende hissetsek de bu durum bilinçaltımızdaki yokluk duygumuzu da tetikleyebilir. Bu insanlar bazen biraz da canımızı acıtarak açığa çıkarmamız gereken negatif duygularımıza ayna tutarlar. Kendimizi değersiz, kızgın ve yetersiz hissettirebilirler. Ya da biz kendimizi daha güvende hissedeceğimizi düşünerek başka bazı değerlerimizden feragat etmek zorunda kalabiliriz. Sevgi, değer, güven ve takdir dolu bir ilişki yaşamak varken daha azına razı olabiliriz. Bunun altında da genellikle parasız ve yalnız kalma korkumuz bulunur. Bu ilişkilerin hiçbirine yanlış deme cüretinde değilim aksine hangimizin neye ihtiyacı varsa onu yaşayacağını biliyorum. Her ne yaşadıysanız ya da yaşıyorsanız büyük bir gururla hepsine sahip çıkın. Bilin ki tüm bu deneyimlere ihtiyacımız var. Burada altını çizmek istediğim nokta bu ilişkilerin sizde açığa çıkardığı duyguları görmezden gelmeyip tam da o duygularınızı dönüştürmek için yaşandığını anlamanız. İşte o zaman almanız gereken mesajı alır ve o duyguları dönüştürerek daha sevgi dolu ve tatminkâr ilişkiler kurabilirsiniz. Hepimizin kendi bolluk ve bereketini yaratma potansiyeli var. Yeter ki kendimize inanalım.

Ekonomik olarak sıkıntılı dönemlerden geçtiğimizde kendimize olan inancımız zayıflar. Elimizden gelen her şeyi yapmışızdır ama yine de maddi durumumuz bozuktur. Böyle zamanlarda kendimizi yetersiz ve başarısız olarak gördüğümüz için para kazanabileceğimize de inanmayız. Bazen de dışımızdaki insanlardan, ailemizden, yakınlarımızdan beklenti başlar.

Böyle zamanlarda hassasiyetimiz, alınganlığımız da artar. Normal zamanlarda çok önemsemediğimiz bazı şeyler gözümüzde büyür. Örneğin daha önce ihtiyaç duyduğumuzda hiçbir şey düşünmeden kardeşimizden arabasını isteriz ama ruhsal olarak kendimizi yalnız hissettiğimizde o düşünsün, arasın, arabasını vermeyi teklif etsin isteriz. Onlar vermediğinde de içerler, kızar, onları suçlarız. Kendimizi daha da yalnız hissederiz. Öyle ya bunca zaman onların her derdine koşmuşuzdur ama ihtiyaç duyduğumuzda onlar bizi yalnız bırakmıştır. Tam bir kurban psikolojisi içinde bazen de oturur kendimize acırız. "Kardeşimize de güvenemezsek kime güveneceğiz?" diye düşünürüz. Görüldüğü üzere parasızlık, içimizdeki tüm değersizlik ve güvensizlik duygularını tetiklemiş, ortaya saçmıştır. Tüm bu süreçte hissettiğimiz her duygu aslında iyileştirmemiz gereken yönlerimize işaret eder.

Ben parayla ilgili kendi üzerimde çalışmaya başladığımda sıkıntılı bir dönemden geçiyordum. Sonra bir gün ciddi bir kararın eşiğine geldim. Ya İstanbul'daki hayallerimden vazgeçecek tekrar memleketime yani Adana'ya dönecektim ya da kalıp mücadele edecektim. Kalmaya karar verdim. Ancak bunun için de para kazanmam gerekiyordu. O güne kadar elime geçen parayla bir şekilde idare etmiştim ama artık sona gelmiştim.

O günlerde Adana'da annemle kahve içerken birden ona dönüp "Anne ben zengin olmaya karar verdim," dediğimi hatırlıyorum. Annem gülümsemişti. Öyle ya bugüne kadar paraya hiç değer vermemiş, bu yüzden de bir köşeye bir lira bile koymamış benden bunları duymak onu hem şaşırtmış hem gülümsetmişti. Büyük ihtimal benim parayla ilgili bir konuda olumsuzluk yaşadığım için kızgın olduğumu düşünmüştü. Onun bilmediği şeyse benim gerçekten çok kararlı olduğumdu.

Şimdi tüm hayatımı bu kararın değiştirdiğini biliyorum. Kuantumsal olarak ifade edersem ilk kez bu kadar güçlü bir dalga yaymıştım. İlk kez kendimden de büyük düşünmüştüm.

Sonra kendime bir yıl zaman verdim. İlk altı ay sadece öz değerim üzerinde çalıştım. Sonraki altı ayı para çalışmalarına ayırdım. Bu süre boyunca bilinçaltımı didik didik ettim. Meğer yıllar boyu kendime de paraya da hiç değer vermemişim. Hatta parayı kendimden uzak tutmak için neredeyse her şeyi yapmışım. Neler çıktı neler…

İşe yaradı. Hayatım her anlamda değişmeye başladı. Bilinçaltımdaki negatif duygu ve inançlarımı değiştirdikçe bolluk bilincim ve maddi olanaklarım arttı ve her şey yoluna girmeye başladı. Neden bu konuyu bunca zamandır ihmal ettiğimi sordum kendime. İçimden bir ses; "Zamanı şimdiydi," dedi.

Bugün artık zengin olduğumu biliyorum. Kime göre, neye göre zengin derseniz bunun artık cebimdeki parayla değil bilinç seviyemle ilgili olduğunun farkındayım.

İlk önce paranın benim için ne ifade ettiğini sordum kendime. Sonra bir kâğıda paraya dair tüm inançlarımı yazdım. Olumsuz olanları olumluya çevirdim. Onlardan 3-4 cümlelik olumlu bir paragraf oluşturdum. Onu da telefonuma kendi sesimle okuyarak 1 saatlik ses kaydı olarak yükledim. Hemen her gece yatarken baş ucumda bir mırıltı gibi onu dinleyerek uyuya kaldım. Anlamaya ya da üzerinde düşünmeye çalışmadım, sadece dinledim. En az kırk gün dinlediğimi hatırlıyorum. Aynı paragraf başucumda da vardı. Sabah kalkar kalkmaz ilk işim yüksek sesle onu okumak oluyordu. Bu yüzden o olumlamalar hâlâ tam olarak aklımdadır.

O olumlamaları beyaz bir kartona siyah bir keçeli kalemle yazıp altına da zenginliğe dair görsel resimlerimi tutturdum ve sonra salona ve yatak odamdaki duvara yapıştırdım.

Bilinçaltımın net bir hedef istediğini biliyordum. Bu nedenle bir kâğıda bir yıl içinde kazanmak istediğim paranın miktarını yazdım. "Yıl sonuna dek .... kadar para kazanmayı seçiyorum," dedim. Altına o parayla almak istediğim şeyleri bir kalemle basitçe çizdim çünkü bilinçaltı görsel sembollere daha çabuk yanıt verir.

O parayla ne yapacağımı da bilinçaltımda netleştirdim.

Ardından parasızlığın bana hizmet ettiği durumları sorguladım. Öyle ya parasız olduğuma göre bilinçaltımda bu durumun bana bir faydası olduğuna inanmış olmalıydım. Parasızlığımı bahane edip hangi sorumluklarımdan kaçmıştım? Parasızlığımı neyin bahanesi olarak kullanmıştım? Bu durumumun bana faydası neydi?

Param olsaydı şunu bunu yaparım dediğim ama aslında korktuğum ve onları yapamayacağımı bildiğim için bilinçaltında parayı uzağımda tuttuğum bahanelerim nelerdi?

Paranın varlık bilincine ulaştığını biliyordum. Yani kendimi zengin hissetmem gerekiyordu. Cebimde para yokken kendimi nasıl zengin hissedebilirdim ki?

Bu duyguyu öncelikle suni olarak içimde hissetmeye çalıştım. Eğer gerçekten zenginmişim gibi hissedebilirsem, bedenime bu duyguyu tattırabilirsem bedenimin bunu kaydedeceğini biliyordum. Eğer sıklıkla bunu yaparsam bir zaman sonra çok da zorlanmadan bu duyguya erişebilirdim. Bilinçaltım gerçek olanla olmayanı ayırt edemediğine göre tüm bunları gerçekten yaşıyormuşum gibi kayda alacak ve dikkatimi en çok neye verdiysem onu önüme getirecekti.

Özellikle maddi durumu zayıf arkadaşlarımın yanında onlara uyum sağlamak, belki de sempatik görünmek için tıpkı onlar gibi parayı kötülediğimi ve hiç değer vermediğimin sürekli altını çizdiğimi fark ettim.

Bu farkındalıkla birlikte parasızlığa dair tüm şikâyetlerimi ve söylemlerimi bıraktım.

Bu süreçte parayla ilgili oradan buradan aldığım negatif her düşünce ve inancım da sıklıkla zihnime düşmeye başladı. Onları fark ettikçe bir kenara not alıp bendeki güç ve etkilerini anlamaya çalıştım. Fark ettim ki çocukluğumdan bu yana çok severek izlediğim eski Türk filmleri bile bilinçaltıma zenginlikle ilgili negatif kodlar yüklemiş. Örneğin; yoksullar iyidir, zenginler kötüdür. Zengin insanlar yoksulları küçümser. Paran yoksa değerin de yoktur. İnsanlar para için her kötülüğü yapabilir.

Sonra varlık bilincimi güçlendirmek için küçük oyunlara başladım. Yolda yürürken bir apartman görüyor ve şöyle diyordum kendime: "Buradaki yirmi daire benim olsa kendimi nasıl hissederdim?" Birden yürüyüşüm değişiyor, daha dik ve öz güvenli yürümeye başlıyordum. Sonra bir kafeye oturuyor, yoldan geçen arabaların en güzelini seçip "O arabanın sahibi olsam ne hissederdim?" diye soruyordum kendime. Birden yüzüme bir gülümseme oturuyor, heyecanlanıyordum. Orada öylece otururken "Zengin olsam hayatım nasıl değişir? Neyi farklı yaparım? Nerede oturur, nerelere giderim?" diyordum kendime... Tüm bu sorularımın cevabı bana art arda zengin görüntülerle geliyordu. Bilerek ve isteyerek tüm o olasılıkları aktive ediyordum. Sonra bir arkadaşım geliyordu ve ona tüm bu hayallerimi heyecanla anlatıyordum. Böylece bu dalgaları biraz daha güçlendirmiş oluyordum. O zamanlar en çok kullandığım cümle şuydu: "Tüm bunların gerçekleşeceğini biliyorum."

Her sabah bilinçli olarak en az 15 dakikamı bu imgelemelere ayırdım. Odaklanma her şeydir. Beş duyumu da kullanarak imgeledim ama en çok da en güçlü dalgayı yayan hissetme duyguma odaklandım. Sonunda gökyüzünden yağmur gibi altın ve para akıtarak imgelememi bitiriyordum. Bu imgeyi hâlâ kullanırım.

Zenginleştikçe biriktireceğim her parayı kara günler için değil mutlu günler için biriktirmeyi hedefledim. O parayla güzel bir eğitim, seyahat, ev ya da araba almayı düşledim.

Tüm bu çalışmaları yaparken para harcadıkça yokluk duygumun tetiklendiğini fark ettim. Özellikle bir kenara, belli bir amaçla, dokunmamak üzere para koyduysam en ufak bir harcamada paniklediğimi ve bu paniğimin benzer dalgaları yayıp sürekli o parayı harcamama neden olan yeni durumlar yarattığını fark ettim. Bunun üzerine bilinçaltıma yeni bir kod yazdım:

"Para harcamak zenginliktir. Harcadıkça zenginleşiyorum. Para bana katlanarak geri geliyor. Verdikçe alıyorum."

Tabii ki bu harcamadan kastım bir çanta ya da ayakkabıya verdiğim deli paralar değil. Beğendiğim ya da sevdiğim bir şeyi almayı severim ancak bir şeye gereğinden fazla para vermek de bana israf yani paraya saygısızlık gibi gelir.

Eskiden bu yana bahşiş vermeyi severim. Markette, kuaförde, restoranda bahşiş vermek bana verdikleri emeğin ve güler yüzlerinin karşılığıdır. Ancak hizmetini beğenmediğim yerde bahşiş de vermem. Çünkü bahşiş ya da borç olsun, içimden gelmeyerek verdiğim paranın bir hayrı olmadığını bilirim.

Parayı içimden gelerek rahatça verdiğimde bana da rahatça akacağını ve zihnimde parayı ne kadar bol görürsem bilinçaltımın bolluk bilincimi o kadar hızlı yükselteceğini bilirim.

Hepimiz, uzamsal hafıza dediğimiz, çevremizle ve bulunduğumuz konumla ilgili bilgi veren, yön algısı, konum bilgisi sağlayan bir hafıza türüne sahibiz.

Bu hafızamız biz farkında olmadan sürekli çalışır ve çevremizle ilgili bize konum bilgisi vermeye devam eder. Böylece birçok yeri kolayca hatırlar, yönümüzü rahatça buluruz. Daha önce gittiğimiz bir arkadaşımızın evini tekrar gittiğimizde zorlanmadan buluruz. İşte bu nedenle parayı sürekli gördüğünüz mekânlarda imgelediğinizde bilinçaltınız ulaşmak istediğiniz hedefle zaten kendinde kayıtlı bildiğiniz mekânlar arasında kolayca bağlantı kuracak ve parayı size daha hızlı çekecektir. Bolca parayı her gün yemek yaptığınız mutfak tezgahında, en çok oturduğunuz koltukta ya da TV ünitesinde de görebilirsiniz, her gün yürüyüş yaptığınız parkta da...

Evde gözlerimi kapatıp evin bütün odalarını ve dolaplarını parayla doldurduğumu imgeledim. Onları ihtiyacı olanlara dağıttığımı, valizlere doldurup seyahatlere çıktığımı, alışveriş yaptığımı imgeledim. Bir gün içinde en fazla ne kadar para harcayabileceğimi düşündüm.

Lüks mağazalara girip içlerinde dolaştım. O mağazalarda gördüğüm pahalı şeyler bende varlık bilinci mi yoksa yokluk duygusu mu tetikliyordu anlamaya çalıştım. Rahat bir şekilde dolaştığımı fark edene kadar gidip gelmeye devam ettim.

Para enerjisini harekete geçirmenin bir yolunun da parayı hızlıca sallamak olduğunu biliyordum.

Evde her gün bir kâğıt parayı elimle sağa sola doğru salladım. Bazen de içine bozuk paraları attığım küçük mor cam kasemi salladım. Bu ritüeli bugün hâlâ yaparım.

Paramı bozdurup küçük paralar hâlinde cüzdanımı doldurdum. 100 dolarlık bir banknotu hiç bozdurmamak üzere ayrı bir bölüme koydum. O paranın varlığı bana daima güven verdi. Yoksunluk duygumu azalttı. Sonra yanına küçük küçük paralar koymaya devam ettim. Kaç lira olduğu önemli değildi ama bir köşede paramın olduğunu bilmek bana kendimi zengin hissettiriyordu.

Gün içinde en az 10 dakika meditasyon yapmayı da alışkanlık hâline getirdim.

Evin her yerini sahte parayla doldurdum. Bilinçaltım onların sahte olduğunu bilmediği için o paralar varlık duygumu güçlendirdi. Onlara her bakışım varlık frekansına bir kez daha yükselmem demekti. Bir yandan da bilinçaltıma bol bol para görüntüleri yığmama neden oldu.

Zengin olduğunuz anda o parayla kendinizden önce kimlere ne vereceğinizi ne alacağınızı vs. düşünüyorsanız bilinçaltınızda hak etme ve alma-verme dengenizle ilgili bir sorununuz olabilir.

Bugün artık paranın sadece varlık bilincimle ilgisi olduğunu net bir şekilde biliyorum. Kendimi ne kadar zengin hissedersem o kadar güçlü varlık dalgaları yayar ve kendine eşdeğer varlık dalgalarını çekerim.

Haftada bir kez okuduğum bir para talebi:

"Bugüne kadar bildiğim bilmediğim tüm kaynaklardan gelecek paralarımı, beklediğim, beklemediğim, unuttuğum, istemediğim, isteyemediğim, kimlerde ve nerelerde ne kadar param kalmışsa bana ait olan tüm haklarımı şimdi talep ediyorum.

Şu andan itibaren hayatıma sürekli akan, aktıkça artan, çoğalan gelir akışları, nakit akışları talep ediyorum.

Uyurken, gezerken, çalışırken, otururken, arzularımın, seçimlerimin, hayallerimin de ötesinde her an zaten olduğum sonsuz para enerjisinin nakit, altın, yatırım, mal, mülk olarak realitemde kolaylıkla ortaya çıkmasını talep ediyorum.

Yaşamın coşkun ifadesi ve bolluğu bana kolaylıkla gelir.

Ve öyle de oldu.

Şükürler olsun."

Meğer...

Meğer kendi güçsüzlüğümü örtmenin en iyi yolu başkalarını suçlamakmış. Suçlu hissetmemek için suçlarmışım diğerlerini.

Yüreğimin sesi duyulmaz olduğunda dışımdaki ses yükselirmiş. Birilerine kızıp sesimi yükselttikçe; kendimden kendime haykırırmışım.

"Beni görün... duyun... sevin!"

Meğer asıl kızdığım da, suçladığım da kendimmişim.

Bağışla dediler bana...

İnsanları, aileni, sana kötülük yapan herkesi...

Büyük bir kibirle bağışlamaya başladım.

Ani bir bilişle aydınlandı yüreğim;

Ben kimdim ki kimi affedecektim...

Meğer tüm yaşananlar kendimi affetmek içinmiş.

En büyük yalanları ise kendime söylermişim.

Yüreğimdeki bir ses gerçeği söylese de sustururmuş zihnimin zırvalıkları...

Kendi özümün muhteşemliğini unutup etten kemikten bedenime bakar ve tutunurmuşum acılara... hastalığa... parasızlığa...

Onların yarattığı sahte güvenlikte mutsuz da olsam yaşayıp gidermişim.

Ve bunlar alınırsa elimden korkarmışım yalnız kalmaktan, sevilmemekten ve hayatla başa çıkamamaktan.

Meğer tüm yaşadıklarım kendimi bilmek içinmiş. Tek tek sıyırıp tüm kabuklarımı bana ait olmayanları söküp atmak içinmiş ve uyanmak içimdeki ilahi olana...

Meğer onları da bana kötü dediklerim gösterirmiş. En büyük taşları atıp en çok canımı yakanlar yaralarımın nerede olduğunu göstermek için varlarmış.

Kendini küçük görüyorsan büyüklüğüne, güçsüz görüyorsan gücüne uyan derlermiş.

Güvenimi en çok sarsanlar ise "En çok kendine güven," diyenlermiş.

Meğer can yanmadan şifa olmazmış.

Bu hayat yolculuğunda birileri iyi, birileri kötü rolünü üstlenmiş. Anladım ki kötü dediğimde iyiye hizmet edermişim. Denge; iyinin de kötünün de üstünde bir yerde kurulurmuş.

Meğer en büyük savaş kendi içimdeymiş.

Bir beyaz, bir siyah savaşçı çarpışır dururmuş içimde. Siyah olanı, "İncit... suçla... yarala!" diye bağırırken beyaz olanı, "Sakin ol ve sadece sev," dermiş... Şefkatle sev...

Siyah olana her uyduğumda cennetten bir adım daha düşer, en derinde kendimi incitir, yaralarmışım.

Meğer dünyanın en büyük sırrı; bunu fark etmek ve susturabilmekmiş karanlık tarafımı...

Sonunda bir gün tamamen dağıldığında karanlık, bembeyaz bir ışık kalırmış geriye.

Ölmeden öldürdüğümde karanlık tarafımı,
Meğer hiç ölmeyen kalırmış geriye...

İLİŞKİLERİMİZ

İki insan bir araya geldiğinde aralarında kendi etraflarını saran manyetik enerji alanları dışında ayrıca her ikisinden de bağımsız üçüncü bir enerji alanı oluşur. Bunu bir örnekle açıklayalım.

Ayşe ile Ahmet bir partide karşılaşırlar. Göz göze geldikleri anda birbirlerinden etkilenirler ve aralarında bir enerji alanı oluşur. Bu alanı bir balona benzetebiliriz. Bu balon incecik bir kordonla her ikisinin de manyetik enerji alanlarına bağlıdır. Daha sonra tanışır ve sohbet ederler ve bu alan büyümeye başlar. Her ikisi de evlerine döndükten sonra birbirlerini düşünmeye devam eder. İkisi de meraklı ve heyecanlıdır. Ayşe heyecanla Ahmet'in telefonunu bekler, beklerken de onunla ilgili hayaller kurmaya devam eder. Ahmet de Ayşe'yi aramak için sabırsızlanmaktadır ama acele etmek de istemez. Her ikisinin de dikkati birbirlerinde olduğu için aralarındaki enerji balonu büyümeye devam eder. Birkaç gün sonra Ahmet Ayşe'yi arar ve buluşma teklif eder. Ayşe heyecanla kabul eder. Buluşur ve yemekte birbirlerini biraz daha tanırlar. Ayrıldıklarında her ikisi de mutlu ve heyecanlıdır. Bir sonraki buluşmalarında aralarındaki çekim o kadar güçlenmiş ve enerji balonu o kadar büyümüştür ki ikisi de karşı koyamaz ve Ahmet Ayşe'yi öper. Artık enerji madde formuna bürünmeye başlamıştır. İlerleyen günlerde görüşmeye devam ederler. Her şey yolundadır. Birbirlerine geçmişlerinden ve gelecek hayallerinden bahsederler. İki ay sonra bir gün Ahmet bir işi olduğu için Ayşe'ye buluşamayacağını söyler. Ayşe ilk başta buna fazla bir anlam yüklemez. Ancak bir hafta sonra Ahmet bir nedenle yine buluşamayacağını söyleyince Ayşe'nin kalbine ilk kuşku tohumları düşer. Başlarda her şey güzeldir ama Ahmet'e bağlandığını hissettiği anda kaybetme korkusu da devreye girmiştir. Çünkü zaten onun enerji alanında düşük frekanslı bu duygular vardır.

Ayşe'nin zihni artık kontrolden çıkmış gibidir.

Sürekli, "Beni eskisi kadar sevmiyor, acaba başka birisi mi var?" diye düşünmeye başlar. Zaten Ahmet son günlerde eskisi kadar ilgili de değildir. Bu kuşkular Ayşe'nin zihninde her gün büyümeye devam eder. Artık korkmaktadır da. Ahmet'in onu terk edeceğinden korkar, başka birisinin varlığından korkar... Tüm bu kuşku ve korkuları kendi alanından bağlı olduğu kordonla üçüncü enerji alanına akmakta ve alanı kirletmektedir. Aynı alana Ahmet de bağlı olduğu için bu kuşku ve korkuları bilinçaltında o da algılamakta yani bir nevi kokusunu almaktadır ve aldıkça da sanki daha da geriye çekilmektedir.

Ahmet'in ilgisizliği arttıkça Ayşe'nin korkuları daha da büyür. Artık sıklıkla kavga etmeye başlamışlardır. Ahmet, Ayşe'nin kıskançlığından ve sürekli onu kontrol etme çabasından sıkılmıştır. Aralarındaki enerji balonu kızgınlık suçluluk, kıskançlık ve güvensizlik gibi düşük frekanslı duygu akışıyla artık iyice kirlenmiş ve küçülmüştür.

Ayşe, Ahmet'in kendisine haksızlık yaptığını söyleyerek sürekli onu suçlarken kendini de bir kurban gibi hissettiği için sıklıkla arkadaşlarına şikâyet etmeye devam eder. Dikkatini sürekli bu olumsuz duruma verdiği için de onu büyütür.

Ve bir gün en çok korktuğu şey olur ve Ahmet ona ayrılmak istediğini söyler. Ayşe bağırır, çağırır yine onu suçlar ama sonunda çaresiz kabul eder. Balon tamamen sönmüştür artık. Ayşe hayretle bir ilişkisinin daha geçmişte yaşadığı şekilde bittiğini fark eder. Artık iki seçeneği vardır; ya oturup hayatına giren bu erkekleri suçlayarak kendine acımaya devam edecek ya da neden bunları yaşadığını sorgulayacaktır.

Peki ilişki neden böyle bitmiştir acaba?

Hikâyenin başında Ayşe ile Ahmet arasında, ikisinden bağımsız üçüncü bir enerji balonu vardır demiştik. Bu balona bağlı olduğumuz kordon vasıtasıyla olumlu ve olumsuz bütün duygularımız akar. Balonu ya büyütür ya söndürür.

Yukarıda yazdığım üzere bu alanın haricinde hem Ahmet'in hem Ayşe'nin kendine ait manyetik bir enerji alanı vardır. Bu alanda da bilinçaltımıza gömülü tüm kayıtlarımız bulunur. Ayşe'nin alanında, ta çocukluğundan beri sürüklediği değersizlik ve güvensizlik duyguları vardır. Yani bilinçaltında güzel bir ilişkiyi hak ettiğine inanmamaktadır. Anne ve babasının da mutsuz bir evliliği vardır ve Ayşe sıklıkla babasının annesine eziyet ettiğini gördüğü için bilinçaltında "Erkekler kadına değer vermez," inancını da taşımaktadır. Bilinçaltı bu ilgisizliği, sevgi olarak kodlamıştır. Çocukluğunda anne ve babasından beklediği duygusal yakınlığı ve sevgiyi alamayan Ayşe bunu hayatına giren erkeklerden beklemektedir. En büyük korkusu da sevilmemektir.

Ancak benzer enerjiler birbirine çekilir. Tıpkı Ayşe gibi Ahmet de sevgisiz bir ailede büyümüştür ve onun da öz değer ve öz güven eksikliği vardır. Onları birbirlerine bu yaydıkları benzer enerji çekmiştir. Başka bir deyişle onlar birbirlerine yaralarını göstermek ve şifalandırmak için çekilmiştir.

Ahmet, Ayşe'ye ilgisiz davranarak onun biraz canını acıtmış ama aslında onun değersizlik ve güvensizlik duygularını tetikleyip açığa çıkarmıştır. En derindeki mesajı şudur:

"Ayşe lütfen bu yaralarını kapat. Bu duygularını iyileştir. Eğer iyileşmezse başka bir deneyiminde yine acıyabilir."

Ayşe bunun farkına varıp açığa çıkan bu duygularını iyileştirme yoluna gitseydi ilişkisi daha olumlu yönde ilerleyebilirdi. O zaman kendi enerji alanını temizlediği için üçüncü enerji alanına da hissettiği güzel duygularla saf ve temiz bir enerji akıtacak, alanın küçülüp kaybolmasını engelleyebilecekti.

Ayşe de Ahmet'i sürekli suçlayarak ve kontrol etmeye çalışarak ondaki suçluluk ve güvensizlik duygularına aynalık yapmıştır. Ahmet açığa çıkan bu duygularla baş edemeyip reddetme yoluna gittiği için ayrılma kararı alır.

Her ikisinin de karşılaşma amacı, mükemmel bir ilişki için birbirleri vasıtasıyla kendilerini iyileştirmek ve koşulsuz sevgiyi öğrenmektir.

İşte kuantumsal düzeyde bir ilişkinin en basit tarifi budur.

Şimdi biraz detaylara girelim.

Bizi en çok ilişkilerimiz olgunlaştırır. Hepimiz birileri için değerli ve önemli olmak isteriz. Bu kendimizi değerli hissettirir.

Bazen birilerine çekiliriz. Bu çekimin ardında onun aynalığında kendimizi görme arzumuz vardır. Kendimizin başka bir yüzüyle karşılaşırız o aynada. Onunla yaşadığımız ve hissettiğimiz her şey bize kendimizle ilgili bilmediğimiz yönlerimizi öğretir. Farkında olmadığımız şeyleri ortaya çıkarır. Böylece kendimizi daha iyi tanırız.

Gümüşlük Meleği adlı romanımda şöyle yazmıştım:

> *"Onunla birlikte kendime doğru bir yolculuk başladı. Gün oldu saz çaldı ruhum kanatlandı, gün oldu şiir okudu içimden nehirler aktı. Kalbime dokundu sonra. Aşkı öğrendim ve aşkla birlikte sabrı.*
>
> *Ona göre aşkı bilmeyen kendini bilemezdi."*

Bazı ilişkiler bizi aşağı çeker. Bazı ilişkiler bizi yorar. Bazıları da sivri köşelerimizi yumuşatarak bizi bir heykel gibi yontar. Ama hepsi öğretir.

Sevmek, sevilmek, değer görmek ve paylaşmak için ilişki yaşarız. Sevdiğimiz ve güven duyduğumuz bir insanla kendimizi yalnız hissetmeyiz.

Birine âşık olmak keyiflidir. Çünkü bizim için yenidir. Henüz yazılarak doldurulmamış beyaz bir sayfa gibidir. Geçmişin yükü yoktur. Hafiftir. Fakat zamanla bir şey olur; bir bakarsınız geçmiş ilişkilere benzemeye başlar. Partneriniz hâlâ yeni gibidir ama yaşadıklarınız ve hissettikleriniz tıpkı eski ilişkilerinizde olduğu gibidir. O beyaz sayfaya yepyeni bir mutluluk masalı yazmayı düşünürken kaleminizden geçmişin kırgınlıkları, suçlamaları dökülmeye başlar. Eski bir kez daha yeniyi yutmaya başlamış gibidir.

Yine aynı duygularla ona kızar, suçlar ve hatalar buluruz.

Yine incinir ve bir kez daha hayal kırıklığına uğradığımızı düşünürüz.

Hepimizin geçmişte yaşadığı ilişkilere ait böyle negatif kayıtları var. Bu duygusal yaralar bizim etrafımıza bir kabuk örmemize neden olur. Çünkü tekrar incinmekten korkarız.

Peki ne oluyor da acaba bu hale geliyoruz?

Belki de bizde değişmesi gereken bazı şeyler vardır. Öyle ya dönüp dolaşıp kendimizi hep aynı yerde buluyorsak bunun artık partnerlerimizle ilgisi yoktur değil mi?

Büyük ihtimal bilinçaltımızda kendimize, erkeklere, kadınlara ve ilişkilere dair değiştirmemiz gereken inançlarımız, dönüştürmemiz gereken korkularımız vardır. Onlar dans başladığında ortaya çıkıp ayağımıza basan afacanlar gibidir. Basar ve kaçarlar. Yeni bir dans başlayana kadar da ortalıkta görünmezler.

Şimdi biraz bu afacanlara yakından bakalım. Neden böyle bir şey yapma ihtiyacı duyuyorlar? Neden tek görevleri ilişkilerimizi bozmakmış gibi tam mutlu olacağımız sırada sırayla sahneye çıkıp canımızı acıtıyor, ortalığı toz duman ediyorlar? Acaba bizden ilgi mi bekliyorlar? "Beni bir gör, gülümset ve iyileştir" mi diyorlar?

Evet, onların tek derdi bu. Bedenimizde artık istenmeyen kiracı gibi yaşamayı reddediyorlar. İyileşmek, sıkıştıkları yerden çıkıp özgürleşmek istiyorlar. Güzel haber şu ki onların iyileşmesi bizzat bizim iyiliğimiz. Onların özgürleşmesi aslında bizim özgürlüğümüz.

Peki nereden başlayacağız?

Tabii ki öncelikle onların varlığını kabul ederek. "Evet, bu duygulara sahibim," diyerek. Daha da önemlisi bu duygulara sahip olduğumuz için kendimize kızmayarak, suçlamayarak.

O afacanlardan birisinin adı beklentilerdir.

İlişkilerimizde bizi en çok beklentilerimiz zorlar.

Partnerlerimiz beklentilerimizi karşılamadıklarında onlara kızarız. Burada önemli bir soru vardır. Onlar her beklentimizi karşılamak zorundalar mı? Yoksa biz mi öyle olması gerektiğini düşünüyoruz.

Örneğin sevdiğimiz kadar sevilmeyi bekleriz. Kendimizi değerli hissetmek için onlardan daha çok ilgi bekleyebilir, bunu göremediğimizde kızar, karşımızdaki insanı suçlarız. Sonra da o kişileri istediğimiz gibi olsunlar diye düzeltmeye çalışırız. Oysa buna hakkımız yoktur. Siz de başkalarının her beklentisini karşılamak zorunda değilsiniz. Elbette ki partnerimizle ilgili rahatsız olduğumuz konular varsa bunları açıkça konuşmalıyız ancak bir şeyi unutmadan; kimse bizim mutluluğumuzdan sorumlu değildir.

Bazen de onun hayatındaki en öncelikli kişi olmayı bekleriz. Hepimizin ilişkimiz dışında da bir hayatı ve sorumlukları vardır. Bu yüzden bu beklentimiz ilişkilerimizde kaçınılmaz bir hayal kırıklığı yaratır. Eğer birisi hayatımızda en önemli kişi olacaksa o kendimiz olsun.

İlişkilerde özellikle kadınların anlatmadan anlaşılmayı beklediklerini gözlemledim. Anlaşılmadıklarında da içerlediklerini. Hiç kimse bizim zihnimizi okuyamaz. Bu nedenle rahatsız olduğumuz bir konuyu karşımızdaki insanı suçlayıp yargılamadan, sakin bir şekilde anlatmak en güzelidir.

Karşımızdaki insanı suçlama ya da kontrol etme çabamız ilk başta etkili gibi görünse de aslında hiçbir işe yaramaz. Bu tartışmaların bir kazananı yoktur. Haklı ya da haksız olmanızın da bir önemi yoktur. Geçmişte işinize yaramamıştır, yine yaramayacaktır.

Buradaki en önemli soru; nasıl olup da bu duruma geldiğinizdir. Ne hissettiğiniz ve bu duyguyla hangi eski otomatik programı devreye soktuğunuzdur.

İlişkide karşımızdaki insanı olduğu gibi kabullenmekte zorlanırız ama kendimiz, çevremizdeki insanlar tarafından olduğumuz gibi kabul edilmeyi bekleriz.

Unutmayalım ki sürekli kontrol ettiğimiz ve bizim istediğimiz gibi davranmasını beklediğimiz bir partner eğer bunları kabul ederse sonunda mutsuz bir eşe dönüşür, kendine olan güvenini ve samimiyetini kaybeder. Bu durumda olan birine ne kadar sevginiz ve saygınız kalır ki? Mutsuz bir insan başka bir insanı mutlu edebilir mi? İnsanlar, sürekli onları değiştirmeye çalışan kişilerin yanında değil kendilerini olduğu gibi kabul eden insanların yanında mutlu ve huzurlu olurlar.

Bizi sürekli eleştiren, yargılayan birilerine karşı kendimizi ispatlama derdindeysek sorun onlarda değil bizdedir. Çünkü değer görmek için kimseye kendimizi ispatlamak zorunda değiliz.

Kimseye kendimizi ispatlama gibi bir zorunluluğumuz olmadığı gibi sürekli güçlü olma gibi bir mecburiyetimiz de yoktur.

İlişkilerimizde duygularımızı, özellikle sorunlarımızı, acılarımızı kimseyle paylaşmadığımızda insanlar bizim hiçbir sorunumuz olmadığına ve hiçbir şeye ihtiyaç duymadığımıza inanır. Bizi kendilerinden daha güçlü gördükleri için sürekli almak isterler. Biz de elimizden geldiğince onların her ihtiyacına koşar dururuz ve bir gün biz yardım talep edip karşılığını alamadığımızda kırılırız. Evet, daha güçlü olmak için bu çalışmaları yapıyor, yeni bir şeyler öğrenmeye çalışıyoruz ama bu durum sürekli güçlü olmak zorundaymışız gibi yanlış bir algıya kapılmamıza neden oluyor. Her insan gibi bizim de zaman zaman güçsüz olma hakkımız vardır. Sürekli güçlü görünüp başkalarının ihtiyaçlarını karşılamak zorunda değiliz.

Unutmayın, içinize attığınız her şey içeride büyür ve sonra patlar. Biriktirmeyin. Birilerini idare etmeye çalışırken kendinizden çok ödünler vermeyin. Kırgınlıklarınızı, kızgınlıklarınızı bağırıp çağırmadan uygun ortamlarda dile getirin. Bu en doğal hakkınızdır. İlgisiz bir partnerden daha çok zaman ayırmasını talep etmek hakkınızdır. Onun bu zamanı ya da ilgiyi vermesi de lütuf değildir. Ancak bunu partnerinizi kırmadan, suçlamadan yapmaya özen gösterin. Yaparsa ne güzel, yapmazsa ilişkinin gidişatını yeniden gözden geçirin. Artık ufacık mutluluk kırıntıları için büyük bedeller ödemek, acılar çekmek zorunda değilsiniz.

Birini sevdiğinde,
Onun yüreği senin yüreğindir artık.
Bir şarkının iki notası gibi birine bastığında diğeri titrer.
Sevmek özgür bırakmaktır!
Ne özgürlükten ne özgür bırakmaktan kork!
Özgürlük ki kimseye teslim edemeyeceğin en kutsal değerindir.
Unutma; yeryüzünde birbirini bulan ruhlar,
Gökyüzünde mutlak sadakat sözü verenlerdir.

Hiç kimse tesadüfen karşımıza çıkmaz. Biz hazır olduğumuzda o ilişki bize öğretmek için ortaya çıkar. Sınırsız sayıda olasılıktan sadece bir kişi partnerimiz olarak hayatımıza girer. Çünkü başka hiç kimsenin yapamayacağı şekilde bizde olanı o ortaya çıkaracaktır. Ona hiç daha önce hissetmediğimiz kadar güçlü sevgi de duyabiliriz, kızgınlık ya da kıskançlık da... Ve o tam da bu duygularımızı açığa çıkarıp kendimizi daha iyi tanımamızı sağlar.

Negatif duygulardan arınmamız ve koşulsuz sevmeyi öğrenmemiz için gelirler.

Enerjisi birbirine benzer insanlar birbirine çekilir. Alanınızda olumlu ya da olumsuz birbiriyle eşleşen frekanslar vardır. Çektiğimiz kişi bazen yanlış gibi görünür. Oysa hayatımıza giren hiç kimse yanlış insan değildir aksine o anda tam da ihtiyacımız olan kişidir. Çünkü ihtiyacımız olan şeyi bize o öğretir.

Varsayalım ilişki esnasında taraflardan biri, sevmesine rağmen partnerini terk etti. Terk edilen kendisiyle baş başa kaldığında ne kadar bencil olduğunu anlar. İşte o bencilliğini görebilmesi için partnerinin gitmesine ihtiyaç vardır çünkü başka türlü göremezdi. Birinizin gitme gücü, diğerinin ilişkideki hatasını ve zayıflığını ortaya çıkarmıştır.

Hayatımıza kimin gireceğine bilinçaltımız karar verir. Başka bir deyişle bilinçaltımızın yaydığı sinyallere göre partnerlerimizi çekeriz.

Ve o ilişkimiz vasıtasıyla bilinçaltımızın en derinlerine gömülmüş birçok duyguyu yüzeye çıkarır ve onları iyileştiririz.

Kadın ve erkek, bu iki karşıt güç birbirlerini tamamlamak için bir araya gelir ve bu tamamlanma sadece koşulsuz sevgiyle gerçekleşir. Yaşadığımız aşk içimizdeki sevgiyi, kalbimizin özünü ortaya çıkarır. Bu demek oluyor ki koşulsuz sevgiyi deneyimlemek için ilişkilere çekiliyoruz. Birbirimize olan sevgimizin önünde ne varsa kaldırıp ilişkiyi mükemmelleştirmek, kendimize ve partnerimize yardımcı olmak için yaşıyoruz. Diğerimiz olmadan kendi potansiyelimizi tam olarak hayata geçiremeyiz.

Buradaki en önemli soru şudur:

İlişkilerimizi bağlı mı, bağımlı mı yürütüyoruz?

İlişkilerimizde doğal olarak karşımızdaki insana güvenmek isteriz ancak bağımlı değil bağlılık duyacağımız bir ilişki için önce kendimize güvenmeyi öğrenmemiz gerekir. Kimseye ihtiyaç duymadan kendimizi tüm hâlimizle kabul edip düşündüğümüz ve inandığımız gibi yaşamamız gerekir. Kendimize güvenimiz yoksa ilişkide olduğumuz insanı kaybetmekten korkarız. Onun bizi ezmesinden korkarız. Şımarır diye korkar, ona sevgimizi göstermekte zorlanırız.

Öz güven eksikliği olan insanlarda bağlanma korkusu da vardır. Bağlanma korkusu yaşayan insanlar kendilerinden daha güçlü olduğunu düşündüğü kişilerle ilişki kurmaya korkar. Onun yanında kendini yetersiz ve küçük görmekten korkar. Terk edilmekten, aldatılmaktan korkar. Bu yüzden kendisine bağımlı partnerlerle birlikte olmayı tercih eder ki bağlanma korkusu nedeniyle ona da bağlı değildir aslında.

Öz güven eksikliğinin ilişkide ortaya çıkmasının bir biçimi de çok sevdiğimiz belli olmasın diye ilgisiz ve umursamaz görünmeye çalışmaktır. Partnerimizi övmez, takdir etmeyiz. Böylece göründüğümüz kadar bağlı olmadığımızı ispatlamaya çalışırız. Eğer sevdiğimiz belli olursa zayıf görülmekten korkarız. O ilişki bizim için önemli olsa bile bunu göstermemeye çalışırız.

Tüm bağlanma korkularımızın altında terk edilme ve acı çekme korkumuz vardır.

Öz güvenimiz eksikse daha çok övülme ve onaylanma ihtiyacı duyarız. En ufacık bir anlaşmazlıkta senaryolar yazar artık sevilmediğimize inanırız. Olayları kişisel algılar, ilişkimizi ve partnerimizi sürekli kontrol etme arzusunda oluruz.

Eğer değer görmediğiniz hâlde hâlâ bir ilişkiyi sürdürme gayreti içindeyseniz bu durum sizin bağlı değil bağımlı olduğunuzu gösterir. Kendi isteklerinizden ziyade partnerinizin istek ve beklentilerine göre davranıyorsunuz demektir. Kendiniz olmaktan vazgeçip ilişki devam etsin de ne olursa olsun diye düşünüyorsunuzdur. Bu da ilişkide kalmak için sürekli bahaneler üretmenize neden olur.

Güçlü bir değersizlik yaşayan kişi kendini sık sık başkalarından küçük görür. Doğal davranamaz. Ufacık nedenlerle kendini değersiz hissedebilir. Bağımlı ilişkiler geliştirir ve anlaşılmadığını düşündüğünde hırçınlaşabilir. Duygularını bastırır. Aşırı alıngan ve vericidir. Bu insanlar etkilendikleri kişilerden uzak dururlar. Onların yanında kendilerini aşağı ve yetersiz görmekten korkarlar. Tüm bu nedenlerle de sağlıklı bir ilişki yürütmekte zorlanırlar.

Kişinin bağımlı olduğunu anlayabilmesi için ilk önce korkularının farkında olması gerekir. Korktuğunu kabul etmediği sürece bağımlı olduğunu da inkâr edecektir.

Bağlı olan kişi ilişkide korkuyla hareket etmez. Korksa bile bunu aşabileceğine güvenir ve değer gördüğü sürece ilişkisini devam ettirir. Kendi istek ve ihtiyaçlarını ertelemez. İlişkisinde yaşadığı her olayı kişiselleştirmez. Her şeyi kafaya takmaz, alınmaz. Kendine yetmeyi ve değeri kendi içinde hissetmesi gerektiğini bilir. Daha keyifli ve mutlu bir ilişki yürütür.

Kendimize güvendiğimizde sevgimizi ve duygularımızı açıkça ifade etmekten ve paylaşmaktan korkmayız. İçimizden geldiği gibi davranırız. Küçümsenirim, yanlış anlaşılırım, ezilirim gibi korkularımız olmaz.

Bir ilişkide güven arıyorsak o güveni öncelikle kendimiz vermeliyiz. Bunun yolu da dürüstlük ve samimiyettir.

Sevmek ve sevilmek kadar güzel bir şey yoktur. Birinin bize değer verdiğini hissetmek bizi mutlu eder. Ama maalesef bazen ilişkilerimizde sevilmeye o kadar bağımlı hale geliyoruz ki bizim seviyor olmamızın pek fazla bir önemi kalmıyor.

Sevgi zorla alınacak verilecek bir duygu değildir ve zorlanmaya da gelmez. Ya vardır ya yoktur. Örneğin siz birini daha çok ya da daha az seveyim diyemezsiniz. Ya seversiniz ya sevmezsiniz.

Sevginin alacağı da borcu da olmaz.

Birini sevip karşılığını beklersek bunun adı saf sevgi olmaktan çıkar. Bu artık koşullu sevgidir. Birini sevmek nasıl bizim kendiliğinden oluşan bir duygumuzsa, başkalarının bizi sevmesini sağlamak da asla bizim gücümüz dâhilinde değildir. Ya severler ya sevmezler.

Tam bu nedenle bizi sevmeyen birini suçlamak, kızmak anlamsızdır.

Bazen de ilişkilerimizde duygularımızı ifade etmekten korkarız. Karşımızdaki insana zayıf görüneceğimizden ve o insanın bizi küçük göreceğinden korkarız. Bazen de duygularımızı açıklarız ama beklediğimiz ilgi ve anlayışı göremeyiz. O zaman da kırılır, küser bazen ayrılır bazen de o ilişkiye ara vermek isteriz.

Partnerimize kızarız, suçlarız ve kendi acımızdan onu sorumlu tutarız çünkü bu acının kendi karanlık tarafımızın bir sonucu olduğunu görmek istemeyiz. Beraber olduğumuz kişide kusur bulmaya odaklandıysak o da bize bol bol bunun bahanelerini verecektir. Çünkü dikkatimizi neye yönlendirirsek onun enerjisini güçlendiririz. Bir süre sonra partnerimizin gözleri de tıpkı bizim gibi küskün ve kırgın bakmaya başlar. Tamamen körleşir, çoğu zaman o yüzün kendi yüzümüz olduğunu bile anlayamayız.

Bunun nedenlerinden biri de hissettiğimiz acıyı bırakamıyor oluşumuzdur. Çünkü ısrarla tutunduğumuz bu acıyı bırakırsak elimizde onu suçlamak için bahane kalmayacaktır. Haklı çıkma dürtümüzün altında da bu yatar. Kendimizi korumanın en iyi yolu partnerimizde hata bulup onu suçlamaktır. İlişkideki tüm acılarımızın altında incinme korkusu vardır ve bu nedenle ilişkilerimizin en önemli görevi bu korkularımızı dönüştürmektir.

Varsayalım partnerinizi değişmekle suçluyorsunuz. Artık eskisi gibi ilgi göstermediğini aksine umursamaz olduğunu söylüyorsunuz. Başka bir deyişle beklentilerinizi karşılamadığı için onu suçlu ya da pişman hissettirmeye çalışıyorsunuz. Diyelim ki partneriniz gerçekten suçlu ve pişman hissediyor. Peki siz nasıl hissettiğinize hiç dikkat ettiniz mi?

Bunu yapmak sizi mutlu etti mi?

Bir anlık rahatlamanın dışında sonrasında sizin de kendinizi rahatsız ya da keyifsiz hissettiğinizi fark etmediniz mi?

Bunun nedeni bilinçaltınızın bu durumu tamamen kendinizin yaşadığına inanmasıdır. O duyguyu baz alır. Dolayısıyla partnerinizin hissetmesini istediğiniz duyguları sizin de hissettiğinizi varsaymaktadır. Bu nedenle birini incitmenin kendimizi incitmekten hiçbir farkı yoktur. Kendi acımızla başa çıkamadığımızda bunun nedeni olarak partnerimizi suçlamanın bir faydası yoktur.

Burada kendimize soralım: İlişkimizde bir sıkıntı yaşandığında saldırmak, kızmak ve suçlamak dışında başka seçeneğimiz yok mudur?

Ona saldırıp değiştirmeye, düzeltmeye ve kontrol etmeye çalışırken karşımızdaki insanın da tıpkı bizim gibi incinmiş ve bu nedenle otomatik olarak tepki verir pozisyona geçmiş olduğunu fark edebilir miyiz?

Bir kazananın olmadığı bu savaşta bir an durup farklı bir tepki vermeyi seçebiliriz. "Niye ben yapıyorum ki, o yapsın, demek yerine bu sorumluluğu kendi üzerimize alabiliriz. Alabiliriz çünkü ilişkimizde gerçek bir değişim görmek istiyorsak birimiz bu sorumluluğu almak zorunda. Sevgi, saygı, anlayış her ne bekliyorsak onları ilk biz vermeliyiz. Kendimize yapılmasını istemediğimiz şeyi biz de başkalarına yapmayacağız. Bu belki her zaman kolay olmayacak. Ancak kişisel gelişim yolculuğunda kendimize verdiğimiz bunca emek var. Öğrendiklerimizi gerçek hayatta uygulayamadıktan sonra ne anlamı var? İlişkiler arenası bunun için en uygun ortamları sunar bize. Her tartışma bir meydan okumadır aslında. Peki şimdi ne yapacaksın? Neyi farklı yapacaksın? der. Bu yüzden çoğu zaman en yakınımızdakiler eğitir bizi. En büyük öğretmenlerimiz onlardır.

Bu yüzden her yaşadığımızda bizi de, ilişkilerimizi de yıpratan bu duruma bir son vermek istiyorsak ilk adımı atmalı, bunun bilinçsiz tarafımızla ilgili olduğunu anlamalıyız. Benliğimizin bilinçsiz tarafları sadece suçlamayı bilir. Sorumluluğu alıp ilişkimizi yıpratan bu tarafımıza ışık tutalım. Sakinlik en büyük güçtür. Eğer karşımızdaki insan körse biz de kendi gözlerimizi açalım.

Kendi yüzümüzdeki ifadeyi, sesimizdeki kızgınlığı görelim. Karşımızdaki insanın sadece bir ayna olduğunu ve bize yine bizi yansıttığını fark edelim. Kızgın baktığınız ayna sizi kızgın gösteriyorsa bunun suçlusu ayna mıdır? Aynayı suçlamak yerine onun hangi düğmelerimize basıp, hangi duygularımızı tetiklediğinin farkında olalım. Kavga etmek için birine ihtiyaç vardır. Siz kavgayı reddederseniz ortada kavga edecek kimse de kalmaz. Fark edelim ki o ilişkiyi güzelleştiren aslında aramızdaki farklılıklardır. Her şeyimiz aynı olsaydı hiçbir keyif alamazdık. Sadece karakterlerimiz ve huylarımız değil sevgiyi gösterme biçimlerimiz de farklıdır. Anlamamız gereken diğer nokta da bu farklılıklarımızı yok etmeye çalışmadan ortak bir zemin bulma gerekliliğimizdir. Farklı yanlarımızla birbirimizi kabullenip ilişkimizi güçlendirebileceğimiz en güzel zemin de sevgidir. Sevginin aşamayacağı, çözemeyeceği hiçbir şey yoktur. Gerçek sevgi asla cezalandırmaz, suçlamaz. Sadece vardır. Başkalarının eksik ya da hatalarını onlara ne kadar öğretmeye kalkışırsak kendi eksikliklerimize o kadar kör kalırız.

Eğitimlerimde anlattığım bir örnek vardır:

Bir yangına müdahale edip söndüren iki itfaiye eri karşı karşıya gelir. Birinin yüzü isten kapkaradır. Diğerinin yüzü ise tertemiz. Sizce hangisi ilk olarak yüzünü yıkar? Tabii ki temiz olan. Çünkü o kendi yüzünü görmez. Arkadaşının yüzündeki isi görünce kendi yüzünü de kirli sanır ve gider ilk o yıkar. Kirli olan ise arkadaşının yüzünü temiz gördüğü için kendi yüzünü yıkamayı düşünmez.

Aynı bu örnekte olduğu gibi kendimize körüz.

İlişkilerimde ne zaman biraz gerginleşsem ilk kıvılcımı hissettiğim anda tepemden bir ışığın girip beni aydınlattığını imgelerim. Beş on saniye nefesime odaklanır ve sonra "BEN SEVGİYİ SEÇİYORUM. HER ŞEY YOLUNDA," derim.

İlk başlarda zorlansam da yıllardır yaptığım için artık çabuk işe yarıyor. Siz de ilk kıvılcımı fark ettiğiniz anda durun ve o kıvılcım tutuşup evi yakmadan kontrol altına alın. Benim yaptığım gibi size iyi gelen bir cümle bulun ve onu bir farkındalık komutu gibi kullanın. İsterseniz benim cümlemi de kullanabilirsiniz. Bir süre sonra bu komutu söylediğiniz anda sakinleştiğinizi göreceksiniz.

Düşündüm de;

Hayata bir kadın olarak bakmak ne güzel!...

Belim artık bir çay bardağı inceliğinde değil belki ama incecik zevklerim oluştu dünden bugüne.

Güzel bir kitap, yemek, manzara ve müzik hayatımın en keyifli anlarını sunuyor bir süredir.

Eski kilomda değilim tamam ama tüm fazlalıkları da attım hayatımdan. Buna rağmen kendimi dolu dolu ve zengin hissediyorum.

Okuma gözlüğümü henüz boynumda taşımamakta inat etsem de sürekli çantamda artık. Gözlerimin eskisi kadar iyi gördüğü söylenemez ama tüm yaşanmışlıkları arşiv gibi taşıyorum gözlerimde.

Öyle yüksek sesle müzik dinlemek, bağırtılı çağırtılı kalabalık yerler eskisi kadar ilgimi çekmiyor. Hafif bir müziğin eşlik ettiği sakin bir ortamdaki sohbetlerin tadı hiçbir şeyde yok.

Deli gibi alışveriş yapmıyorum artık. Öyle çok güzel görünme çabam da azalmış. Elbette üstüme başıma dikkat ediyorum ama son moda kıyafetler, kozmetikler ve takılar ilgimi eskisi kadar çekmiyor artık. Bir mağaza ya da kuaförde geçirdiğim uzun zamanlar sıkıyor. Yakışanın da yakışmayanın da farkındayım. Başkalarının takdir etmesi güzel ama en çok da kendime güzel görünmeyi seviyorum.

Öyle çok insan tanıma hevesim de kalmadı. Samimi birkaç dost yetiyor da artıyor bile.

Yolunda gitmeyen işlere, açılmayan kapılara eskisi kadar direnç göstermiyorum. Çünkü artık biliyorum ki kendimi paralasam da hayatın kendine ait bir öğretme biçimi var. Evrensel sistem olması gerekeni benden iyi biliyor ve kendi zamanını bekletiyor.

Ne mutsuzken mutlu olmaya ne de her şey kötü iken yolunda olduğuna inandırmaya çalışıyorum kendimi. Ne yaşıyorsam o karanlığın içinden geçip oradaki öğretiyi anlamaya çalışıyorum ki; bir gün gün ışığa çıktığımda kıymetini bileyim, ufak tefek şeyleri dert etmeyeyim.

Her ne yaşıyorsam bir benzerini hemen herkesin yaşadığını biliyorum artık. Bu yüzden yaşadıklarımı dramatize edip çok abartmadan ve kendime acımadan kabule geçiyorum. Sabır... Nasıl da güzel bir kelimedir.

Böyle zamanlarımda önemli görüşmelerimi ya da işlerimi erteliyorum. Biliyorum ki düşük enerjiyle yola çıktığım hiçbir işten hayır gelmez. Hayatımı rölantiye aldığım dönemler bunlar. Boş viteste araba kullanmak gibi. Ne gaza basıyorum ne frene... Bu zamanlarımı kendi içime dönmek ve kendimi daha iyi tanımak için kullanıyorum.

Biliyorum ki kaybı ancak böyle kazanca çevirebilirim.

Biliyorum ki geçecek... Bundan öncekiler gibi...

Her şey geçer...

Şikâyeti çoktan bıraktım. Sürekli çözüme odaklanıyorum ki enerjim doğru yere kanalize olsun.

Huzurum ve mutluluğum haklı olmamdan çok daha önemli artık.

Kin ve intikam duygularımı çoktan hayatımdan çıkardım. İster kader deyin ister ilahi adalet, adı önemli değil ama sistem olması gerekeni bir şekilde yerine getiriyor nasıl olsa.

Bana iyi gelen insanlarla görüşüyorum. Hayallerimi, umutlarımı desteklemeyen, şikâyet odaklı insanlara yer yok artık hayatımda.

Listemin en tepesinde sağlık var artık. Kalanların hepsine çizik attım.

Zamanın usul usul yaklaşan adımlarını seviyorum.

Çünkü onun ortaya çıkardığı bu kadını seviyor ve zamanla kime dönüşeceğini merak ediyorum.

Daha yaşlı belki ama daha farkında ve duyarlı.

O yüzden çok daha güzel...

DİŞİL VE ERİL ENERJİ

Kalbimizin beynimize gönderdiği sinyaller, beynimizin kalbimize gönderdiği sinyallerden daha fazladır. Bu nedenle duygularımıza en çok kalbimiz tepki veriyor. Kalp ritmi en düzgün olan insanların, diğer insanlara göre daha sakin, mutlu ve huzurlu insanlar oldukları ise çoktan kanıtlandı.

Sevginin merkezi kalbimizdir. Eğer sevmek ve sevilmek istiyorsak kalbimizi açmamız gerekir. Bir mıknatısın zıt kutuplarının birbirini çekmesi gibi bir ilişki içinde de bir eşin dişil enerjisi diğer eşin eril enerjisini çeker. Her ikisi arasında doğal olarak akan bir enerji akışı gerçekleşir ve her birimizin içinde dişil ve eril enerji vardır. Sadece bizim değil yaşadığımız yerlerin de dişil ve eril enerjisi vardır. İstanbul, Ankara gibi büyük şehirler eril enerji yayarken, Bodrum, Marmaris gibi yerler dişil enerji yayar.

Eril enerjimiz güç, disiplin ve hedef odaklıyken dişil enerjimiz daha yumuşaktır. Daha açık ve rahat bir enerjidir. Eril enerjide çalışırken yaptığımız işe odaklanırız. Ders çalışırken, hesaplarımızı kontrol ederken ya da bir toplantı sırasında eril enerjideyizdir. Bir arkadaşımızla kahve içip sohbet ederken, tatilde güneşlenirken, uzanıp dinlenirken dişil enerjideyizdir. Bazı kadınlar dişilden daha fazla eril enerjiye sahipken bazı erkeklerde erilden daha fazla dişil enerjiye sahiptirler. En güzeli her iki enerjiyi de dengeli kullanmaktır.

Dişil ve eril enerji birbirine çekilir. Bazen ilişkilerimizde zamanla bu çekim azalabilir ama bu sevgimizin bittiği anlamına gelmez. Bunun yanı sıra ilişkilerde dişil ve eril enerji yer değiştirir ya da belirsizleşirse eşler arasındaki çekim de azalır ve çatışma başlar.

Örneğin; bir adam bütün gün çalışmaktan gerginleşmiş hâlde yorgun argın eve gelir. Kadın onu kapıda karşılar, sarılıp yanağından öper. Onu dişil enerjisiyle besler ve yumuşatır. O anda yaydığı dişil enerji erkeği kendine çeker ve bu da aralarındaki çekimi güçlendirir, aktive eder.

Aynı örnekten devam edersek, adam yorgun argın eve gelir, üstünü değiştirip yemek masasına oturur. Eşine o gün başardığı bir işi büyük bir gururla anlatırken eşi pek oralı olmaz hatta beğenmez ve ona o işi başka türlü yapsaydı çok daha iyi olacağını söyler. Bu örnekte adam başardığı işi anlatırken eril enerji yaymaktadır ve kadından da dişil bir enerji bekler. Onun kendisini takdir etmesini hatta belki sarılıp öpmesini bekler. Ancak eşi bunu yapmayıp aksine adamın başarısını küçümseyince dişil enerjisini erile çevirmiş olur ve aralarındaki çekim nötr hale gelir yani ortadan kalkar.

Çünkü eril enerji, eril enerjiyi çekmez.

Birbirine söz vermiş ruhlar bulurmuş birbirini
Ve hazır olmayana görünmezmiş hiçbir şey
Her yürek kendi şarkısını söylese de
Aşıklar yürek atışından tanırmış diğerini...

Bazen kadın ve erkek çalışmaktan yorgun düşer. Her ikisinin de beraber olma isteği fazla yoktur. Bu durumda dişil ve eril enerji kutupları aktif olmadığı için birbirlerine çekilmezler. Böylece cinsel kutuplaşma yine nötr kalır.

Eril enerjisi çok yüksek olanlar evliliği özgürlüklerinin kısıtlanması gibi görürken dişil enerjisi yüksek olanlar daha çok evlilik odaklıdır.

Sonuçta bu iki enerji de birbirini tamamlar. Dişil enerji olmazsa eril enerji sadece güç ve hedef odaklı olur. Duygudan yoksun olur. Sadece dişil enerji de tek başına dengesizlik yaratır. Amaçsız ve hedefsiz bir yaşam olur.

Dişil enerjisi yüksek bir insan eril enerjisi yüksek birine âşık olursa aralarında tutkulu bir ilişki yaşanabilir. Erkeğin gücü kadının sevgisiyle yumuşar ve kadının sevgisi erkeğin gücüyle güçlenir. Eril ve dişil böyle dengelenir.

Ancak bir kadın dişil enerjisini zayıflatıp eril enerjisini yükseltirse bir zaman sonra eril enerji ondan kaçıp gitmek isteyebilir. Aynı şekilde bir erkek dişil enerjini yükselttiğinde kadına artık çekici gelmez olur.

İş hayatı içinde sürekli koşturan bir kadın farkında olmadan eril enerjisini güçlendirebilir. Daha sonra tıpkı kendisi gibi güçlü bir adam ister ama hayatına giren erkeklerin genellikle zayıf ve güçsüz olduklarından yakınır. Çünkü aslında yaydığı eril enerji kendisine dişil enerji yayan erkekleri çekmektedir. Eril enerjisi yüksek bir adam ise elinde ajanda, çok yoğun ve sürekli iş odaklı bir kadından ziyade kendisine derinlemesine teslim olacak bir dişi ister.

Aynı şekilde sorumluluk almaktan kaçan, otoritesi zayıf bir erkek de kendisini yönetecek güçlü ve otoriter kadınlara çekilir. Burada da erkeğin yaydığı dişil enerji eril enerji yayan kadınları çeker.

Maalesef kadınlar iş hayatında eşitlik isterken farkında olmadan iş dünyasının o acımasız ve rekabetçi ortamında var olmak için dişil enerjilerini bastırıp eril enerjilerini güçlendirdiler. Ekonomik olarak eşine muhtaç kadının eril enerjisini güçlendirmesi güzel. Eril yanı çok güçlü erkeğin o sert tavırlarını yumuşatan dişil enerjisini güçlendirmesi de güzel. Ancak bir yanımızı gereğinden fazla güçlendirdiğimizde ilişkilerimizdeki denge bozulur ve çatışma başlar.

İlişkilerimizde her zaman karşıt enerjiyi aktive ederiz. Başka bir deyişle eğer bir kadın gereğinden fazla eril enerji yaymaya başlarsa partneri de ilişkinin dişil enerji tarafını daha fazla üstlenmek zorunda kalabilir. Bu da gitgide daha az eril davranışlar sergilemesine yol açar. Kontrol etme güdüsü yüksek ve güçlü bir kadın, erkeğin artık daha zayıf davrandığını ve bazen kontrolü tamamen ona bıraktığını görebilir. Ya da erkek aradığı o dişil enerjiyi alabilmek için başka seçenekler aramaya başlayabilir.

Aynı şekilde erkek fazla dişil enerji yaymaya başladığında bu defa eril enerji arayan kadın başka seçeneklere yönelebilir.

Kadın ya da erkek yeterince dişil enerji alamadığında yorulur ve duygusal açıdan kendini bitkin hisseder. İşten yorgun argın gelen kadın da erkek de biraz ilgi görmek, sıcak bir duş almak, yemek ve dinlenmek ister ki bunların hepsi dişil enerjidir. Alamadığında yaşam enerjisi düşer. Alkol, sigara, ilaç vs. ihtiyacının da altında bu yatar.

Diğer yandan kafein, anfetamin vs. eril enerji taşır ve bizi uyanık tutar, kendimize getirir.

Kalabalık büyük kentlerden sahil kasabalarına kaçan insanların arzusu da dişil enerji ihtiyacıdır. Suyun enerjisi dişildir, insanı dinlendirir.

Eril enerji daha sert ve depresiftir, dişil enerji daha yumuşak ve sevecen.

Sorunlu bir ilişkide erkek kaçıp gitmeye, kadın kalıp çözmeye meyillidir. Bu nedenle dişil özü kuvvetli kadınlar sorunlu da olsa bir ilişkiden çıkmakta zorlanır. Bu kadınların eril özlerini biraz daha güçlendirmeleri gerekir.

Erkeğe duygularınızla ilgili bir şey söylediğinizde bunu anlamaları zordur. Kadın duyguda, erkek yapma tarafındadır. Kadın işyerinde kendini kötü hissettiğini söyler, erkek "Başka bir iş bak," der. Bir erkeğe kendini nasıl hissettiğini sorduğunuzda ya birilerini dövmek istediğini ya da kaçıp gitmek istediğini söyleyebilir. Eril bütüne bakar, dişil detayda kalır.

Erkek maç izlerken, araba kullanırken, çalışırken eril enerjidedir ve fazla rahatsız edilmek istemez. O bu enerjideyken dişil enerjinin sevgi alma çabası pek sonuç vermez. Dişil enerji daha rahattır. Televizyon izlerken telefonda arkadaşıyla da konuşabilir, yemek de yapabilir. Erkek eleştirip analiz ederken kadın da kızıp onu suçlamaya ve yargılamaya başladığında her ikisi de eril enerjidedir. Ancak erkek bunu yaparken kadının sarılıp öpmesi dişil bir yanıttır. Birbirini iyi tanıyan partnerler ne zaman nasıl konuşacaklarını, nasıl davranacaklarını bilir.

Ne tip bir ilişki yürüttüğünüz bu nedenle önemlidir.

Bağımlı ilişkide bir taraf daha güçlü hissetmek isterken diğeri onun gücü altında ezilmeyi kabul eder. Genellikle kaybetme ya da yalnız kalma korkusuyla kendi gücünü partnerine teslim eder. Erkek eril, kadın da dişil enerjidedir ancak bu bağımlılıktan dolayı yine de sağlıklı bir ilişki değildir.

Tarafların eşit olduğu bir ilişkide de her şeyi eşit yapacağız derken kadın erkeğin işini, erkek kadının işini gereğinden fazla yapmaya başlarsa bu da dengeyi bozar. İlişkinin canlılığı, tutkusu azalabilir. Bazılarımız için bu sürdürülebilir bir durumdur belki ama bazılarımız için tatminkâr olmayacaktır.

En güzeli tarafların kadın ve erkek, en doğal hâlleriyle birbirlerine sevgi sunduğu ilişkilerdir. Burada güç ve kontrol ihtiyacı yoktur. Rekabet, sen ben kavgası yoktur. Taraflar kendileriyle barışıktır ve dişil ya da eril doğal hâllerinden utanmazlar. Korkan ya da duygulanan bir kadın küçümsenme endişesi taşımadan rahatlıkla kendini ifade eder. Aynı şekilde sevgisini de özgürce ifade edebilir. Erkek hissettiği duygularını kadın tarafından zayıf ya da korkak görülme kaygısı olmadan paylaşabilir.

Peki hepimizin arzuladığı bu ilişki biçimini nasıl yaşayabiliriz?

Öncelikle ilişkiye ve sevgiye kalbimizi açacağız.

Ve sonra dişil ve eril yönlerimizi dengelemeyi öğrenmeliyiz. Kendimizi olduğumuz gibi, her iki yönümüzle de kabul edip onurlandırmayı ve en güzel şekilde ifade etmeyi seçeceğiz. Bize ne yapmamız gerektiğini söyleyen tüm o söylemleri bir kenara bırakıp içimizdeki bilgeliğe kalbimizi açacağız.

İşte bilinçaltımızı arındırma çalışmaları bu dengelenmeye de hizmet eder. Kızgınlık, değersizlik, güvensizlik ve reddedilme korkusu gibi düşük frekanslı enerjilerden arındığımızda bu dengesizliğin de kendiliğinden kaybolduğunu görürüz. Öz değer ve öz güvenimizi yükselttiğimizde hem dişil hem eril yönlerimizle barışır, kendimizi bir bütün olarak olduğumuz gibi kabul ederiz.

İş hayatında başarı odaklı olmamız bizim kadın kimliğimizden vazgeçmemizi gerektirmiyor. Duygusallığımızı reddetmemiz gerekmiyor. Bunlar bizim doğal özümüzden gelir. Kendimizi tüm dişisel özelliklerimizle kucaklayıp sevmemiz gerekiyor. Doğal özümüze daha çok zaman ayırmamız gerekiyor.

DİŞİL ENERJİMİZİ NASIL ARTIRIRIZ?

Kendimizi daha dişi hissettiren şeyleri yaparak tabi...

Bir kot pantolon giydiğimizde hissettiğimiz dişilik ile bir elbise giydiğimizde hissettiğimiz dişilik duygusu farklıdır. Keza spor bir ayakkabı ile şık topuklu bir ayakkabının bize hissettirdikleri farklıdır.

İş toplantılarında hararetli bir şekilde tartışmak, araba kullanmak, kavga ve küfür etmek eril enerji yaymamıza neden olurken, parfüm sıkmak, saçımızı taramak, vücudumuza krem, tırnaklarımıza oje sürmek kendimizi daha dişi hissettirir.

Genç ve güzel bir danışanım hiçbir erkeğin kendisini bir dişi gibi görmediğini anlatmıştı. Hoşlandığı bir delikanlı vardı ve o da kendisini yakın bir arkadaş olarak görüyordu.

Bu çok normaldi çünkü bilinçaltı düzeyde yaydığı sinyaller şöyleydi:

Erkekler düşmandır, hiçbirine güvenilmez. Bu nedenle onlardan uzak durmalısın.

Dişiliğini ve güzelliğini ön plana çıkarırsan erkekler sadece faydalanmak için sana yaklaşır ve seni kullanmaya çalışırlar.

Fazla görünür olma.

Güvende olmak istiyorsan onların sadece arkadaşı ol.

Yaydığı bu sinyaller yüzünden karşısına çıkan erkeklerin hemen hepsi de onu kandırıp maddi, manevi zarar vermişti. Başka bir deyişle, bilinçaltı düzeyde bu inançlarını haklı çıkaracak yani ona zarar verecek erkekleri hayatına çekmişti.

Seansımızın ilerleyen dakikalarında bu inançlarının tohumlarını annesinin attığı ortaya çıktı. Kızgın bir şekilde annesini suçlamaya başladı. Babası kendisi küçükken vefat ettiği için annesinin onu korumak için fazla baskı yaptığını, bu nedenle asla sağlıklı bir ilişki kuramadığını anlattı. Genç kızlığa ilk adım attığı yıllarda yeni yeni belirmeye başlayan göğüslerinden utandığını ve sürekli saklamaya çalıştığını hatırladı. Hiç askılı elbise giyemediğini, giymek istediğindeyse annesinin izin vermediğini anlattı. Annesi izin vermediği için özgürce gezememiş ve hiç flörtü olmamıştı. Ona annesinin de suçlu olmadığını anlattım. Ortada suç da suçlu da yoktu aslında. Annesi bildiği doğrularla onu kendince korumaya çalışmış ve öyle büyütmüştü. Artık bu farkındalığa sahip olduğuna göre bundan sonra annesinden bağımsız olarak kendi seçimlerinin ve hayatının sorumluluğunu alabilirdi. İlk önce erkeklere, ilişkilere dair yaydığı sinyalleri değiştirmesi gerekiyordu. Bilinçaltında görünür olmayı, dişi ve çekici olmayı, zarar görme ve acı çekmeyle eşleştirip yanlış bir kodlama yapmıştı. Bu da dişiliğini bastırıp reddetmesine neden olmuştu. Bu olumsuz kodları değiştiğinde kendini her hâliyle sevip kabul edecek, bu durum da dişi yanıyla barışmasını sağlayacaktı.

Hepimiz eril ve dişil enerji taşırız ve her birimiz bize kendimizi eril ya da dişi hissettiren düşünce ve eylemlerimizi kolayca fark edip onları dengeleyebiliriz. Giyim stilimizden, kullandığımız sözcüklere ve davranışlarımıza kadar hemen her an yaydığımız enerjinin farkında olabilir ve onlar üzerinde çalışabiliriz.

Kadınların yaşları ilerledikçe kimlik kargaşasından uzaklaşıp özgürleştiklerini, çevrenin, ailenin baskısından kurtulup kendilerini daha rahat ifade ettiklerini ve istedikleri gibi davrandıklarını fark ettim.

Birçoğumuz ilişkilerimizde incinmiş, kırılmış olabiliriz. İlişkileri zayıflık ve duygusallık olarak görüp uzak duruyor olabiliriz. Ancak kapalı bir kalbin tek anahtarı sevgidir. Yüreğimizi aşka ve sevgiye açmadığımız sürece kendimizi bu dünyanın en güzel enerjisinden mahrum etmiş oluruz. Kalbimizi sevgiye açacağız. Dişilik; sevmek, sevgi vermek ve almaktır. Gerçek doğamızda daha çok ışıldar parlarız. Geçmişte o sevgi uğruna gereğinden fazla verici olduk ve incindik belki ama sevgi kadının en büyük motivasyonudur, yaşam sevincidir. Değersizliğin ve güvensizliğin dip noktalarında bu zayıflığınızdan utanmış hatta kendinize kızmış olabilirsiniz. Tam bu nedenle eril enerjinizi güçlendirip daha güçlü olma kararı vermiş olabilirsiniz ki bu da iyidir ancak bir uçtan kaçmaya çalışırken diğer uca fazlasıyla savrulmak da doğru bir çözüm değildir. Bugüne kadar her ne yaşadıysak tüm ilişkilerimiz belli bir nedenle yaşandı. Kimse bizi özellikle kırmak ve incitmek için hayatımıza girmedi. Yaydığımız enerji onları çağırdı ve onlar gelip sadece görevlerini yaptılar. Biz bilinçaltımıza bir göz atıp yaydığımız enerjiyi değiştirdiğimizde ilişkilerimizi düzelttiğimizi çok daha mutlu ve huzurlu ilişkiler kurabildiğimizi göreceğiz. Eril enerji, dişil enerjiye çekilir. Bu kanundur. Birçok kadın bunu bilir ama bilinçli olarak kullanmakta zorlanır. Erkeğin dişil enerjisini harekete geçirmek istiyorsanız dişil enerji yaymak zorundasınız. Ve kendini seven bir kadın en güçlü enerjiyi yayar.

Ne zaman, nerede kaybetmiştim hatırlamıyorum ama,
dün akşam kendimi geri çağırdım
ve ona kendimden bile sakladığım sırrımı verdim.
Kulağına eğilip,
onu çok sevdiğimi söyledim...

Şimdi bilinçaltımızdaki negatif inançlarımızı ve korkularımızı nasıl bulacağımıza bakalım.

BİLİNÇALTIMIZ ÜZERİNDE ÇALIŞIRKEN SORMAMIZ GEREKEN SORULAR

Sık sık bana haksızlık yapıldığını düşünüyor muyum?
Yaşadıklarımı hak etmediğime mi inanıyorum?
Hak ettiğim yerde olduğuma inanıyor muyum?
Hak ettiğim bir ilişki yaşadığıma inanıyor muyum?
İlişkilerimde en çok .... oluyor.
İlişkilerimde hiç .... olmuyor.
Birileri tarafından dışlandığımı düşünüyor muyum?
İnsanların, onlar için yaptığım iyiliklerin, fedakârlığın karşılığını verdiğini düşünüyor muyum?
Birilerinin beni küçümsediğini düşünüyor muyum?
Birilerinin beni önemsemediğini düşünüyor muyum?
Herhangi bir konuda eziklik hissediyor muyum?
Birilerinin otoritesi ya da gücüyle beni ezmeye çalıştığını düşünüyor muyum?
Ailemden, işimden, görünümümden ya da maddi durumumdan utanıyor muyum?
Birilerine kendimi ifade etmekte zorlanıyor muyum?
Sıklıkla birilerinin beni sevmediğini düşünüyor muyum?

Sıklıkla birilerine küsüyor muyum?
Sık sık birilerini kıskanıyor muyum?
Başkalarının beni kıskandığını düşünüyor muyum?
Yaşadıklarımla ilgili başkalarını suçluyor muyum?
Başıma gelenlerden onları mı sorumlu tutuyorum?
Sık sık suçluluk hissediyor muyum?
Sık sık başkalarını suçluyor muyum?
Kendime acıyor muyum?
İnsanlara güveniyor muyum?
İnsanlar bana güveniyor mu?
Dünya güvenilir bir yer mi?
Beni en çok ne kızdırıyor?
Sıklıkla bir şeylere kızıyor muyum?
Beni en çok ne korkutuyor?
Cesur olduğuma inanıyor muyum?
Güçlü olduğuma inanıyor muyum?
Yetenekli olduğuma inanıyor muyum?
Başarılı olduğuma inanıyor muyum?
Güzel olduğuma inanıyor muyum?
Kendimle ilgili en çok neyi kabul etmekte zorlanıyorum?
Başkalarıyla ilgili en çok neyi kabul etmekte zorlanıyorum?
En çok neyi affedemiyorum?
Kendimi affetmekte zorlanıyor muyum?
Sık sık pişmanlık yaşıyor muyum?
Sık sık "keşke" ile başlayan cümleler kuruyor muyum?
Şanslı bir insan olduğumu düşünüyor muyum?
Kendi hayatımı değiştirebilme gücüm olduğuna inanıyor muyum?

Bu soruların cevabını bir deftere yazın. Yazarken kendinize karşı çok açık ve samimi olmaya özen gösterin.

DEĞERSİZLİK DUYGUSU

Eğer sıklıkla birilerinin size haksızlık yaptığını düşünüyorsanız ya da hak etmediğinize inandığınız şeyler yaşadığınıza inanıyorsanız alanınızda değersizlik duygusu vardır.

Eğer gereğinden fazla fedakâr, hassas ya da alıngansanız değersizlik duygunuz vardır.

Eğer çevrenizdeki insanlara maddi ya da manevi sürekli bir şeyler vermeye meyilliyseniz değersizlik duygunuz vardır.

Değersizlik duygunuz varsa suçluluk duygunuz da yoğundur.

Eğer sık sık birilerini suçluyorsanız ya da kendinizi suçlu hissediyorsanız değersizlik duygunuz vardır.

Eğer sık sık pişmanlık yaşıyor ve "keşke" ile başlayan cümleler kuruyorsanız değersizlik ve suçluluk duygunuz vardır.

Eğer sıklıkla birileri tarafından sevilmediğinizi, önemsenmediğinizi ya da dışlandığınızı düşünüyorsanız değersizlik duygunuz vardır.

Eğer birilerinin sizi küçümsediğini düşünüyorsanız değersizlik duygunuz vardır.

Eğer sık sık birilerini kıskanıyor ya da birilerinin sizi kıskandığını düşünüyorsanız değersizlik duygunuz vardır.

Yeterince güzel, başarılı, güçlü ya da yetenekli olmadığınıza inanıyorsanız değersizlik duygunuz vardır.

Birilerini olduğu gibi kabul etmekte zorlanıyor hatta onu değiştirmeye çalışıyorsanız değersizlik duygunuz vardır. Bu kendinizi de olduğunuz gibi kabul etmekte zorlandığınızı gösterir.

Sıklıkla birilerinin sizi gücü ya da parasıyla ezmeye ya da kontrol etmeye çalıştığına inanıyorsanız değersizlik duygunuz vardır.

Ailenizden, işinizden, fiziki görünümünüzden ya da maddi durumunuzdan utanıyorsanız değersizlik duygunuz vardır.

Sık sık kendinizi başkalarıyla kıyaslıyorsanız değersizlik duygunuz vardır.

Birilerinin sizden daha şanlı olduğuna inanıyorsanız değersizlik duygunuz vardır.

GÜVENSİZLİK DUYGUSU

Değersizlik duygunuz varsa güvensizlik duygunuz da vardır.

Bilinçaltı alanınızda güvensizlik varsa insanlara güvenmekte zorlanırsınız. Hayatın doğal akışına güvenmekte zorlanırsınız. Bu en derinde öz güven eksikliğine işaret eder.

Birilerinin size haksızlık yaptığına inanıyorsanız güven eksikliğiniz vardır.

Yeterince sevilmediğinize, insanların sizi dışladığına ve önemsemediğine inanıyorsanız güven eksikliğiniz vardır.

Birilerinin sizi gücü ya da parasıyla ezmeye çalıştığına inanıyorsanız güven eksikliğiniz vardır.

Kendinizi rahatça ifade etmekte zorlanıyorsanız ve sık sık kendinizi başkalarıyla kıyaslıyorsanız güven eksikliğiniz vardır.

Kendinizi fiziksel olarak güzel, çekici, güçlü, başarılı ve yeterli bulmuyorsanız güven eksikliğiniz vardır.

Bir kenarda paranız olmadığında kendinizi çok mutsuz hissediyorsanız güven eksikliğiniz vardır.

Sürekli bir şeyleri ya da birilerini kontrol etme çabasındaysanız güven eksikliğiniz vardır.

Bir konuyla ilgili sorumluluk almaktan çekiniyorsanız güven eksikliğiniz vardır.

Birilerine yetki ya da sorumluluk vermekte zorlanıyorsanız güven eksikliğiniz vardır.

İş ya da arkadaş ortamında yanınızda çalışanların ya da birlikte çalıştığınız insanların güvenilmez olduğuna inanıyorsanız güven eksikliğiniz vardır.

Kapıyı kilitlemeden önce evi defalarca kontrol ediyorsanız güven eksikliğiniz vardır.

Taşınmak istediğiniz bir eve girer girmez ilk önce kapının sağlamlığına ya da demir parmaklıklar olup olmadığına bakıyorsanız güven eksikliğiniz vardır.

Bankada yeterince paranız ya da düzenli bir geliriniz olduğu hâlde sürekli gelecekle ilgili maddi kaygı taşıyorsanız güven eksikliğiniz vardır.

Her an işten çıkarılma endişesiyle yaşıyorsanız güven eksikliğiniz vardır.

Aklınız sürekli geleceğinizi garantiye almak için bir plan yapmakla meşgulse güven eksikliğiniz vardır.

Her an bir hastalık kapma endişesiyle abartı bir izolasyon içinde yaşıyorsanız güven eksikliğiniz vardır.

Tam saatinde gelmeyen eşiniz, çocuklarınız ya da yakınlarınız için aşırı endişeleniyorsanız güven eksikliğiniz vardır.

Çalan her telefonda irkiliyor ve korkuyorsanız güven eksikliğiniz vardır.

"Ben kimseye güvenmem, bu devirde babana bile güvenmeyeceksin," gibi cümleleri sıklıkla kullanıyorsanız güven eksikliğiniz vardır.

Güvendiğiniz birçok insanın sizi hep hayal kırıklığına uğrattığına inanıyor ve bunu sıklıkla dile getiriyorsanız güven eksikliğiniz vardır.

Bir şeylerin yolunda gitmeyeceğinden endişelenerek yaptığınız her şeyi en ufak detayına kadar planlamaya çalışıyorsanız güven eksikliğiniz vardır.

Zihninize sık sık deprem, hastalık, kaza, kriz, ölüm vs. gibi görüntüler düşüyorsa güven eksikliğiniz vardır.

Evinizde gereğinden fazla ilaç, yiyecek vs. stoğu yapıyorsanız güven eksikliğiniz vardır.

Aşırı kıskançsanız güven eksikliğiniz vardır.

Aşırı sahiplenme duygunuz varsa güven eksikliğiniz vardır.

Aşırı öz güvenli görünmeye çalışıyorsanız güven eksikliğiniz vardır.

Sıklıkla birilerine üstün çıkma çabasındaysanız güven eksikliğiniz vardır.

Aşırı sert ya da zorbaca davranıyorsanız güven eksikliğiniz vardır.

Sık sık birilerini küçümsüyor ya da alay ediyorsanız güven eksikliğiniz vardır.

Olanları kabul etmekte zorlanıp zorla oldurmaya çalışıyorsanız güven eksikliğiniz vardır.

Sürekli birilerinin sizi aldatacağından ya da terk edeceğinden korkuyorsanız güven eksikliğiniz vardır.

Sıklıkla birilerini kaybetmekten endişeleniyorsanız güven eksikliğiniz vardır.

Bir topluluk önünde görünür olmaktan korkuyorsanız güven eksikliğiniz vardır.

Çocukluğunuzda ebeveynlerinizden biri erken vefat etmişse ya da sizi terk edip gitmişse kuvvetle muhtemel güven eksikliğiniz vardır.

Henüz bebekken bir kaza ya da hastalık nedeniyle hastanede kaldıysanız güven eksikliğiniz vardır.

Çocukluğunuzda anne ve babanızdan yeterince sevgi alamadıysanız ya da onlarla fazla vakit geçiremediyseniz güven eksikliğiniz vardır.

Yetişirken "Sen beceriksizsin, yapamazsın, başaramazsın," gibi cümleleri sıklıkla duyduysanız güven eksikliğiniz vardır.

Kendi işinizi kurmaya ya da büyük bir iş almaya çekiniyorsanız güven eksikliğiniz vardır.

Birilerinin sizi yeterince güzel, çekici bulmayacağına dair endişeleriniz varsa güven eksikliğiniz vardır.

Sık sık kendinizi, kendinize acırken buluyorsanız güven eksikliğiniz vardır.

Sık sık içinde bulunduğunuz durumla ilgili birilerine saldırıyor ya da suçluyorsanız güven eksikliğiniz vardır.

En ufak şeyden nem kapıp olayları kişisel algılıyor ve üzerinize alınıyorsanız güven eksikliğiniz vardır.

KORKULARINIZ

Eğer birilerinin size haksızlık yaptığına ya da hak etmediğiniz şeyleri yaşadığınıza inanıyorsanız haksızlığa uğrama ve zarar görme korkunuz vardır. Hakkınızın yenmesinden korkuyorsunuz.

Eğer birilerinin sizi aşağıladığına inanıyorsanız değersizleştirilme korkunuz vardır.

Eğer sıklıkla birilerinin sizi sevmediğine inanıyorsanız değer görmeme, sevilmeme korkunuz vardır.

Kendinizi rahatça ifade etmekten korkuyorsanız beğenilmeme korkunuz vardır.

Bir kenarda paranız olmadığında kendinizi çok mutsuz hissediyorsanız gelecek korkunuz vardır.

Bir işten çıkarılma korkunuz varsa başarısızlık ve birilerine muhtaç olma korkunuz vardır.

Bir işle ilgili sorumluluk almaktan çekiniyorsanız yetememe, başaramama ve baş edememe korkunuz vardır.

Sürekli bir şeyleri ya da birilerini kontrol etmeye çalışıyorsanız zarar görme korkunuz vardır. İşlerin yolunda gideceğine inancınız zayıftır.

Etrafınızdaki insanların güvenilmez olduğunu düşünüp sürekli tedirgin ve tetikteyseniz hayal kırıklığına uğrama ve zarar görme korkunuz vardır.

Aklınız sürekli geleceğinizi garantiye almak için bir şeyler planlamakla meşgulse gelecek korkunuz vardır. Bu korkunuzun altında da birilerine muhtaç olma korkusu yatar.

Her an bir hastalık kapma endişesiyle aşırı önlem alıyorsanız hastalanma korkunuz vardır. Bunun altında da birilerine muhtaç olma ve ölüm korkunuz yatar.

Zihninize sık sık deprem, kriz, hastalık, kaza, ölüm vs. gibi görüntüler düşüyorsa ölüm yani varlığınızın sona ermesi korkusu vardır.

Evde gereğinden fazla ilaç yemek vs. stoğu varsa gelecek korkunuz vardır. Bunun altında da aç kalma, birilerine muhtaç olma ve ölüm korkusu yatar.

Aşırı kıskanç ya da sahipleniciyseniz terk edilme, kaybetme ve aldatılma korkunuz vardır. Bu duygunuzun altında da yalnız kalma ve acı çekme korkunuz yatar.

Görünür olmaktan korkuyorsanız bunun altında beğenilmeme, dışlanma, başarısız bulunma ve yetememe korkularınız vardır.

Kendi başınıza bir iş kurmaya ya da büyük bir iş, proje vs. almaya korkuyorsanız bunun altında başarısız olma ve yetememe korkunuz vardır.

Birilerinin sizi yeterince güzel ve çekici bulmayacağına dair endişeleriniz varsa bunun altında sevilmeme, beğenilmeme korkunuz vardır.

Birilerini sıklıkla suçluyorsanız, suçlanma korkunuz vardır.

Çocuklarla ilgili aşırı endişeleriniz varsa onların zarar görmesi korkunuz vardır. Bunun altında da kendinizin zarar görmesi ve acı çekme korkunuz yatar.

YAŞANMIŞ BİR ÖRNEK: HATİCE

Hatice, ofisime geldiğinde oldukça sıkıntılı bir ilişkiden henüz çıktığı için yorgun ve mutsuzdu. 44 yaşındaydı ve bir şirkette yönetici pozisyonunda çalışıyordu. İlişkisinin neden bittiğini sorduğumda sürekli tekrar eden kıskançlıklarından dolayı erkek arkadaşının kendisini terk ettiğini söyledi. Çok hoş bir kadın olmasına rağmen sanki pek bunun farkında değildi ve sürekli "Hep aynı şey oluyor, güzel başlıyor ama kötü bitiyor," diyordu. Başlarda ilgi ve sevgi dolu olan erkekler ilişki ilerledikçe sanki kaçacak delik arıyorlardı. Parasının da bereketi yoktu. Bunca yıl çalışmasına rağmen bir köşeye üç beş kuruş koyamadığını anlattı.

O konuşmaya devam ettikçe sürekli tekrarladığı bazı cümleleri not aldım:

"İlişkiler konusunda şanssızım. Sağlıklı ve uzun bir ilişki yürütemiyorum. Bir yerde hata yapıyorum. Büyük ihtimal bende eksik bir şey var yoksa neden gitsinler ki… Yalnız kalmak benim kaderim. Paramın bereketi yok. Param geldiği gibi gidiyor. Bir türlü biriktiremiyorum. Para konusunda beceriksizim."

Sorularıma devam ettikçe yeni notlar almaya devam ettim. Bir ara, "Ben biliyordum zaten böyle olacağını," dedi.

"Neyi biliyordun?" dedim.

"Gideceklerini," dedi, "Hep giderler zaten."

"Peki sence gitmelerinin altında ne yatıyor?" diye sordum.

"Bence beni yaşlı ve şişman buluyorlar," dedi.

"Sence öyle misin?" dedim.

"Öyle olmasam niye gitsinler ki?" dedi.

"Senin teorine göre yaşlı ve şişman olan herkesin ilişki kuramadığı için yalnız ve mutsuz olması gerekiyor ki ben bunun istisnalarını çok gördüm. Yani ileri yaşta ve kilolu olmasına rağmen çok mutlu ilişkiler yaşayan insanlar gördüm. Demek bunun yaşımızla ya da kilomuzla ilgisi yok," diye cevap verdim.

"Peki neyle ilgisi var" dedi.

"Yaydığın enerjiyle," dedim. "Senin yaydığın sinyallerin hepsi olumsuz. O nedenle tam da bu olumsuzluğu sana tekrar tekrar yaşatacak erkekleri hayatına çekiyorsun. Hani 'Ben biliyordum zaten böyle olacağını,' dedin ya... Bilinçaltın daima haklı çıkmak ister yani inandığı şeylerin doğrulandığını görmek ister. Sen de sürekli onu haklı çıkarmaya devam ediyorsun."

"Peki ne yapmam gerekiyor?" dedi.

"Olumsuz sinyallerin hepsini değiştirecek, yerlerine olumlu olanları koyacaksın. Bu da yaydığın enerjiyi değiştirdiği için ilişkilerini yaşama şeklini olumlu yönde değiştirecek," dedim.

"Ama ben her gün olumlama okuyorum. Sabah güne güzel bir niyetle başlıyorum. Buna rağmen gün içinde en ufak bir olumsuzlukta tüm enerjim bitiyor ve kendimi kötü hissediyorum," dedi.

"Çünkü o olumlamaları okusan bile gerçek anlamda öyle hissetmiyorsun. Bilgin olsa da o bilinç düzeyinde olmadığında fazla bir işe yaramaz. Bilgiyi içselleştirmen ve hayata geçirmen gerekir. Bu da bilinçaltında yaptığın köklü bir değişimle gerçekleşir. On dakika içinde en az on tane olumsuz inancını ve korkunu yakaladım. Bunlar sürekli tekrar ettiğin ve kullandığın çekirdek cümlelerin olmuş. Bu cümleleri sadece içinden geçirmekle kalmıyor büyük ihtimal yakın arkadaşlarına da bu şekilde anlatarak yani şikâyet ederek yaydığın bu olumsuz enerjiyi tekrar tekrar hareketlendiriyor ve benzer deneyimleri hayatına çekiyorsun," diye açıkladım durumunu.

Bunları söylerken yüz ifadesinden tam da bahsettiğim şekilde davrandığını anladım. Konuşmamı bitirir bitirmez kendini savunmaya başladı.

"Son ilişkim başlarken bir karar almıştım. Gerçekten kararlıydım. Gereksiz yere onu suçlayıp kıskançlıklar yapmayacağım demiştim ama işe yaramadı. Bir baktım sanki eskisinden daha kıskanç davranıyorum."

"Çünkü eski davranış kalıpların otomatik olarak devreye giriyor. Biraz önce ilişkilere dair bana kurduğun her cümle aslında beynindeki nöron bağlantılarından başka bir şey değil. Ama sen aynı şeyleri o kadar çok düşünmüş ve söylemişsin ki onlar birbirlerine çok sıkı bir şekilde bağlanıp bir desen oluşturmuşlar. En ufacık bir söz ya da davranışla tüm o nöronlar aynı anda ateşleniyor ve o desen hareketleniyor. Bu da senin düşünmeden peş peşe aynı cümle ve davranışlarla tepki vermene neden oluyor. İşte öncelikle o bağlantıları koparmamız gerekiyor ki sen hep aynı tepkiyi vermeyesin," dedim.

"Peki nasıl yapacağım bunu?" diye sordu.

"Öncelikle kendi değişiminle ilgili güçlü bir karar alacaksın. 'Bu davranış modelim beni her defasında aynı çıkmaz sokaklara götürüyor. Hayatımda yeni ve olumlu bir şey yaratmak istiyorsam ilk önce düşünce ve inanç biçimimi değiştirmem gerektiğinin farkındayım. Bu nedenle hayatımı tümden değiştirmeye karar verdim,' diyeceksin. Sonra bu konuyla ilgili tüm şikâyetlerini bırakacaksın. Biri seni zorlasa bile 'Ben artık başkalarını suçlamayı bıraktım. Bu durumun kendimle ilgili olduğunu anladım. Bu yüzden kendi üzerimde çalışıyorum,' diyerek konuyu kapatacaksın. Bu senin tekrar tekrar yaydığın negatif enerjiyi keser. Sonra hissettiğin o duyguların adını koyacaksın. Mesela en çok ne zaman kıskanç hissediyorsun kendini?"

"Beni aramadığında ya da ilgisiz davrandığında artık beni sevmediğini düşünüyorum. Bu da kendimi çok mutsuz hissettiriyor. Sonra 'Acaba başka biri mi var? O yüzden mi ilgisiz ve aramıyor,' diyorum. Bu düşünce beni daha da kötü hissettiriyor bu defa sosyal medyadan onu takip etmeye ya da görüşmek için onu zorlamaya başlıyorum. Bazen de ona küsüyor, aramıyorum ama bu durum uzun sürmüyor çünkü o gelip özür dilemediği için yine ben barışmak için çabalamaya başlıyorum. O da bu durumdan sıkılıyor ve daha çok kaçıyor. Bazen de kızıyor ve beni bencillik, kıskançlık ve anlayışsızlıkla suçluyor. Ben de kendimi yapmamam gereken bir şeyi yaptığım için suçlu ve pişman hissediyorum. Sonra da bu duygumdan kurtulmak için tekrar onu suçlamaya başlıyorum. 'Onun yüzünden oluyor. Bana daha iyi davransa böyle olmazdı,' diyorum. Gerçekten de ilişki boyunca ben hep ona zaman ayırdım. Her zaman ilk önceliğim o oldu. Ne istediyse yaptım. Her şeyini düşündüm. Yeni eve geçmişti, bir sürü hediye aldım, evini temizleyip düzenledim. Hatta yiyeceği yemeklere kadar düşündüm. Karşılığında beni anlayışsız olmakla suçladı. Oysa ben bu yaptıklarını hak etmedim. Onca emeğimin karşılığı bu olmamalıydı," diye anlattı duygularını.

"Tamam," dedim, "Şimdi baştan başlayalım. O seni aramadığında ya da ilgisiz davrandığında kendini kötü hissediyorsun ya aslında kendini değersiz hissediyorsun ve biz buna değersizlik duygusu diyoruz. Yani bilinçaltında güzel şeyleri hak etmediğine, onlara layık olmadığına dair bir inancın var. İşte sevgilin sana ilgi göstermediğinde bu duygun tetiklenip ortaya çıkıyor. Sevilmediğine inandığın için kendini mutsuz hissediyorsun. Hatta bazen oturup kendine ve bu hâline acıyorsun ki o anda farkında olmadan en düşük frekansı yayıyorsun. Sonra düşük frekansta olduğun için beynin yine düşük frekanslı olumsuz bir düşünce dalgasını daha yakalıyor. Bu defa caba 'Acaba başka bir mi var, beni aldatıyor mu?' diye düşünmeye başlıyorsun ve bu düşünce senin daha da kötü hissetmene neden oluyor. O duygunun adı da kıskançlık ki bu da zaten değersizlik duygunun neden olduğu başka bir duygu. Sonra onu takip ve kontrol etmeye başlıyorsun çünkü ya giderse ya kaybedersem diye korkuyorsun. Bu korkularının nedeni de bilinçaltındaki güvensizlik duygun. Yani görüntüde ona güvenmiyor gibi görünüyorsun ama aslında kendine güvenmiyorsun. Hayatın senin istediğin yönde akacağına güvenmiyorsun o yüzden bir taraflarından çekiştirerek kendi istediğine uydurmaya çalışıyorsun ama bu da işe yaramıyor. Bu tıpkı bir nehirde akıntının tersine yüzmeye çalışmak gibi. Ne yaparsan yap nehir kendi yönünde akmaya devam eder. O akışa ve bizi götüreceği yere güvenmekten başka çaremiz yoktur.

"Değersizlik duygun kıskançlığa, güvensizlik duygun da kaybetme korkusuna yol açtığında otomatik tepkilerin devreye giriyor. Yani çocukluktan beri hep bildiğin ve yaptığın şeyler. Önce küsüyorsun. Böylece karşındakinin senin değerini anlayacağını ve gelip gönlünü alacağını düşünüyorsun. Böyle olmayınca ikinci otomatik tepkin devreye giriyor: 'O zaman sen harekete geç ve gidip özür dile.' Bunu da yapıp işe yaramadığını görünce diğer otomatik tepki devreye giriyor: 'Kontrol et, bir açık bulursan saldır ve suçla.' Çaresizce bu son silahını devreye sokuyorsun ama o da ters tepiyor. Üstelik karşı taraf seni kıskanç, bencil ve anlayışsız olmakla suçluyor. Bu da senin kendini pişman ve suçlu hissetmene neden oluyor. Çünkü alanında değersizlik duygun olduğu için bol bol suçluluk duygun da mevcut. Sürekli karşı tarafı suçlama isteğinin altında da bu yatıyor zaten. Zihnin seni, sen onu suçladıkça kendini suçsuz hissedeceğine inandırmaya çalışıyor. Boş bir çaba çünkü bilinçaltın senin bir başkasını suçladığının farkında değil. Odaklandığın o duyguyu büyütüp tekrar sana göndererek yanıt veriyor. Aynı suçluluk duygusu sana keşke yapmasaydım dediğin o pişmanlığı da hissettiriyor.

"Sonra sen bu duyguların yükünden yoruluyor, bunalıyor ve yükünü hafifletmek için yeniden onu suçlamaya başlıyorsun. O da seni suçluyor ve bu döngü böylece devam ediyor.

"Gelelim onun için yaptıklarına... 'Her zaman ilk önceliğim o oldu, onun her şeyine koştum,' diyorsun ya eğer kendini gerçekten sevseydin önceliğin o olmazdı, kendin olurdu. Onun her şeyine koştun çünkü koşarsan seni takdir edip daha çok seveceğini düşündün. Ona birçok hediye aldın çünkü ne kadar çok verirsen seni o kadar sever diye düşündün. Tüm bu yaptıklarının altında daha çok sevilme duygun vardı. Burada biraz fazla verdiğin için dengeyi bozdun yani onun da sana vermesi için alan bırakmadın. Bir adım atman gerekirken sen koşar adım gittin ve ona yapıştın ve böylece onun bir şey yapması ya da vermesi için alan kalmadı. O sana ilgisiz ya da daha az sevgi vererek senin canını acıttı belki ama aslında 'Lütfen bana verdiğin bu sevgiyi ve her şeyi ilk önce kendine ver,' demek istedi. Biraz önce anlatırken 'Ben bunları hak etmedim,' şeklinde kurduğun cümleni ben 'Tüm o güzel şeyleri hak ettiğime inanmıyorum,' olarak anladım.

"Şimdi o değeri ve emeği kendin için verme zamanı.

"Sen kendine hak ettiğin değeri vermeye başladığında karşındaki insanın da sana aynı değeri verdiği göreceksin. Kendi sevginle o kadar dolu olacaksın ki o değeri başkalarından beklemene gerek kalmayacak."

"Kendimi sevmek nasıl olur, nereden başlamalıyım bilmiyorum ki," dedi.

"Önce tüm bu yaşadıklarının sorumluluğunu al," dedim. "Yaşadıkların için kendini suçlama, utanma ve pişman olma. Onları yaşadın çünkü bu deneyimlere ihtiyacın vardı. Eğer yaşamasaydın anlamayacaktın ve şimdi burada olmayacaktın. Kendini burada olduğun için takdir ederek başlayabilirsin. Bak kendin için bir zaman ve bütçe ayırmışsın. Buna değer olduğunu düşünmüşsün ki buradasın. Bu ilişkide yaşadığın her duygunu kabul et. Eğer onları reddedersen yine direnç yaratıp aynı duyguları bir daha çekersin. Buna gerek yok. Evet, sevgisiz hissettim, kıskandım, suçladım, utandım ve pişman oldum ama ben tüm bu duygularımla da güzelim. Bu duygularımı reddetmem gerekmiyor. Onlardan dolayı kendimi eksik ya da hatalı hissetmem gerekmiyor. Bende yanlış olan bir şey yok. Tekâmül planlarına göre benzer deneyimleri her insan yaşıyor. Kimi eşiyle kimi sevgilisiyle kimi de arkadaşları ya da patronuyla. Hatta çocuklarım bile benim bu duygularıma aynalık edebilir. Bu duygular enerji alanımda benim tarafımdan görülmeyi, anlaşılmayı ve dönüşmeyi, başka bir ifadeyle iyileşmeyi bekliyorlar. Sürekli ortaya çıkma nedenleri de bu zaten. 'Lütfen artık bizi gör ve buradan çıkar,' diyorlar. Bundan sonra kendime kızmadan, suçlamadan, tek tek onlarla yüzleşerek bana ne demeye çalıştıklarını anlayacağım. Kazandığım bu öğretileri de cebime koyup bundan sonra daha huzurlu ve mutlu bir ilişki ve hayat yaşayacağım."

Tüm bu söylediklerimden sonra Hatice'nin yüzü aydınlandı, enerjisi değişti. Artık daha kararlı ve güçlü görünüyordu.

Ardından ondan çocukluğunu anlatmasını istedim. Böylece alanındaki değersizlik ve güvensizlik tohumlarının ilk nerede atıldığını öğrenmeyi umuyordum. Tahmin ettiğim üzere hikâyesi biraz dokunaklıydı.

Erzincan'ın bir köyünde doğmuş. Kendinden büyük iki ablası ve bir abisi var. Dört kardeşin en küçüğü. Babası o henüz üç yaşındayken Almanya'ya çalışmaya gitmiş. Annesini hep çalışırken hatırlıyor. "Ya tarlada ya evde sürekli çalışırdı," dedi. Ona daha çok ablaları bakmış. Anlatmayı sürdürdü. "Annem hep mutsuzdu. Komşulara hep işten, güçten, parasızlıktan dert yanardı ama en çok da babamdan. Babamın gidip bizi unuttuğunu, dört çocukla onu bir başına bıraktığını anlatırdı. Hayat zor derdi hep. Bir defasında komşunun eşeğine binmeye çalışırken düşmüştüm de o da kahkahalarla gülmüştü. Onu ilk kez böyle gülerken gördüğüm için herhâlde kanayan dizimi bile saklamaya çalışmıştım. Sonraları çocukken hep bir şeyler yaparak onu güldürmeye çalıştığımı hatırlıyorum. Erkek kardeşim hepimizden kıymetliydi. Ablalarım ve ben bir yana erkek kardeşim bir yanaydı. Bir gün erkek kardeşimle birlikte samanlıkta oynarken küçük bir yangın çıktığı için bana bağırdığını hatırlıyorum. Oysa benden 2 yaş büyük abim de suçluydu ama ona hiç bağırmamıştı. Ben onu güldürmek için bu kadar uğraşırken bana haksızlık yaptığını düşünüp içten içe kızmıştım. Sanki ne yaparsam yapayım annem benim farkında değildi, beni görmüyor gibiydi.

"Babamı ilk kez 5-6 yaşlarında gördüğümü hatırlıyorum. Bir kapı eşiğinde öylece durmuş, hiç tanımadığım bu uzun boylu, esmer, yabancı adama bakmıştım. O da gelip şöyle bir saçımı okşamış sonra 'Git bana su getir,' demişti. Ha bir de fındıklı çikolata getirmişti. O zaman köy yerinde böyle şeyler yok. O çikolatayı günlerce yemeye kıyamadan sakladığımı hatırlıyorum. Babamı bir daha görmedim. Annemin anlattığına göre Almanya'da başka bir kadın bulmuş ve işi icabı orada kalması gerektiğini söyleyerek annemi boşayıp o kadınla evlenmiş. İlk yıllarda tek tük birkaç kez para gönderse de sonraları onu da göndermez oldu ve böylece annem ve kardeşlerimle yaşam mücadelemiz başladı. Diğer köyden gelen akrabalarımızın bize ve anneme acıyan gözlerle nasıl baktıklarını hiç unutmadım. Ve o anda babama duyduğum öfkeyi de...

"Çok yokluk çektik. Hem annem hem kardeşlerim babama karşı öfke doluydu. Belki de bu yüzden evde adı bile geçmezdi. Sanki hiç babam olmamış gibi. Annem bizi doyurmak için sabahtan akşama koşturmaya devam etti. Sofrada her gün yemeğimiz oldu ama beni gerçekten sevdiğini hissettiğim bir anım yok. Başımı okşadığını, 'Bir şeye ihtiyacın var mı?' diye sorduğunu hatırlamıyorum. Eskiden ona bunun için kızgındım ama şimdi onu da anlıyorum. O da çocuk yaşta annesini kaybedince babası başka bir kadınla evlenmiş ve üvey anne de annemi evde istemediği için 15 yaşındayken evlendirip babama vermişler. Babası çok sert ve otoriter olduğu için karşı koyamamış bile. Ondan çok korkarmış. Gelin geldiği evde de bu defa kaynanası aynı babası gibi sert ve otoriter çıkmış. Bütün günü, tarla, çamaşır, yemek işleriyle geçmiş. Kaynanası vefat edince biraz soluk almış ama hemen ardından bu defa babam Almanya'ya gidince dört çocukla daha büyük bir mücadele başlamış. Hayatı çile ve eziyetle geçen kadın nereden bilecek sevgi göstermeyi. Ona kimse göstermemiş ki bize göstersin.

"İlk büyük ablam evlendi sonra kocası orada iş bulduğu için İstanbul'a yerleşti. İlkokul bitince annem beni onun yanına gönderdi. Orada ortaokul ve liseyi okuduktan sonra Ankara'da bir üniversiteyi kazandım ve oraya gittim. Üniversite bittikten sonra tekrar İstanbul'a gelip bir iş buldum ve çalışmaya başladım. Ailede tek okuyan benim. Babamın evlendiği Alman kadından bir kızı ve oğlu olduğunu öğrendik. Diğer kardeşlerim de evlendi. Annem artık yaşlandı ve benimle birlikte yaşıyor. Romatizmaları yüzünden yürümekte bile zorlanıyor. Diğer kardeşlerim evli olduğu için bir tek benim yanımda rahat ediyor. O da evlenmemi çok istiyor. Bazen düşünmüyor değilim, evlendiğim adam annemi de ister mi diye. Ben de bu hâlde onu bırakamam ki...

"Hiç evlenmedim. Bir takım ilişkilerim oldu ama hemen hepsinde hayal kırıklığına uğradım. Beni kullanmaya çalıştılar hep. Şimdi istediğim gibi birisi hayatıma girerse evlenmek istiyorum ama bu defa da kendimi yaşlı ve çirkin hissediyorum. Biraz kilo aldım, istesem de vermekte zorlanıyorum. Sanki artık benden geçmiş gibi... Asla birisini bulamayacakmışım da hep yalnız kalacakmışım gibi hissediyorum."

Hikâyesi bittiğinde yüzü mahzundu.

Hikâyesinden de apaçık anlaşılıyordu ki Hatice değersizlik ve güvensizlik tohumlarını ilk olarak yoksunlukla geçen çocukluk yıllarında atmıştı. Hikâyesine göre annesinin de yoğun bir değersizlik duygusu vardı. Çocukları için her türlü fedakârlığı yapmış ama sevgisini yeterince gösterememişti. Hatice sürekli birileri için koşturan bir anneyle büyüdüğü için bu davranış modelini örnek almış, büyüdüğünde de hayatına giren insanlara hep koşmuştu. Onun hayatı başkalarını rahat ve mutlu ettirmek üzerine kuruluydu. Bu yapısı nedeniyle bazı insanlar bu yanını suistimal etmiş, kendi deyimiyle kullanmaya çalışmışlardı.

Çocukluğunda ilk sevgiyi annesinden almaya çalışmış ama bunu bir türlü başaramamıştı. Bu duygusunu da "Sanki ne yaparsam yapayım benim farkında değil, beni görmüyor" cümlesiyle ifade etmişti. Sonraki hayatını da bu cümle şekillendirmiş, sürekli birileri tarafından görülmek, fark edilmek istenmişti. Bunu başaramadığında ise tıpkı çocukluğunda olduğu gibi kıskançlık duygusu depreşiyordu. Anneden alamadığı bu sevgiyi iş için Almanya'ya giden babadan da alamadığı için sevgiye olan açlığı devam etmişti. Baba bir kız çocuğunun hayatındaki ilk erkek figürüdür. Hatice'nin babası onları terk edip başka biriyle evlendiği için onun bilinçaltına, "Erkek terk eder ve aldatır, erkek kadını mutsuz eder" inancı kodlanmıştı. Annesi de sürekli onlara ve komşulara bundan şikâyet ettiği için bu inancı daha da güçlenmişti. Özellikle akrabalarının onlara acıyan gözlerle bakması onu derinden yaralamış, bu eziklik duygusu da ilerleyen zamanlarda sık sık kendine acıma olarak ortaya çıkmıştı.

Yine anne ve babasını doğru dürüst bir arada ve mutlu görmediği için bilinçaltında mutlu bir evlilik kavramı da yoktu. Aksine onun bilinçaltında evlilik eşittir mutsuzluktu. Çünkü annesini hep mutsuz görmüştü.

Bilinçaltında güvensizlik de vardı çünkü babasından alması gereken güveni alamadığı gibi babası onları aldatmıştı. Hatice'nin bilinçaltı bu olayı annesini değil kendisini terk etme ve aldatma olarak kodladığı için erkeklere güveni yoktu. En derin düzeyde babaya kızgındı. Annesinin yalnız başına kalıp verdiği yaşam mücadelesi de onun bilinçaltına "Hayat zor ve acımasızdır. Hiçbir şey kolay elde edilmez" inancını kodlamıştı.

Yine babasının gidip de geri dönmemesi onda çocukluk yaşta kaybetme ve terk edilme korkularını kodlamış, bu da ilerleyen yaşlarda ilişkilerine yansıyarak mutlu bir ilişki yaşamasını engellemişti.

İlişkileri ilerledikçe bu korkuları tetiklenmiş ve aynı nedenle hayatına da hep gitme ve onu terk etme potansiyeli olan erkekleri çekmişti.

Bu inancını da "Hep giderler ki zaten," cümlesiyle ifade etmişti.

Öyle ya babası terk edip gittikten sonra kim gitmezdi ki.

Babasından yeterli sevgiyi ve güveni alabilseydi hem ilişkilerinde hem parasında sağlamlık ve kalıcılık görecekti ama alanında bu enerji eksik olduğu için ilişkileri de parası da kalıcı olamıyordu. Baba kalıcı olmamıştı. Aynı nedenle hayatında para da kalıcı olmuyor ve kendisi de bu inancını "Paramın bereketi yok," şeklinde ifade ediyordu. Bir diğer sıkıntı da tıpkı güzel bir ilişkiyi hak ettiğine inanmaması gibi parayı da hak ettiğine inanmamasıydı.

Onun bilinçaltı sevgiye dair bir şey bilmediği için hayatındaki erkeğin ilgisizliğini de sevgi olarak yorumlatıyor o da bunu zorla almaya çalışıyordu. İçindeki sevgi boşluğunu hayatındaki erkeğin doldurmasını bekliyor, bunu alamadığı zaman da küsüyor, suçluyor ya da kavga ediyordu.

Bir diğer önemli konu da yaşlı ve bakıma muhtaç annesiyle yaşamasıydı ki sadece bu durumu bile evlenmesinin önündeki en büyük engel olabilirdi. "Annem de evlenmemi istiyor," diyor ama buna rağmen içinde evleneceği adam annesini istemeyebilir korkusu ve annesine kim bakacak kaygısını taşıyordu. Başka bir deyişle evlenirse bilinçaltında annesini yalnız bırakacağı için kendini suçlu hissetmekten korkuyordu. Zaten geçmişte babası terk etmiş, şimdi de kendisi mi aynı şeyi yapacaktı?

Bu nedenle kuvvetle muhtemel annesi hayatta olduğu sürece bir evlilik yapabileceğine inanmadığı için yine kendisi gibi evlenme potansiyeli taşımayan adamları hayatına çekiyordu.

Özetle Hatice'nin bilinçaltında değersizlik ve güvensizlik duyguları yoğundu. Değersizlik duygusu onda sevilmeme, hak etmeme, suçluluk, küskünlük, kıskançlık ve kızgınlık duygularını açığa çıkarırken güvensizlik duygusu da onda kaybetme, terk edilme ve yalnız kalma korkularını açığa çıkarıyordu.

İşte üstünde çalışmamız gereken duygular bunlardı.

Bu duyguları tanımlamak bir hastanın doktoruna teşhis koyması gibidir. Teşhisi bir kez koyduğunuzda artık ne üstünde çalışacağınızı bilirsiniz.

Ben kendi üzerinde çalışmak isteyen danışanlarıma mutlaka anne ve babalarıyla bir çalışma yapmaları gerektiğini söylerim. Çünkü ilk kodlarımızı ebeveynlerimiz oluşturur. Hatta bazı kaynaklar bu duygularımızın bir kısmının onlardan bize geçtiğini söyler. Hatice'nin değersizlik duygusu ağırlıklı olarak annesinden, güvensizlik duygusu da babadan kaynaklanıyor gibiydi.

Örneğin öz değer üzerinde çalışacaksınız ilk önce anne ve babanızla ilişkinize bakmanızı öneririm. Onlarla ilişkileriniz nasıldı? Sevgi dolu muydu? Ailede sevgi yeterince ifade edilir miydi? Anne ve babanız sevgilerini gösterir miydi? Onlardan yeterince sevgi aldığına inanıyor musun?

Bunlar ilk sorduğum sorulardır.

Keza para üzerinde çalışacaksanız yine anne ve babanızın parayla olan ilişkisine göz atmanız gerekir.

Onların parayla ilişkisi nasıldı? Anne ve babanın parayla ilgili söylemleri, inançları nelerdi? Evde parasızlıkla ilgili çok konuşulur muydu? Evde para kavgası olur muydu? Parayla ilgili ailenize yapılmış bir haksızlık var mıydı? Ailenizin para yüzünden kızdığı, kavga ettiği birileri var mıydı?

Çocukluğunuzda yoksunluk ve parasızlık yüzünden utandığınız olaylar oldu mu? Ebeveynlerinizin, birilerinin karşısında ezik ve güçsüz kaldığına hiç şahit oldunuz mu?

Bu soruların cevapları önemlidir. Eğer kendi üzerinizde kapsamlı bir şekilde çalışmadıysanız muhtemelen onların sahip olduğu bazı inançlara siz de sahipsiniz.

Ben genellikle ilk seansımda anne ve baba ilişkisini sorgularım.

Çalışmaya ilk oradan başlarım. Bu çalışmanın adı anne ve babadan özgürleşme çalışmasıdır. Bu çalışma eğer onlara ait taşıdığımız negatif duygular varsa bu duyguları serbest bırakarak onlardan özgürleşmemizi ve kalbimizi onların sevgisine yeniden açmamızı sağlar.

Bu diş kökündeki iltihap gibidir. Eğer dişinizin kökünde iltihap varsa her dokunduğunuzda ağrır. Sonra bir gün o iltihabı tamamen akıtırsınız ve orası temizlendiği için iyileşmeye başlar.

İşte anne-baba çalışması o iltihabı akıtmak gibidir. Kalıcı iyiliği de bu getirir.

Şimdi aynı örnekten devam ederek Hatice'nin anne ve babadan nasıl özgürleştiğine bakalım.

Bu örneği veriyorum ama biliyorum ki bazılarınızın hikâyesi benzer, bazılarınızın ki farklı. Ben sadece nasıl yapmanız gerektiğini anlatacağım. Siz spontane bir şekilde kendi hikâyenize göre çalışacaksınız. Uygulama şeklini anlamanız yeterli. Sonunda onlardan özgürleştiğinizi ifade edebilir ve kalbinizi onların sevgisine açabilirsiniz.

Bu yüzden yazdıklarımı ezberlemenize gerek yok.

Siz anne ve babanıza içinizden ne geliyorsa onu söyleyin.

Sizi en çok acıtan, kızdıran ya da üzen olayları anlatın. Daha çok duygu odaklı olun. Hissettiklerinizi anlatın. Burada amacımız içinize sıkışıp kalmış olan o duygusal yumakları çözmek. Bilinçaltınız gerçek olanla olmayanı ayırt edemez. O gerçekten de bu konuşmayı yapmış olduğunuzu varsayacaktır. Anne ve babanız vefat etmiş olsa bile bu çalışma yine de çok yararlı olacaktır. Eğer ilk yapışınızda zorlanırsanız bırakın. Kendinizi hazır hissettiğinizde yeniden deneyebilirsiniz. Özellikle anne ya da babasına karşı çok kızgın olan danışanlarımın ilk çalışmada direnç gösterdiklerini, kalplerini ebeveynlerinin sevgisine açmakta zorlandıklarını gördüm. Onlara direnciniz çok değilse ilk çalışmada işe yaradığını, sonrasında hafiflediğinizi hissedebilirsiniz.

Şimdi örnek olarak Hatice'nin yaptığı çalışmaya bakalım.

Ondan gözlerini kapatmasını, kendini en rahat ve huzurlu hissettiği yerde görüp beş dakika kadar nefesine odaklanmasını istedim. Böylece beyin dalgaları yavaşlayacak, bilinçaltına daha rahat ulaşabildiği için anne ve babasına söylemek istediklerini kolayca ifade edebilecekti.

Beş dakika sonra Hatice'nin nefesi ağırlaşmış, tüm bedeni gevşemişti. Yüzündeki ifadeden kendini mutlu hissettiği bir yerde olduğunu anladım.

Sonra üç beş metre ötede çok büyük bir sevgi ve şefkatle onun yüzüne bakan annesini imgelemesini istedim.

Yüzü aydınlandı. Şimdi annesiyle karşı karşıya olduğunu anladım.

"Onunla konuş," dedim, "İçinden ne geliyorsa söyle. Çocukken yaşadığın kırgınlıkların, kızgınlıkların, o zaman söyleyemediklerin hepsini anlat. Çelişkili şeyler de olabilir. Yani ona çok kızdığını söylerken onu aslında ne kadar çok sevdiğini de söyleyebilirsin. Önemli olan tüm duygularının özgürce akması."

Daha ben cümlemi tamamlamadan, "Özür dilerim," cümlesi döküldü Hatice'nin ağzından.

"Özür dilerim anne... Bilmiyordum. O zamanlar ne kadar acı çektiğini bilmiyordum. Bilmediğim içindir ki sana çok kızdım, çok suçladım. Ama çocuktum daha. Tek isteğim senin tarafından sevilmekti.

"Ama sen hep abimi daha çok sevdin. Hâlâ da öylesin. *(Hatice'nin burada yüz ifadesi acı çeker gibi kasıldı. Kaşları çatıldı, sanki yeniden o küçük kız çocuğu olmuştu.)* Hâlâ senin için elimden geleni yapmama rağmen onu benden daha çok seviyorsun. Oysa ben o çocuk yaşımda bile sen tarladayken döşekleri kaldırır, sen daha çok yorulma diye evi, ağılı temizlerdim. Sen yorgun argın geldiğinde yaptıklarımı görmek bir yana beni bile görmezdin sanki. Sana ne kadar ihtiyacım olduğunu görmezdin. O zamanlar seni hep güldürmeye çalışırdım. Çocuk aklımla seni mutlu edersem beni fark edip daha çok seveceğine inanırdım. Seni mutlu görmek beni de mutlu ederdi. Ama sen o anda gülsen bile çok geçmeden yine bir şey bulur, şikâyet edip sızlanmaya başlardın. Yorgunluktan, yokluktan, babamdan… Hep mutsuz, hep eziktin. Senin o hâlinden hep nefret ettim. *(Burada kaşları daha da çatıldı.)* İnsanların bize acıyan gözlerle bakmasından nefret ettim. Seni öyle ezik güçsüz görmekten nefret ettim. Neden daha güçlü değildin ki?

"Ama en çok da mutfakta sana yardım ederken elimdeki bardağı yere düşürdüğümde söylediğin söz acıttı beni. Bir hışımla bana dönüp, 'Çirkin olduğun yetmiyor bir de beceriksizsin. Bu ahmak ve kara kuru hâlinle kimse almaz seni. Evlenmeyip başıma kalacaksın belli,' demiştin."

Burada biraz sessizleşti. Sonra biraz daha yumuşak bir ses tonuyla konuşmaya devam etti.

"Galiba seni eleştirsem de bazı yönlerimle tıpkı senin gibiyim. Ben de senin gibi herkese, her şeye yetişmeye çalışıyorum hâlâ. Bazen kendimi mutlu hissetsem de bu uzun sürmüyor. Sanki içimde bunu hak ettiğime inanmıyorum. Mutlu olursam sanki sana haksızlık yapıyormuşum gibi geliyor. Öyle ya sen o kadar acı çekmişken ben o mutluluğu hak ediyor muyum ki?

"Kendimi suçlu gibi hissediyorum. Aynı suçluluğu çocukken de hissederdim. Sen babam hakkında ne söylersen söyle ben içten içe onu severdim çünkü. Bir tarafımla kızardım ama severdim de işte. Tıpkı ne kadar kızarsam kızayım seni de sevdiğim gibi…

"Kara kuru hâlimle beni sevmediğin için var bu kilolarım. Yine zayıflarsam beni sevmezsin diye korkuyorum.

"Çocukken bazen tüm yaşadıklarının sorumlusu benmişim gibi gelirdi. Sanki ben olmasam sen o kadar yorulmayacak, acı çekmeyecekmişsin gibi.

"Artık büyüdüm... Kendi ailemi kurmak, sevdiğim bir adamla evlenmek istiyorum ama seni yalnız bırakmaktan da korkuyorum. Zaten babam bırakıp gitmiş, bir de ben gidersem sen ne yaparsın?"

Burada biraz durakladı ve sonra daha derin duyguları döküldü dudaklarından.

"Galiba bu durumdan ötürü de biraz kızgınım sana. Sanki özgürlüğüm engellenmiş gibi hissediyorum bazen. Kardeşlerime de kızgınım. Onlar da senin çocukların. Niye hiçbirinin aklına gelmiyor seninle ilgilenmek... Sanki bekâr olduğum için bütün yükü benim üzerime atmışlar gibi hissediyorum. Bu haksızlık!

"Özür dilerim anne. Senin hakkında böyle düşündüğüm için özür dilerim. İnsan annesi hakkında böyle düşünür mü? Galiba yeterince iyi bir evlat olamadım ben..."

Burada duyduğu suçluluk hissiyle yine biraz duraksadı, sonra kararlı bir ses tonuyla devam etti.

"Artık büyüdüm. Bu nedenle büyük resmi daha net görebiliyorum. Bundan sonra kendi doğrularım ve kendi kararlarımla hayatımı yönetebilirim.

"Artık senin hayatımdaki rolünü görebiliyorum. Sen, ilahi bir ana plan gereği benim tekâmülümdeki kendi rolünü oynadın sadece.

"Şimdi bana ait olmayan bu duygulardan kurtulma, hafifleme zamanı...

"Şimdi sana ait olanları bırakma ve özgürce kendi yoluma gitme zamanı.

"Tam bu nedenle hayatımdaki varlığın ve bana kattıkların için teşekkür ediyor, çocukken kızarak sana kapadığım kalbimi sonuna kadar senin sevgine açıyorum.

"Kalbim bundan sonra senden gelen en güzel enerjilere açıktır."

Hatice burada; annesi ona sevgiyle bakarken onun kalbinden kendi kalbine bir su gibi akan pembe renkli sevgi enerjisini gördü. Ve bu güzel enerjinin tüm kalbini doldurduğunu…

Kalbi tamamen bu saf sevgi enerjisiyle dolduğunda derin bir nefes aldı. Birkaç dakika yeniden nefesine odaklandı ve sonra aynı yerde babasını gördü. O da büyük bir sevgiyle kendisine bakıyordu.

Ona dedi ki:

"Çocuktum, bilmiyordum. Bilmediğim için sana kızdım, suçladım, haksızlık yaptım. Bunun için senden özür dilerim."

Sonra biraz kaşları çatıldı ve kızgın bir sesle devam etti.

"Ama sen yoktun baba! Bizi bırakıp gittin. Geleceğini söyledin, gelmedin! Bir başımıza ne yeriz ne içeriz hiç düşünmedin! Sen bunu bize nasıl yaptın baba!

"Annemi her ağlarken gördüğümde, komşular bize acıklı gözlerle baktığında senden nefret ettim. Ve sonra yıllar boyu bize yaptığın bu haksızlığı her düşündüğümde senden nefret ettim.

"Sırtımı güvenle yaslayabileceğim bir kaya gibiydin. Sen gittin sırtım boş kaldı. O zaman bu zaman hâlâ düşmekten korkuyorum. Çünkü düşersem beni tutacak kimse yok!

"O yüzden hep güçlü olmaya çalıştım. Hep dik durmaya… Kimsenin bana acıyan gözlerle bakmasına tahammülüm yok!"

Burada biraz durakladı. Sesi biraz yumuşadı yüz kaslar gevşedi.

"Ama korkuyorum işte. Tıpkı senin gibi hayatıma giren erkeklerin de beni bırakıp gitmesinden korkuyorum. Biraz uzaklaştıklarında artık beni sevmediklerini düşünüp panikliyorum. Öyle ya sevseler gitmezler... Demek sen de beni sevmemişsin ki gitmişsin.

"Erkek arkadaşlarım bana sevgi dolu gözlerle baktıklarında kendimi iyi ve mutlu hissediyorum ama uzun sürmüyor. Sonunda gözlerindeki o ışık sönüyor. Sonunda tıpkı senin gibi hepsi gidiyor.

"Kendimi onlarla hiçbir zaman tam anlamıyla güvende hissedemiyorum. Hep korkuyorum ya giderlerse diye...

"Onlar gidince de kızıyorum. Tıpkı sana kızmış olduğum gibi..

"Kıskanıyorum... Tıpkı senin bizim dışımızdaki ve uzaklardaki hayatını hep kıskandığım gibi..

"Sana biraz güvenebilsem onlara da güvenebilecektim belki.

"Seninle biraz daha vakit geçirebilsem şimdi daha neşeli ve mutlu olacaktım.

"Çocuk aklımla senin uzaklarda hep bizden daha mutlu olduğuna inandım. O yüzden gelmediğine... Bunu düşündükçe daha çok kızdım, daha çok kıskandım.

"Çocukluğumda seni ilk kez gördüğümde bana bir çikolata vermiştin. İşte o güzel çikolataları hep orada, yanında olan çocuklarına verdiğini düşündüm. Onlara güzel oyuncaklar aldığını... Sarışın, mavi gözlü bir kızın olmuş duydum akrabalardan. Ona 'Prensesim,' diyormuşsun. Her tarafı yara bere dolu kara kuru hâlimden utanmıştım bunu ilk duyduğumda. Belki de beni çirkin olduğum için sevmedin. Güzel olsam severdin belki."

Burada Hatice ağlamaya başladı. Sanki içinde bastırdığı her şey gözyaşı olup dökülüyordu yanaklarından...

"Özür diliyorum baba... Hem senden, hem kendimden...

"Şimdi anlıyorum meğer her şey yaşanması gerektiği gibi yaşanmış. Meğer seninle ne yaşadıysam bu şekilde olması gerekiyormuş. Tıpkı annemde olduğu gibi senin de hayat planımdaki rolün buymuş ve sen kusursuzca kendi rolünü oynamışsın.

"Şimdi tüm bu duygulardan kurtulma zamanı...

"Şimdi özgürleşme zamanı...

"Hayatımdaki varlığın ve katkın için teşekkür ediyor, kalbimi sonuna kadar senden gelen sevgi ve güven enerjisine açıyor, varlığımı sevgiyle senden özgürleştiriyorum. Artık özgürüm."

Sonra kalbini babasına açtı Hatice. Babasının kalbinden akan pembe ve mavi renkli sevgi enerjisinin tüm kalbini tamamen doldurduğunu gördü. Pembe sevgi, maviyse ihtiyaç duyduğu güven enerjisiydi.

Sonra sırtını babasının sırtına yasladı. Babasının sırtından sımsıcak bir güven enerjisinin tüm bedenine yayıldığını hissetti. Onun sırtı bir kaya gibi sarsılmaz bir şekilde arkasında duruyordu ve o anda onun daima orada olduğunu anladı. Kendi fark etmese de babasının en sevdiği ruhsal varlıklardan biri olarak onu hayatı boyunca koruduğunu, kolladığını hissetti.

Gözlerinden yaşlar akarken huzurluydu.

Sonra zihninde anne ve babasını el ele gördü. Normal hayatında onları hiç el ele görmemişti. Belki de bu yüzden gördüğü bu kare onu iliklerine kadar sevgiyle titretti. Bu görüntü içindeki eril ve dişilin en güzel şekilde barışıp birleşmesiydi. Ona koşulsuz sevgiyi hissettirdi.

Anne ve babası ona o kadar büyük bir sevgiyle bakıyorlardı ki bir kez daha gözlerinden yaş geldi.

Onlara dedi ki:

"Sizi seviyorum...

"Çocukken bilmediğim içindir ki sizde ne gördüysem, ne işittiysem, ne hissettiysem doğru kabul ettim. Ama artık büyüdüm. Bu nedenle sizden aldıklarımı artık bırakma ve kendi doğrularımla yaşama zamanı.

"Bu nedenle çocukken size sadık kalacağıma dair verdiğim tüm sözleri, ettiğim tüm yeminleri, yaptığım tüm anlaşmaları iptal ediyor, varlığımı sevgiyle sizlerden özgürleştiriyorum.

"Artık her ikinizin de hayatımdaki varlık nedeninizi biliyorum. Üstlendiğiniz rolleri biliyorum. Ama en önemlisi başka bir boyutta en sevdiğim ruhsal varlıklar olduğunuzu biliyorum.

"Hayatıma kattığınız her şey için teşekkür ediyor, varlığımı sevgiyle sizlerden özgürleştiriyorum. Artık özgürüm."

Hatice o anda anne ve babasının kalbinden akan saf sevginin tıpkı sulanan bir çiçek gibi kalbini doldurduğunu ve o pembe renkli sevgi enerjisinin saç telinden ayak tırnağına kadar bedeninin her hücresine yayıldığını hissetti. İçi ve dışı bütün vücudu pembeye boyandı. Sanki her bir hücresi sevgiyle dans ediyordu.

Bu esnada anne ve babasının başlarını öne doğru sallayarak onun bu kararını saygı ve takdirle onayladıklarını gördü. İkisi de gözlerinde büyük bir sevgi ve gururla ona bakıyordu.

İşte o anda Hatice gerçekten özgürleştiğini hissetti.

Artık bitmişti. Yıllardır kanayan bir yara şifalanmış, bitmeyen bir hesap sonunda en güzel şekilde kapanmıştı.

Artık yaşamındaki her olayın kendi sorumluluğu olduğunu anlamıştı. Bundan sonra yaşadıkları için annebabası dâhil hiç kimseyi suçlamayacaktı. Karşısına çıkan her olayın, yaşadığı her ilişkinin alanındaki negatif duygularını dönüştürmek için yaşandığını anlamıştı. Bundan sonra da zaman zaman kızgınlık, kıskançlık, değersizlik ya da güvensizlik duygularını hissedecekti ama artık parmağı kimseyi göstermeden dönüp içine bakacak, onların izini sürecekti. Bir karar daha vermişti. Kendisine büyük bir anlayış ve şefkatle yaklaşacak, hissettiği bu duygular için kendine kızıp suçlamayacaktı. Kendini sevmenin ilk koşulunun bu olduğunu artık biliyordu.

Hatice sekiz ay sonra bir arkadaş ortamında esmer, uzun boylu, hoş bir adamla tanıştı. Tanıştıktan altı ay sonra da evlenme kararı aldılar. Eşiyle birlikte yerleştikleri bir Ege kasabasında mutlu ve huzurlu bir yaşamı var artık.

Annesi dönüşümlü olarak bazen onun yanında, bazen kardeşlerinin yanında kalıyor. Hayat ona en güzel ödülü sevgiyle verdi.

Sizler de kendi anne babalarınız ya da sizi yetiştiren ebeveyninizle kendi hikâyelerinizi anlatarak, bu çalışmayı sakin bir ortamda ve kendinizi hazır hissettiğinizde yapabilirsiniz.

Yıllar önce kendime bir söz verdim. Başıma her ne gelirse gelsin dışarıda bir suçlu aramayacağım.

Asla bölünmeyecek, kötü gibi görünse de, hiçbir parçamı reddetmeyeceğim...

Yaşamdaki en büyük enerji sevgidir.

Ve ben korkularımı sadece onun içinde dönüştürebilirim.

İyi ya da kötü, hayatımda her zaman kişiler ve durumlar olacaktır. Önemli olan benim onlara verdiğim tepkidir.

Benim tutumum, karşımdaki insanın tutumunu belirler.

Yaşadıklarım karşısındaki hislerim, aslında kim olduğumun direkt ifadesidir.

Mutluluğun dışarıdan verilecek bir şey olmadığını daima hatırlayacağım...

Yapabileceklerim önündeki tek engel sadece kendim ve o şeye dair inancımdır...

Özüm ışıktır ve karanlıklar içinde kaybolduğumda beni aydınlığa çıkaracak olan tek şeydir...

Başkasını yargıladığımda aslında kendimi yargılarım...

"Şimdi" dışında bir zaman yoktur ve sadece şimdide kaldığımda bütünün enerjisine sahip olabilirim.

Benim dışımda birisi yoktur ve onlara yardım ettiğimde aslında kendime yardım ederim...

Talihsizlik, yenilgi vs. yoktur, sadece "deneyim" vardır...

Bilgi iyidir ama gereksiz bilgi zihinsel çöplüktür... Kendime; bilgiyle, akılla, zihinle ulaşamam...

Karşılık olarak bir şey beklediğimde bir şey vermiş sayılmam...

İnsanın en büyük savaşı kendisine karşı verdiği savaştır.

Sakin bir zihnin çözemeyeceği bir sorun yoktur...

Her sabah hayat yeniden başlar.

BİLİNÇALTINI GERİYE DOĞRU TARAMA TEKNİĞİ

Yıllar önce çalıştığım bir işyerinde, doğru dürüst, geçerli bir açıklama yapılmadan ani bir şekilde kapı önüne konulmuştum. Henüz bir ayı bile doldurmadığım için müdürüm elime on beş günlük çalışmanın karşılığı olarak bir zarf vermiş ve küçülmeye gittikleri için üzülerek bunu yapmak zorunda olduğunu belirtmişti.

Üzgün değildi. Aksine umursamaz, rahat ve hafif tepeden bakan bir görüntüsü vardı. Ne söylediğini tam hatırlamıyorum ama yüzündeki o ifadeyi hiç unutmadım. Tabii o anda hissettiklerimi de...

Kendimi dışlanmış, aşağılanmış, utanmış ve ciddi bir şekilde haksızlığa uğramış hissediyordum. Bu da beni çok kızdırmıştı. İçimden "Görürsünüz siz. Bir gün öyle bir noktada olacağım ki bu yaptığınızdan siz utanacaksınız," dediğimi hatırlıyorum. Sonra çaresizliğimi hatırladım. Ne yapacağımı bilemez hâlde sahile inip tahta bir bankta oturduğumu... Orada kendime acıyarak birkaç damla gözyaşı döktüğümü... Ve sonra korkularım geldi aklıma.

Bundan sonra ne yapacağım? Nasıl iş bulacağım? Ya bulamazsam? Kiramı, faturalarımı nasıl öderim?

O zamanlar şimdiki bilincimde olmadığım için tüm yaşadıklarımın bana yapılmış bir haksızlık olduğuna odaklanmıştım. Diğer yandan bu konulara dair okuduğum onca kitap vardı ve içimde başka bir ses de şöyle diyordu:

"Ama sen orada mutlu değildin. Tamam şu anda üzülüyorsun ama sırtından da bir yük kalktı sanki. Artık sabahları ayağını sürüyerek gittiğin o işe gitmek zorunda değilsin. Gelecek korkun nedeniyle senin yapamadığını sistem yaptı ve seni bu işten ayırdı. Vardır bunda da bir hayır. Daha çok sevdiğin bir iş bulursun belki."

Bu örnekte gördüğünüz üzere tüm negatif duygularım peş peşe açığa çıkmıştı. Kızgınlıklarım, kinim, değersizliğim, kendime acımam, güvensizliğim ve korkularım art arda zihnimde dans ediyordu.

Her biri bana; "Bırak artık kendine acımayı! Bak biz hepimiz bir ordu hâlinde buradayız ve senin tarafından dönüştürülmeyi bekliyoruz ki sen zaten tam da bunun için yaşadın bu olayı. Bizleri dönüştürmediğin sürece yeni bir iş bulsan da nafile. Biz tekrar ortaya çıkar ve senin bir gün yine bu sahilde kendini aynı şekilde bulmanı ve aynı duygularla baş başa kalmanı sağlarız. Anla artık! Kimseyi suçlama! Kimse sana haksızlık yapmadı. Onlar sadece kendilerine düşen rolü oynadı. Canını acıttılar belki ama senin başka türlü uyanma şansın yoktu. Şimdi ayağa kalk! Bir karar ver, bizi iyileştir ve yolunu yeniden aç!" diyordu.

O zaman anladım ki kendimi değiştirmediğim sürece hayatım da değişmeyecekti. O banktan çok güçlü bir kararla kalktığımı hatırlıyorum.

O zamanlar bu duygularımın üzerinde çalışırken öğrendiğim ve bana çok katkısını gördüğüm için sıklıkla uyguladığım bir tekniği de sizlerle paylaşmak istedim.

Kafanızda neyi neden yaptığınızı mantıklı ve net bir şekilde oturtabilmeniz için öncesinde biraz bilgi vereyim. Bu sayede uygulamanız daha kolay olur.

Bu çalışma geçmişte yaşadığınız her negatif anı ve olayın sizde yarattığı duygusal tortuları dönüştürmenize yardımcı olacak. Adım adım sizi geçmişe götürerek bilinçaltınıza sıkıştırdığınız kök duygularınızı rahatça bularak dönüştürmenizi sağlayacaktır.

Artık geçmişte yaşadığımız her olayın beynimizde nöral bağlantılar oluşturarak bir duygu deseni yarattığını biliyoruz. Bizler o anılarımızı her hatırladığımızda ya da birine anlattığımızda o olayı yaşarken oluşturduğumuz nöronlar ateşlenerek aynı duyguları hissetmemize neden oluyor. Başka bir deyişle beynimiz bu olayı düşünüyor muyuz ya da birine mi anlatıyoruz bunun farkında değil ve bu yüzden olayı o anda yaşıyormuşuz gibi tepki veriyor.

Bazılarımız daha çok görseldir ve bu yüzden yaşadığı o olayı her hatırladığında ona acı veren görüntüler gelir zihnine. Örneğin geçmişte aile bireylerinden biri ya da partnerleriyle bir tartışma yaşamışlarsa bu olayı her hatırladıklarında o kişinin bir hareketini ya da yüz ifadesini kodlarlar. Bu durumu da genellikle şöyle ifade ederler:

"Eşimin/sevgilimin yüzündeki o öfke ve nefret dolu ifadeyi hiç unutmadım," ya da; "Annem/babam, o çöktüğü duvarın dibinde çok zavallı ve çaresiz görünüyordu."

Daha çok işitsel olan biri ise bu durumu şöyle tarif edecektir:

"Eşimin/sevgilimin söylediği sözler hâlâ kulağımda çınlıyor."

"Annemin/babamın çöktüğü o duvarın dibinde söylediklerini hiç unutmadım."

Dokunsal-duygusal olan biriyse aynı durumu başka türlü anlatır:

"Eşim/sevgilim bana öylesine nefret dolu baktı ki kendimi çok aşağılanmış, değersizleştirilmiş hissettim."

"Annemi/babamı o duvarın dibinde çökmüş hâlde gördüğümde içim acıdı, kendimi o kadar kötü ve mutsuz hissettim ki keşke yer yarılsaydı da içine girseydim."

Bu örnekte gördüğümüz üzere bazılarımız yaşadığı olayın ağırlıklı olarak görüntülerini kodlarken bazılarımız söylenen cümleleri ya da o anda hissettiği duyguları kodluyor.

Eğer hem görsel hem işitselseniz görüntüleri ve cümleleri aynı anda kodlarsınız. Ya da işitsel ve dokunsalsanız sözleri ve duyguları kodlarsınız.

Belki de hem görselliğiniz, hem işitsel ve dokunsallığınız güçlüdür. Böylece yaşadığınız olayların görüntülerini, seslerini ve duygularını güçlü bir şekilde kodlamış olabilirsiniz.

İşte bu olayları anımsadığımızda canımızı yakan olayların kendisi değil bu kodlarımızdır. Güzel haber şu ki; beynimiz ve bilinçaltımız gerçek olan ile olmayanı ayırt edemiyor. Bu da demek oluyor ki bu kodlarımızı değiştirdiğimizde onları da gerçek olarak kabul edecektir. Olayı hafızamızdan silmeyecektir ama onun üzerimizdeki yükünü yani bize asıl acı veren tarafını dönüştürecektir.

O artık baktığımızda hiçbir şey ifade etmeyen eski siyah beyaz bir resim gibi hafızamızın bir rafında öylece kalacaktır. İşte NLP ve kuantum eğitimlerinin imgeleme teknikleriyle dolu olmasının nedeni de budur. Sürekli yeni imgeler kurarak beynimizde yeni nöral ağlar, yeni desenler yaratırız. Onları güçlendirdiğimizde bu yaydığımız sinyalleri değiştirir. Dikkatimizi yönelttiğimiz yer enerjimizi akıttığımız yerdir. Bir süre sonra bilinçaltımız onları gerçekten yaşadığımızı varsayarak onu gerçekleştirmek üzere harekete geçer. O hayalimizi gerçekleştirmemize yardımcı olacak insanları ve koşulları hayatımıza çekmeye başlar. O yüzden odağımızda ne varsa hayatımızda da o gerçekleşecektir.

Buradaki püf nokta; yeni kodlarımızı çok güçlü bir şekilde girebilmemizdir. Bunu yaptığımızda beynimiz yeni verdiğimiz kodları yani görüntü, ses ve duyguları alacak, eski olayı sanki hiç yaşanmamış var sayacaktır. Buna bir nevi bilinçaltımızı kandırma da diyebiliriz. Ona, "Bu olay aslında öyle değil başka türlü yaşandı," diyoruz. Yeni kodlarımızı ne kadar güçlü girersek o kadar çabuk ikna oluyor.

Rahat bir koltuğa oturun ve gözlerinizi kapayın.

Başınız dik, ayaklarınız yere basılı ve iki yana açık olsun.

Her iki elinizi de sağ ve sol tarafınızda yumruk şekline getirin.

Sonra kendinize sorun:

"Beni en son kim incitti? Kim beni değersiz, dışlanmış ya da güvensiz hissettirdi?"

Ardından gözbebeğinizi sol, üst noktada tutun ve sizi inciten o olayı ya da durumu hatırlamaya çalışırken sanki bir kitap okur gibi soldan sağa göz taraması başlatın.

Bunu yapmamızın nedeni yaşadığımız bazı olayları beynimizin sağ lobuna, bazılarını ise sol lobuna kaydetmemizdir. Gözbebeklerimiz tesadüfen sağa ya da sola çekilmez. O olayı hangi lobunuza kaydetmişseniz o tarafa çekilir. Bu durumu arkadaşlarınızla konuşurken çok rahat gözlemleyebilirsiniz. Onların gözbebekleri yaşadıkları bir olayı kaydettikleri beyin lobuna bağlı olarak anlatırken sağa ya da sola çekilir.

Genellikle son yaşadığınız olay hemen aklınıza geleceği için onu ne tarafa kaydettiğinizi anlamazsınız ki buradaki amacımız zaten onu ne tarafa kaydettiğimizden çok beynimizin hem sağ hem sol lobunu tamamen taramaktır. Başka bir deyişle örneğin hep sürekli sol tarafa bakarak düşünürseniz sağ lobunuza kaydettiğiniz anılarınız aklınıza gelmez.

Sizi inciten son olayı hatırladığınız anda beyninizde o olayı bağladığınız bölgedeki nöronlar ateşlenecek ve aktive olacaktır.

O olayı hatırladığınızda ne görüyor, ne işitiyor, ne hissediyorsunuz?

Aklınıza daha çok görüntü mü, ses mi yoksa o anda yaşadığınız duygular mı geliyor?

Kendi hayatımla ilgili anlattığım örnekten yola çıkarsam; ben hayli görsel ve duygusal biriyim. Yani ağırlıklı olarak görüntü ve o anda hissettiğim duyguları kodluyorum.

Bir koltuğa rahat bir şekilde oturup gözlerimi kapadım. Başımı dik tutarak ellerimi yumruk hâline getirdim. Ayaklarım on beş, yirmi santim kadar açık bir şekilde yere basılı hâldeydi. Gözbebeğimi soldan sağa hareket ettirerek taramaya başladım.

İlk olarak bana kendimi değersiz hissettiren o görüntü geldi hemen aklıma ve tabii o andaki duygularım. Ses sonrasında, biraz daha zayıf geldi.

İlk önce beni işten çıkaran müdürümün yüzünü hatırladım.

Yüzündeki o tepeden bakan umursamaz ifadeyi gözümde yeniden canlandırdım. Ve sonra o andaki kızgınlığımı, nefretimi ve utanma duygumu hatırladım. Çaresizliğimi... Kendime acımamı ve korkularımı...

Bunlar eski kodlarımdı. Burada en fazla üç dört saniye kaldım ve sonra aniden gözlerimi ve yumruk şeklindeki ellerimi açtım. Bunun beynime ve bilinçaltıma çözüldü mesajını göndereceğini biliyordum ve sonra zihnimde müdürümü gülerken gördüm.

Yüzünde büyük bir sevgi ve şefkatle bana bakıp gülümsüyordu. Sanki her şey bir oyundu der gibi. Şimdi gördüğüm ve hissettiğim negatif duyguların tam tersini yaşatacak görüntü ve duygulara odaklanmalıydım.

Sonra kendimi gururla yürüyen bir kraliçe gibi gördüm.

Güçlü, öz güvenli ve kendi değerinin farkında olan bir kraliçe....

Birkaç saniye onlara odaklandım ve böylece ilk görsel kodlarımı değiştirdim ve sonra işitsel kodlarıma geldi sıra.

Yüksek, inançlı ve kararlı bir sesle konuştum:

"Ben bir kraliçeyim! Güçlü güzel ve değerliyim.

Ve güzel olan her şeyi hak ediyorum.

Kendime ve hayata güveniyorum.

Hayatın doğal akışına güveniyorum.

Ben bir kraliçeyim!

Kendimi seviyorum.

Kendimi olduğum gibi kabul ediyor, seviyor ve derinden bağışlıyorum," dedim.

Bir yandan bu cümleleri söylerken diğer yandan sağ elimle timus bezinin altındaki noktama eft vuruşları yaparak bu çalışmamı destekledim. Çünkü o anda bu vuruşumun timus bezimi titreştirerek direncimi azalttığını ve böylece söylediklerimin bilinçaltım tarafından daha rahat kabul edileceğini biliyordum.

O anda spontane olarak bana iyi gelen bu cümleleri birkaç defa söyledim.

Söyledikçe duygusal kodlarımı güçlendirdim.

Yüksek sesle tekrarladıkça kendimi daha güçlü, değerli ve öz güvenli hissettim.

İçimdeki özün muhteşem gücüyle kendime daha çok inandığımı hissettim.

Bu duygular o kadar yoğun bir şekilde içimden yükseldi ki zaman zaman gözlerimden yaş geldi.

Sonra müdürümü yeniden zihnimde canlandırdım ve ona dedim ki;

"Artık hayatımdaki varlık nedenini biliyorum.

Üstlendiğin rolü biliyorum.

Tam bu nedenle seni ve kendimi bağışlıyor hayatımdaki varlığın için teşekkür ediyor, varlığımı sevgiyle senden özgürleştiriyorum."

Böylece hayatımdaki bu parantezi kapadım.

Sonra yine gözlerimi yumdum, ellerimi tekrar yumruk hâline getirdim, başımı dikleştirip kendime yeniden sordum:

"Peki bundan önce seni ne incitti? Hangi olay seni değersiz ve güvensiz hissettirdi?"

Ardından gözlerimi tekrar sol üste çekerek soldan sağa doğru göz tarama işlemine başladım. Çok geçmeden geçmişte kendimi değersiz ve güvensiz hissettiğim başka bir olayı hatırladım ve yukarıdaki döngüyü yeniden başlattım. Olayı hatırladığım anda gördüklerime ve hissettiklerime üç dört saniye zaman verdim ve sonra hızlıca ellerimi ve gözlerimi açıp tam tersine yani bana kendimi değerli ve güçlü hissettiren görüntülere ve duygulara odaklandım. Bir yandan da elimle timüs bezime vurarak yüksek sesle ve spontane olarak bana iyi hissettiren olumlamalarımı söyledim. O anımda yer alan ve beni inciten kişiyi kendimle birlikte affederek ve ondan özgürleşerek çalışmayı bitirdim. Sonra aynı soruyu bir daha sorarak bu çalışmayla bulabildiğim tüm olumsuz anılarıma tek tek ulaştım. Çocukluğuma ve hatırlayabildiğim kadarıyla anne ve babamla yaşadıklarıma kadar indim.

Olayları daha rahat hatırlayabilmek için beş yıl aralıklarla nerede oturduğumu, nerede çalıştığımı vs. sorguladım. Etrafımda o dönem kimler vardı? Arkadaşlarım, akrabalarım kimlerdi?

Burada uzun uzun anlatmış olsam da uygulaması daha kısa süren, basit ama etkili bir çalışmadır bu. Bir defada oturup çocukluğuna kadar da inebilirsiniz, geriye dönük on yılı tarayıp kalanına sonra da devam edebilirsiniz.

Eğer bilinçaltınızı etrafınızı saran bir göle, duygusal yüklerinizi de bu gölde kaynayan küçük kabarcıklara benzetirseniz bu çalışma bulduğunuz her küçük kaynayan kabarcığın üstüne döktüğünüz soğuk su gibidir. O kaynamayı söndürür ve suyu ılıtarak sizi rahatlatır. Bilinçaltı alanınızı arındırır.

Her duygunuz için ayrı ayrı çalışabilirsiniz.

Değersizlik ve güvensizliğinizin yanı sıra tüm duygularınız ve korkularınız için çalışabilirsiniz. Ben ayrıca suçluluk ve kaybetme korkum için çalıştım.

Burada sadece sorduğunuz soru değişecektir.

Örneğin suçluluk duygunuz için:

"Bana en son kim ya da ne suçlu hissettirdi?"

"Ben en son kimi, ne için suçladım?" sorularını sorabilirsiniz.

Kaybetme korkunuz içinse:

"Bana en son kim ya da ne kaybetme duygusu hissettirdi?" diye sorabilirsiniz.

Bunlar duygu odaklı çalışmalar olduğu için rastgele ortamlarda ve geçiştirilerek yapmanızı önermem. Mümkün olduğu kadar sakin bir ortamda, istekli ve hazır olduğunuzda yapın ki faydalı olsun.

YAŞANMIŞ BİR ÖRNEK: METİN

Şimdi korkularımızla ilgili bir örnek verelim.

40 yaşında, başarılı bir iş insanı olan Metin ofisime geldiğinde son zamanlarda yaşadığı maddi sıkıntılardan bahsetti. On yıllık iş hayatında zaman zaman bazı krizler yaşamıştı ama bu defa biraz paniklemiş olduğu belliydi.

Ona seansımızı hangi konuda yapmak istediğini sorduğumda hiç düşünmeden "Para," dedi, "Parasal sıkıntılarım var ve neden kaynaklandığını tam bilmiyorum." Sonra anlatmaya başladı.

On yıl önce küçük bir şirket açarak iş hayatına atılmış, çok geçmeden farklı şehirlerde, yirmiye yakın şube açarak işini büyütmüştü. Büyük bir gururla yanında yüzü aşkın personel çalıştırdığını ve işlerini bugüne kadar başarıyla yürüttüğünü anlattı.

Sonra bir şey olmuş işleri aniden ters gitmeye başlamıştı. İlk önceleri daha önce de yaşadığı bu durumu bir şekilde aşacağını düşünmüş fakat kriz büyüyünce korkmaya başlamıştı. "Sanki birileri beni bitirmeye çalışıyor," diyerek sözlerini noktaladı. Ona sen diye hitap edip edemeyeceğimi sordum ve onay alır almaz da doğrudan ilk sorumu sordum:

"İşlerin yolunda gitmezse ne olur?"

"Biterim," dedi.

"Bitersen ne olur peki?"

"Her şeyimi kaybederim."

"Her şeyini kaybedersen ne olur?"

"Ele güne rezil olurum. Başaramadı derler."

"Öyle derlerse ne olur?"

"Kendimi başarısız, suçlu ve mutsuz hissederim."

"Tamam ama sanki derinlerde daha büyük bir korkun var gibi geldi bana. Tüm bunlar gerçekleşirse ne olur?"

O zaman yüzü asıldı. "Kimseye muhtaç olmak istemiyorum," dedi.

O zaman en büyük korkusunun birilerine muhtaç olma olduğunu anladım.

"Kime muhtaç olabilirsin sence?" dedim.

Aynı kızgın ifadeyle "Babama," diye yanıtladı. "Ondan bir şey almak istemiyorum."

"O senin baban sonuçta. Ondan istesen ne olur ki?"

Yine sert bir ifadeyle, "İstemem," dedi.

"İstersen vermez mi? Kızar mı? İstemeye yanaşmamanın altında ne yatıyor?"

"İstersem verir herhâlde ama beni yine beceremedin diyerek eleştirir," dedi.

"Ama iş hayatında çok güzel bir noktaya gelmişsin. Zaman zaman her insan gibi iniş ve çıkışların olması normal. Bu noktada da babanın yardımını istemen kadar doğal bir şey yok. Neden bu kadar tepkilisin babana?"

"Çünkü daha önce de istedim ve bana söylemediğini bırakmadı. O yüzden ben de bir daha ondan para istemeyeceğime dair bir söz vardım kendime. Bugüne kadar bazı gayrimenkullerimi satarak idare ettim ama artık zorlanıyorum. Hem zaten kaybedeceklerimin yanında onlar nedir ki? Borçlarım var."

"Bunun dışında bir sıkıntın var mı?"

"Eşimle de aramız bozuk," dedi. "Sürekli tartışıyoruz. Henüz iki yıllık evliyiz. Daha bu sabah evden çıkarken, boşanıp her şeyimi elimden almakla tehdit etti beni. Ben de güldüm, 'Bir şeyim kalmadı ki kalırsa alırsın, dedim."

"Sence alabilir mi?" diye sordum.

O noktada yüzü biraz karardı. Küçük bir kaçamağının olduğunu ve eşinin de bunu yakaladığını anlattı. Eşi mahkemede bunları delil olarak kullanıp ondan boşanmakla tehdit ediyormuş onu.

Sonra devam etti.

"Zaman zaman işim nedeniyle onu ihmal ettiğimden şikâyet ediyor ama benim bütün hayatım işim. Başında durmasam hepsi dağılır ve zaten işlerim kötü olursa ona istediği gibi bir hayat sunamayacağımı söylüyorum ama beni anlamıyor. İş hayatı bu, kimseye güvenemiyor insan. Geçmişte birkaç kez güvendim birilerine; çaldılar. Şimdi kendimden başka kimseye güvenmiyorum."

"Bana biraz da çocukluğundan bahseder misin?" dedim.

Ankara'da doğup büyümüş. İki erkek kardeşlermiş. Kendinden beş yaş büyük bir abisi varmış. Annesi ev hanımı, babası müteahhitmiş. Annesi tüm gün ev işleriyle uğraşan, fedakâr bir kadınmış. "Hiçbir şeyimizi eksik etmedi ama hiç gün yüzü de görmedi zavallı kadın," diyerek anlatmaya devam etti. "Babam çok sert ve öfkeli bir adam olduğu için ondan hepimiz korkardık. Hele işleri kötü gitmişse vay hâlimize. Eve gelip bağırmak için bahaneler arardı. Fiziksel şiddeti yoktu ama bu öfkesinden en büyük nasibi annem alırdı. Bir defasında kahvaltıyı beğenmediği için tüm sofrayı örtüsüyle birlikte yere indirdiğini hatırlıyorum. Annem ağlayarak mutfağa koşup yeniden kahvaltı hazırlarken babama çok kızdığımı hatırlıyorum. Bir an önce büyüyüp annemi babamın elinden kurtarma hayali kurardım. Buna rağmen babamın iyi tarafları da yok değildi. Ne olursa olsun okumamızı ve iyi bir meslek sahibi olmamızı çok önemserdi. Hoş ne yapsak beğendiremezdik ya o da ayrı mesele. Sürekli 'Sizden adam olmaz,' diyerek eleştirirdi."

"Abinle aran nasıldı?"

"Her çocuk gibi işte... Bazen dalaşır, bazen abi kardeş olurduk. Babamın verdiği harçlıklardan gizlice para biriktirirdim, sonra bir bakardım yerinde yeller esiyor. Abim bir şekilde sakladığım yeri bulur, tüm paramı harcardı. Babama şikâyet ettiğimde ise o gülerek 'İyi saklayamamışsın o zaman,' deyip abime arka çıkardı."

"Evde parayla ilgili çok kavga olur muydu?"

"Olmaz mı? Babam çok çalışır ve o zamanın koşullarına göre iyi kazanırdı ama sürekli 'Hayat zor, para kolay kazanılmıyor,' diye şikâyet ederdi. Buna rağmen işleri çok büyüdü. Şehrin birçok yerinde inşaatlar yaptı bitirdi. O günlerde sahipleriyle daire karşılığı anlaşıp bir arazi aldı ama tam o günlerde ülke büyük bir krize girince babamın işleri de bozuldu. Her akşam mutsuz bir ifadeyle gelir, sudan sebeplerle kavga çıkarırdı. 'Bu iş beni bitirecek,' derdi sık sık. Sonunda korktuğumuz başımıza geldi. Yaptığı inşaatı tamamlayamadı. Bu arada en yakın arkadaşı aldığı yüklü borcu geri ödemedi. Arazi sahibi ve oradan ev almak için ödeme yapan daire sahipleri neyimiz varsa hepsini aldılar. Oturduğumuz eve kadar bütün malımız gitti. Kötü günlerdi. Büyük oynadı, büyük battı. Babam uzunca bir süre kendine gelemedi. Onu daha çok en yakın arkadaşının yaptığı üzdü. 'Bu devirde babana bile güvenmeyeceksin,' derdi hep. O zamanlar o hâline ben de çok üzüldüğümü hatırlıyorum. O kadar koşturdu, çalıştı çabaladı ama sonu hüsran oldu. O dev gibi adam bunları hak etmedi. Sonraları annesinden kalma birkaç yeri satıp biraz toparladı ama eski durumuna hiçbir zaman gelemedi. Şu anda da zaten emekli."

"Senin işlerin ne zaman bozulmaya başladı?"

"Altı ay önce," dedi.

"O zamanlar yaşadığın başka bir sıkıntıyı hatırlıyor musun?"

Biraz düşündü, sonra suçlu bir ifadeyle konuştu. "Eşim bir kaçamağımı yakaladı demiştim ya bu olay da o zamanlar olmuştu."

"O ya da başka kaçamakların hâlâ devam ediyor mu?"

Hemen savunmaya geçti.

"Tabii ki hayır. O da zaten ciddi bir şey değildi. Şehir dışında bir iş gezisindeydim, oldu bitti işte."

Danışanım tüm bunları anlattıktan sonra not aldığım detaylara göz attım.

İlk fark ettiklerim şunlardı:

Metin'in çekirdek kelimesi "bitti" kelimesiydi ve görünüşe bakılırsa bu kelimeyi de babasından almıştı. Babası satın aldığı araziyle ilgili sürekli "Bu iş beni bitirecek," ifadesini kullanıyordu ve Metin'e de "İşlerin yolunda gitmezse ne olur?" diye ilk sorumu yönelttiğimde " Biterim," demişti.

"Benim tüm hayatım işim," diyerek, işiyle kendi kimliğini o kadar özdeşleştirmişti ki bilinçaltında işinin bitmesini kendisinin bitmesi olarak görüyordu. Hatta daha derin bir düzeyde en temel korkusu olan, varlığının sona ermesi korkusuyla neredeyse eşdeğerdi bu duygu.

Diğer yandan alanında güvensizlik de vardı. Duygusal olarak yakınlığını hissetmeye en ihtiyaç duyduğu zamanlarda babası ona güvendiğini hiç göstermediği gibi sürekli eleştirmişti. Babasının da "Hayat zor, para kolay kazanılmıyor, bu devirde babana bile güvenmeyeceksin," gibi negatif inançları vardı ve evde sürekli bunları tekrarlayarak Metin'in de parayla ilgili benzer inançlara sahip olmasına neden olmuştu. Üstelik babası, biriktirdiği parasını abisi aldığında abisine bunun yanlış ve kardeşine yapılan bir haksızlık olduğunu, söylememiş, aksine ona arka çıkmıştı. Bu durumda Metin'in bilinçaltına "Eğer bir köşede param olursa elimden alırlar," inancını kodlamıştı. Başka bir deyişle parayı, yaşadığı üzüntüyle eşleştirmişti. "Param olursa üzülürüm." Yıllar sonra da eşi elindeki parayı ve tüm malını elinden almakla tehdit ediyordu. Yıllar önce de başka birileri babasının tüm malını elinden almış, tüm birikimleri kaybolup gitmişti.

İşte Metin'in parasal durumuyla ilgili olarak frene basmasının en önemli nedenlerinden biri buydu.

"Çok param olursa çocukken abimin yaptığı gibi nasıl olsa elimden alacaklar. O zaman büyümemin ve çok para sahibi olmamın bir anlamı yok. Babam da aynı şeyi yaşadı. Tıpkı babam gibi sonuçta canım yanacak, yine üzüleceğim."

Onun bilinçaltında başka bir korkusu daha vardı.

Eğer çok büyürse bu büyümeyi kontrol edememekten, baş edememekten de korkuyordu. Babasının iş hayatını anlatırken "Büyük oynadı, büyük battı," cümlesini kurmuştu. Kendisi de bayi sayısını artırdıkça büyüyor, bundan da keyif alıyordu ama aynı anda bilinçaltında alarm zilleri de çalıyordu. "Bu büyüme nereye kadar gidecek? Altından kalkabilir miyim? Ya babam gibi büyük batarsam..."

Odağı daha çok o güne kadar kazandıklarında ve başarılarında değil aksine borçları ve her şeyini kaybetme riskindeydi. Bunu da gayrimenkullerinden bahsederken

"Kaybedeceklerimin yanında onlar nedir ki? Borçlarım var," cümlesini kurduğunda anlamıştım.

Onun içinde hâlâ babasına kızgın bir çocuk vardı. Bir tarafı ile kızgın bir tarafı ile babasından onay ve aferin bekleyen küçük bir çocuk. Bu onay bekleyen çocuk tıpkı babası gibi kazandığı parayı kaybederek onu modelliyor, o dev gibi babasına yapılan haksızlığı bilinçaltı kendine yapılmış bir haksızlık olarak kodluyor ve bir tarafı da ondan daha fazla büyümesinin babasına haksızlık olduğunu düşünüyordu.

Tüm bunlar bir araya geldiğinde de ne zaman biraz büyüse bilinçaltı düzeyde korkuları tetikleniyor ve onun frene basmasına yani küçülmesine neden oluyordu.

O korkuları ona "Burada dur! Daha ileri gidersen fazla büyürsün ve sonra altından kalkamazsın, birileri elinden alır ve tıpkı baban gibi canın yanar," diyordu.

Bu korkuları kök çakrasını da tıkamıştı. Kök çakramız güven duyma ve hayatta kalma konularıyla ilgilidir. Baba ile tasvir edilir ve para çakralarından biridir. Bu nedenle babasına kızgın olduğu sürece parasal olarak durumu daima zikzak çizecekti. Bu nedenle ilk önce babasıyla olan hesabını kapatması gerekiyordu.

İlk önce paraya dair fark ettiğim negatif inançlarını ve korkularını söyledim ona:

Benim bütün hayatım işim.

Param biterse ben biterim.

Bu devirde babana bile güvenmeyeceksin.

Başaramazsam babam yine beni eleştirir, küçümser.

Büyük oynarsan büyük batarsın.

Paran olursa biri elinden alır.

Paran olursa üzülürsün.

Çok büyürsem baş edemem.

Hayat zor, para kolay kazanılmıyor.

Param çok olursa babama haksızlık olur.

Ve sonra bu inançların tam tersini söylemesini istedim ondan. Çünkü kendi cümlelerini bilinçaltının çok daha çabuk kabul edeceğini biliyordum.

O da yazdı:

Güçlü, yeterli ve değerliyim.

Kendime güveniyorum. Hayatın doğal akışına güveniyorum.

Tüm finansal işlerim ilahi bir zekâ tarafından yönetiliyor. Ne olursa olsun kazanıyorum.

Zenginim ve her geçen gün daha da zenginleşiyorum. Param oldukça ilişkilerim de güzelleşiyor. Ailem dâhil hemen herkes paramı büyütüyor ve mutlu oluyor. Parasal olarak büyüdükçe işlerimi daha kolay yönetiyorum daha çok onaylanıyor ve seviliyorum. Para demek mutluluk demek. Para demek huzur demek. Para bana kolayca geliyor ve ben istediğim sürece bende kalıyor. Parayı hak ediyorum. Zenginliği hak ediyorum.

Ondan bu cümleleri başucuna ve işyerinde masada kolaylıkla görebileceği bir yere koymasını ve bir ay boyunca hemen her gün mutlaka okumasını istedim. İnançlı ve kararlı bir sesle günde en az birkaç defa okuması yeterliydi. Ona yaşadığı olaylardaki sebep sonuç ilişkisini ve babasının tekâmül planındaki rolünü anlattım.

Sonra gözlerini kapattırıp küçük bir çalışma yaptım.

İlk önce beş dakika kadar nefesine odaklandı. Sonra babasını imgeledi.

Babası tam karşısında sevgiyle ona bakıyordu.

Ona babasına her ne söylemek istiyorsa tüm samimiyetiyle söylemesini istedim.

"Sana kızgınım," diyerek başladı cümlesine.

"Abim paramı aldığında ona arka çıktığın için sana kızgınım. Eve gelip anneme ve bana bağırdığın için, her fırsatta beni eleştirdiğin için kızgınım. Yaptığım hiçbir şeyi beğenmediğin için kızgınım. İşlerini batırıp bizi zor durumda bıraktığın için kızgınım. Paraya ihtiyacım olup yanına geldiğimde bana demediğini bırakmadığın için kızgınım. Başka babalar gibi daha yumuşak, sevgi ve anlayış dolu olmadığın için kızgınım..."

Birkaç saniye sustuktan sonra devam ederken sesi biraz daha yumuşaktı.

"Şimdi neden böyle olduğunu anlıyorum," dedi.

"Sürekli senin tarafından onaylanma arzusuyla hareket ettiğim için işlerimi bu kadar büyüttüm. Galiba içimde hep sana ne kadar başarılı olduğumu ispatlama arzum vardı ve bu da beni motive etti.

"Sanki başarılı olursam beni daha çok sever ve onaylarsın diye düşündüm ama göstermesen de beni daima ve her hâlimle sevdiğini artık biliyorum. Çocukluğundan itibaren senin de zor bir hayatın olmuş; kendince bizi de bu hayata sert tarafını göstererek hazırlamaya çalıştın büyük ihtimal.

"Hep anneme iyi, sana da kötü derdim ama şimdi bu hâlime gelmek için her ikisine de ihtiyacım olduğunu anlıyorum. İkinizin de benim iyiliğime hizmet ettiğinizi anlıyorum.

"Senin hayatımdaki rolünün bu olduğunu anlıyorum.

"Şimdi senden aldıklarımı artık bırakma zamanı.

"Artık ilk önceliğim işim değil, kendi huzurum ve mutluluğum. Hayatımı bundan sonra bu değerler belirleyecek. Artık kendime, hayata ve insanlara güvenmeyi seçiyorum. Zenginliği seçiyorum. Ben daha zengin ve mutlu oldukça senin de mutlu olacağını biliyorum.

"Şimdi tüm kızgınlıklarımdan ve korkularımdan özgürleşme zamanı... Hayatımdaki varlığın için teşekkür ediyor ve sevgiyle senden özgürleşiyorum."

Bu sözlerinin ardından babasının onun bu kararını kollarını iki yana kocaman açarak sevgiyle onayladığını gördü. Yaklaşıp onu kucakladı ve babasının kalbinden kendi kalbine akan sevgiyi hissetti, güveni hissetti. Babasının, bedenini saran güçlü kollarını hissetti. Artık barış sağlanmış, hesap kapanmıştı.

Metin'e zaman zaman bu korkuları yine hissedeceğini söyledim. Her hissettiğinde elini kalbini götürüp onları kolaylıkla dönüştürebileceğini ve zaman içinde azalacaklarını söyledim.

Bilinçaltımızda bizi engelleyen bariyerleri yani negatif kök duygularımızı fark etmek bile alanımızı önemli ölçüde hafifletir. Sonrasında kendi üzerinizde yapacağınız bir çalışma yolunuzu hızla açacaktır.

Metin'in de açıldı. İşleri hızla düzeldi ve hatta eskisinden de zengin ve güçlü bir duruma geldi. Bir karşılaştığımızda bana söylediği şu cümle her şeyi özetliyordu:

"Eskisinden daha az çalışıyor ama daha çok kazanıyorum. Çünkü artık beni ne mutlu ederse onu yapıyorum."

FREKANSIMIZI NELER YÜKSELTİR?

Davranış bilimleri uzmanı Dr. John Demartini beyni yeniden programlamak için nöroplastisiteyi kullanır. Danışanlarına olumsuz duygusal yükleri etkisiz hale getirmelerine ve duygusal dengeleri yerine koymalarına yardımcı olacak bir dizi soru sorar.

Yöntemi, korku, suçluluk ve saldırganlık ifadelerinden sorumlu olan hipotalamus ve amigdala dâhil olmak üzere beynin birkaç yapısını değiştirmektir.

Peki bunu nasıl yapıyor?

Zorlu bir durumla karşı karşıya kaldığınızda "Durumun kendisini sorgula ve onda neyin iyi olduğunu sor," diyor. Faydaları ara çünkü her zaman en az bir tane vardır.

Şu anda bilinçaltımızdaki negatif kayıtlarda olumlu yönleri keşfedip onlara o yüklemeyi yapmamız gerekiyor. Mesela bir ebeveynini kaybeden kişi bilinçaltındaki bu negatif kayıtta onu güçlü yapanın da bu olduğunu fark edebilir. Sizi işten çıkaran eski bir işvereniniz farkında olmadan daha iyi bir iş bulmanıza vesile olmuş olabilir.

Soru her zaman şu:

Bunda iyi olan ne var?

Bir süre sonra beyin yaşadığı her olayın olumlu tarafına bakmayı öğrenir ve bu alışkanlık hâline gelir. Bu da düşük frekansta uzun süre kalmamızı engeller.

Bu yöntemi hayatımda yolunda gitmeyen her şey için kullanmayı alışkanlık edindim. Yoğun bir trafikte bile "Bu durumun bana katkısı nedir?" diye soruyorum.

En basit anlatımla size iyi gelen, mutlu hissettiren her şey frekansınızı yükseltir. Bizler titreşimsel varlıklarız. Hissettiğimiz duyguların da bir frekansı vardır. Eğer pozitif duygular hissedersek bu duyguların frekansı yüksek olduğu için bizim de frekansımızı yükseltirler ve biz kendimizi iyi hissederiz. Eğer negatif duygular hissedersek bu duygular düşük frekanslı olduğu için bizim de frekansımızı düşürür ve kendimizi kötü hissederiz.

Bizdeki duyguya zihnimizden geçen düşünceler neden oluyorsa, başka bir deyişle kendimize çektiğimiz düşünceler bizde bir duygu yaratıyorsa o zaman ilk olarak düşüncelerimizin kalitesine dikkat etmemiz gerekiyor. Pozitif düşünceler bizi mutlu, negatif düşünceler mutsuz hissettirir. O nedenle zihnimizi eğiterek beynimizde olumlu düşüncelerin oluşturduğu yeni nöral ağlar, desenler yaratabiliriz. Bu da otomatik olarak olumlu düşünmemizi sağlar.

Frekansımızı etkileyen diğer önemli şey de çevremizdeki insanlardır. Kuantum dolanıklık nedeniyle etrafımızdaki herkes ve her şeyle görünmez bağlarımız var. Enerji yasaları gereği düşük frekanslı insanlar yüksek frekanslı insanlardan enerji çeker. Bir örnekle açıklamam gerekirse; varsayalım sabah gayet keyifli bir hâlde işe gittiniz. Çok geçmeden aynı odayı paylaştığınız arkadaşınız oldukça kızgın bir şekilde içeri girdi ve eşini şikâyet etmeye başladı. Onun titreşimi sizden düşük olduğu için sizden enerji çalar yani onunla aynı titreşime girersiniz. Karamsar, sürekli yargılayan, dedikodu yapan ve şikâyet eden insanlar sizin de titreşiminizi düşürür. Bunun tersi de geçerlidir. Mutlu, neşeli, huzurlu, kendiyle barışık ve hayata pozitif bakan insanlar da titreşiminizi yükseltirler. Onların yanında siz de kendinizi mutlu ve huzurlu hissedersiniz.

Müzik de içeriğine bağlı olarak çok güçlü bir frekans yükseltici ya da düşürücüdür. Eğer ölümden, ayrılıktan ve acıdan bahseden şarkılar dinlerseniz titreşiminiz yani frekansınız düşer ve kendinizi mutsuz, üzgün hissedersiniz. O yüzden dinlediğimiz müzik önemlidir. Bazen kısık sesle keman ya da su sesi dinleyerek uyurum. Bu seslerin bana huzur verdiğini fark ettim.

Gül yağı esansı frekansımızı yükseltir. Dua insanın frekansını 15 MHz'e yükseltir. 528 MHz müzikler içimize huzur verip bizi iyileştirme gücüne sahipken maalesef dünyada dinlenen müziklerin birçoğu 440 MHz'e ayarlı. Bu da kolektif olarak ortak kullandığımız alanı korku, öfke, kin gibi düşük frekanslı yayınlarla kirletiyor. İnsanların düşük titreşimli duygular salmasına neden oluyor.

Baktığımız ve izlediğimiz her şey titreşimimizi yükseltir ya da düşürür. Örneğin ben gittiğim seyahatlerde hoşuma giden objeler alıp görebileceğim yerlere yerleştirmeyi severim. Çünkü onlara baktığımda oraları gezerken hissettiğim mutlu anları hatırlarım. NLP'de biz bunlara görsel çapalar deriz. Yani gördüğümüzde ruh hâlimizi değiştiren tetikleyicilerdir. Duvarlara, baktığımda bana kendimi iyi hissettiren tablolar asarım. Ev olsun, işyeri olsun, yaşadığım ortamların da temiz ve düzenli olmasına dikkat ederim. Çünkü dağınık ve kirli ortamların enerjimi düşürdüğünü bilirim. Evinizi temizledikten sonra hissettiğiniz mutluluğu biliyorsunuz değil mi? Sanki içimiz de temizlenmiş gibi bir ferahlık, hafiflik hissederiz.

İzlediğim televizyon programlarına dikkat ederim. Şiddet ya da hüzün içeren filmlerden ziyade müzik ve görselliğiyle beni mutlu eden romantik komedi tarzında filmleri tercih ederim.

Sarf ettiğim kelimelere dikkat ederim. "Depresyondayım," demek bana kendimi daha kötü hissettirirken "Keyifsizim," demek daha hafif hissettirir. Sert, sivri, can acıtan kelimeler kullanmam. "Hastayım," yerine "Biraz rahatsızım," derim. Çünkü kullandığım kelimelerin bile bir enerjisi olduğunu bilirim. Kimse hakkında konuşmam, kimseyi yargılamam ve hiç kimse ve hiçbir şey hakkında şikâyet etmemeye azami özen gösteririm. Tüm bunlar hızlı bir şekilde frekansımızı düşürdüğü gibi o anda yaydığımız enerjiyle benzer durumları hayatımıza çeker.

Yine sürekli şükür hâlinde olmak hızlı bir şekilde frekansımızı yükseltir. Teşekkür etmeyi seviyorum. Hayatımızdaki eksikliklere değil var olanlara odaklandığımızda bu bizim takdir ve şükran duygularımızı harekete geçirir ve daha olumlu şeyleri hayatımıza çeker.

Frekansımız yükseldikçe bilincimiz yükselir.

Bilincimiz yükseldikçe korkularımız azalır. Korkularımızın azalması titreşimimizi yükseltir. O zaman kendimizi daha rahat ifade etmeye başlar, tek başına olmaktan daha keyif alır hale geliriz.

Hayatımızı artık kendi isteklerimize göre yaşar, onaydan ve yergiden bağımsız hale geliriz. Hakkımızda kimin ne dediği önemli değildir artık. Kimseye bir şey ispatlama arzusu duymadığımız gibi başımıza gelen olumsuzlukları çok daha hızlı ve kolay atlatırız.

Zihnimiz sakinleşir. Huzurumuz, anlayışımız ve şefkatimiz artar. Hiçbir şeyin rastgele yaşanmadığını bildiğimiz için eskisi gibi kendi dışımızdakileri suçlayıp yargılamayız. Kendimizi ve başkalarını daha kolay affederiz.

Hiçbir nedene bağlı olmaksızın içimizde bir sevinç hisseder, her insanın gözlerinde kendi gözlerimizi görmeye başlarız.

Daha yüksek bilinç katlarında bir şey düşündüğünüz anda tezahür eder. Ancak bu bilinç katında zihnimizi henüz yönetemediğimiz için kendimize ve başkalarına zarar vermemek için zaman filtresi konmuştur. Bilinç seviyemiz yükseldikçe korkumuz azalır, güven duygumuz artar, savunmayı ve saldırmayı bırakırız. Başka bir deyişle kendimize ve başkalarına zarar vermeyecek hale geliriz. Bu da düşündüklerimizin daha hızlı bir şekilde hayatımızda tezahür etmesini sağlar. Yaptığımız her seçimin sorumluluğunu almak, kendi dışımıza koymuş olduğumuz gücü kendi içimize yerleştirmek demektir.

Kimin Umurunda!

İlk önceleri hayat tehlikeli, güvenilmez bir yerdi.

Depremlerin, savaşların, sellerin, kazaların ve hastalıkların olduğu bir yer…

Her an başıma bir iş gelebilirdi. Kaza geçirebilir, hasta olabilir ya da bir yakınımı kaybedebilirdim. O yüzden hayatı bir düşman gibi gördüm.

Henüz bilincimin gelişmediği ilk yıllarım böyle geçti…

Sonra hayatıma kitaplar girdi. Yavaş yavaş bakış açım değişmeye başladı.

Artık hayatı bir ayna gibi görüyordum.

Aynada kendime güldüğümde oradaki yansımam da bana gülüyor, ağladığımda ağlıyordu. Hayat da öyleydi. Ne yapsam bana olduğu gibi geri dönüyordu.

Bana ne istersem bunu dışarıdan alabileceğimi öğretmişlerdi.

Bir gün aynaya bakarken istediğimi elde etmek için elimi ileri doğru uzattım. Aynadaki aksim de bana uzattı. Sanki o da benden bir şey almaya çalışıyor gibiydi.

Sonraları ne zaman dışarıdan bir şey almaya çalışsam birileri de benden bir şey almak istedi. Bir yerlerde bir yanlış vardı.

Bir kez daha aynanın karşısına geçtim. Bu defa istediğim şeyi vermek üzere elimi kendime çevirdim. Aynadaki aksim de aynısını yaptı. İstediğimi bana verdi.

O zaman sırrı anladım. Almak aslında o şeyi ilk önce kendime vermekmiş.

Ondan sonra hayatım değişti. Dışarıda her ne istiyorsam onu kendime vermeye başladım. En çok sevgi istiyordum, ondan başladım. Değer, güven, onur, saygı, şefkat, takdir, hoşgörü, sabır, nezaket dışarıdan ne bekliyorsam hepsini ilk önce kendime vermeye çalıştım.

Mucize ondan sonra başladı. Ben onları kendime verdikçe bana daha fazlasını verdiler.

Bugün hâlâ insanlar onlara bir şey verdiğimi sanıyor.

Bense artık tüm bunları kendime verdiğimi biliyorum.

Dışarıda hiç kimsenin olmadığını biliyorum.

Tüm varoluşun bana her köşeden göz kırptığını biliyorum.

Bu yıl da her bahar olduğu gibi Boğaz'a, pembe erguvanları, mor salkım sümbülleri görmeye gittim. Müthiştiler yine…

Hayatta neyi seversem onu yapmaya çalıştım hep.

Hayata anlam katma çabam kendimi bulma çabasından başka bir şey değilmiş.

Resim yapmayı seviyordum. İnsanları, ağaçları, kuşları ve denizi de… Hepsinin resmini yaptım. Yazmayı seviyordum. Yazdım.

Hayat, yıllar sonra ne istersem onu yapma lüksünü verdi bana.

Takvim bir yıl daha yaşlandığımı söylüyor.

Kimin umurunda! Zamandan kurtulalı çok oldu…

HAYAT BENİM!

Siz hiç hayatın yaşlandığını gördünüz mü?

MUCİZELER

Zihnimiz bugüne kadar ailemizden, arkadaşlarımızdan, okuldan, çevreden vs. aldığımız bilgilerle doludur. O bilgilerin birçoğunu deneyimlememiş ama kabul etmişizdir. Aslında birçoğu başkalarının gerçeğidir. Başka bir deyişle zihnimizdeki kayıtlardan ibarettir ve bizim gerçeğimiz değildir. Bizler sadece deneyimlediklerimize gerçek diyebiliriz.

Mucize yaratamıyoruz çünkü herkes deneyimlemeden zihnen öğrenmiş olduğu her şeyi gerçek sayıyor. Zihnimiz hemen her konuda anlamsız inanç ve sözlerle doludur.

Mucizeler ise bizim öğrenmemiş olduğumuz şeydir. O bizim gerçek olarak bilmediğimiz ve bu nedenle olmasını beklemediğimiz şeydir ve bazen olur. İşte o zaman gerçeğimiz olur.

Bize birileri bir arabayı kaldıramayacağımızı söylemiştir ve biz de buna inanmış ve kendi gerçeğimiz olarak kabul etmişizdir. Bir arabayı kaldıramayacağımıza inanmışızdır. Sonra bir gün çok acil bir durumda hiç düşünmeden o arabayı kaldırdığımızı görürüz. Çünkü hiç düşünmeden hareket ettiğimiz için zihnimiz devreye girip bizi engellememiştir. Bu artık bizim deneyimlediğimiz gerçeğimiz olur.

Yalan yanlış birçok kayıtla dolu kocaman bir zihnimiz var sanırız ama zihnimiz sadece kendi gerçeğimiz kadar büyüktür.

Bu hayatın bazen sıkıcı olmasının nedeni sadece gerçek olarak bildiğimiz şeyleri yapabilmemizdir. Günümüzün nasıl geçeceğini, olayları, durumları, kimin ne yapacağını, ne diyeceğini vs. biliriz. Nasıl yapılacağını bildiğimiz şeyleri yapar durur, sonra sıkılırız. Çünkü sahip olduğumuz tek gerçek odur.

Olacağına inanmadığımız şeyler zihnimizden bile geçmez.

Oysa mucizeler beklenmeyenleri beklediğimizde gerçekleşir. Bunun için sınırlı zihnimizin dışına çıkıp o mucize yüklü frekansları aktive etmemiz gerekir.

Düşündüğümüz her şey ya enerjiyi geçmişinden özgürleştirir ya da geleceğe çökertir. Bu enerjidir ve biz izin verdiğimiz sürece istediğimiz yöne akar. Onun üzerine odaklandığımızda ise maddeleşir.

Eğer biz günlük hayatımızda her gün yaptığımız şeyleri yapmaya devam edersek bu enerjimiz bir nevi otomatik pilotta kalır ve bu nedenle yaratıcılığın özgür alanında dolaşamaz. Ve aynı nedenle bizler de hayatımızda yeni bir şeyi göremeyiz.

Kendimize soralım:

Hiç bilmediğim, deneyimlememiş olduğum şey nedir?

Daha önce düşünmemiş olduğum ama şimdi düşünebileceğim neler var?

Hayatımda ne olsa "İşte mucize bu" derdim?

Ne yapmak istiyoruz?

Eğer düşünüşümüze ve kabulümüze göre her şeyi değiştirebileceğimizi bilseydik ne yapar, neleri değiştirirdik?

Sonra istediğimiz şeyin gerçekleşmiş son görüntüsüne odaklanalım ve o imgeyi tam da üçüncü gözümüzün olduğu yerde tutabildiğimiz kadar tutalım. Odaklanma her şeydir. Orada ne kadar uzun tutabilirsek zaman çizgisini o kadar hızlı değiştiririz. O şey kapsama alanımıza girer. Başka bir deyişle istediğimiz o şeyin zaman çizgisine gireriz.

Bazen işler istediğiniz gibi gidiyor görünmez. Bir şeyler meydana getirmek istemişsinizdir ama onun yerine her şey dağılıyor gibidir. Bu noktada sakin kalın. İstediğimiz şeyin zaman çizgisine girebilmemiz için bazen eskinin dağılması gerekir. Eski olan dağıldığında onları bir arada tutan yaratıcı enerjinizi özgürleştirmiş olursunuz ki o enerji sizin yeni isteğinizi şekillendirecek olan enerjidir.

Bizler asıl özümüzü hatırlamak ve ona dönmek için buradayız. Özümüzün sesi sahte benliğimizin kabuğu altında belli belirsiz çıkar. Biz öfkelendiğimizde, birine zarar verdiğimizde, kin duyduğumuzda, kendimize acıdığımızda ve dünya hakkında görüşler, inançlar, yargılar oluşturmaya başladığımızda o içimizde neredeyse görünmez olur. Oysa o içimizde bir ağacı sarsar gibi bizi sürekli sarsmaktadır ama farkında değiliz.

Biz buraya bedenimizi değil bilgeliğimizi geliştirmek için geldik. Hayattan korkarak yaşamak için değil, keyifle var olmak için geldik.

Asıl özümüzü hatırlamak; bedenlerimizden, yoksunluğumuzdan, önyargı ve inançlarımızdan daha büyük olduğumuzu anlamamızı gerektirir. Olağanüstü bir kabul düzeyi yani mucizelere inanmayı gerektirir.

İşte o zaman zihnimizin efendisi olur ve istediğimiz şeyleri tezahür ettirmenin normal doğamız olduğunu biliriz. Enerjiyi madde formuna dönüştüren de bedenimiz değil içimizdeki bu gözlemci yani Öz'dür.

Öğrendim ki;

Beni eleştiren, suçlayan, yargılayan hayat değil, KENDİMİM.

Hayat benim acı çekmemi değil sadece kendimi sevmemi istiyor.

Kendimi sevmek, hayatı SEVMEKTİR!

Öğrendim ki;

Artık geçmişimi değiştiremem ama ona yüklediğim anlamı değiştirebilirim.

Geçmişimi ve bana kötülük yapanları affetmediğim sürece hiçbir zaman özgür olamam.

Affetmeyen bir yürek korku doludur. Suçluluk, pişmanlık ve acı doludur.

Dolu bir yürekte ise sevginin kanatları açılamaz…

Affetmek ÖZGÜRLEŞMEKTİR.

Öğrendim ki;

Bazen darmadağın olmuş gibi görünse de

Dağılan hayat değil KENDİMİM!

Çünkü bazı şeylerin çok daha güçlü bir şekilde yeniden kurulması için önce dağılması gerekir.

Öğrendim ki;

Bahar vakti tam zamanında tomurcuk veriyorsa bahçemdeki ağaç,

Tam zamanında olgunlaşıyorsa daldaki üzüm,

Zamanı var demek ki benim de dileklerimin…

ŞİMDİ*'yi seviyorum.*

Çünkü bana her an yeniden başlama fırsatı veriyor.

Hayatı seviyorum.

Çünkü HAYAT BENİ SEVİYOR!

SABAH NİYETİM

Artık ihtiyacım olmayan ve beni sınırlayan her duyguyla, her düşünceyle, her maddeyle ve her deneyimle sevgiyle vedalaşıyorum.

Şimdi bunların yerine beni büyütecek, geliştirecek, zenginleştirecek ve hayatımı tazeleyecek harika yeniliklerin gelmesini seçiyorum.

Işığımla girdiğim her ortamda fark edilmeye, sevmenin ve sevilmenin doyumuna varmaya, hayallerimi gerçekleştirmeye, sağlık, mutluluk, huzur ve bereketin oluk oluk hayatıma akmasına niyet ediyorum.

VE ÖYLE DE OLDU!
ŞÜKÜRLER OLSUN!

KORUMA ÇEMBERİ

Her sabah kalkar kalkmaz beyaz ışıktan bir koruma çemberi oluştururum. Camdan bir koruma duvarı gibi. Hatta bu çemberin içine ailemi ve tüm sevdiklerimi de alırım. Sonra o beyaz ışığın yukarıdan, evrensel enerji kaynağından gelen ışıkla daha da büyüdüğünü, güçlendiğini imgelerim.

Dışarıdan gelen tüm negatif enerjiler bu ışık duvarına çarpar ve geri döner.

Kendimi o çemberin içinde imgeler ve içimden birkaç defa, "Sevdiklerimle birlikte daima güvendeyim, daima korunuyorum," derim.

Sabah kalktığımda bu uygulamayı yapmayı unuttuğum için bir kâğıda yazıp baş ucuma koydum. Yıllardır her sabah yaptığım için şimdi artık o kâğıda bile bakmam gerekmiyor.

Ve sonra niyetimi okurum:

Alanımı ışık korumasına alıyorum, ışığı davet ediyorum.

Alanıma geçiş yapmaya çalışan tüm düşük titreşimli enerji, düşünce ve duygulara alanımı kapatıyorum ve giriş yapmasına izin vermiyorum.

BEN SEVGİYİ SEÇİYORUM!

SİHİRLİ SORULAR

Sabahları kendime şu soruları sormayı seviyorum. Çünkü evren merak duygusu ve sorularla harekete geçer:

Acaba bugün başıma hangi güzellikler gelecek, merak ediyorum?

Bugünün bana hediyeleri nelerdir?

Bugün neler olsa kendimi çok şanslı, zengin ve mutlu hissederdim?

Bugün paramı daha da büyütecek hangi farklı olasılıklara izin verebilirim?

Bugün hangi bilinç, enerji ve alan olursam hayatıma daha fazla neşe, sağlık ve güzellik gelir?

ALTIN MAKAS TEKNİĞİ

Geçmişten Özgürleşmek

Kuantum dolanıklık nedeniyle yasa gereği düşük frekanslı enerjiye sahip olanlar yüksek frekanslı enerjiye sahip insanlardan sünger gibi enerji çekerler. Bu da enerjisi çekilen kişinin kendini yorgun ve mutsuz hissetmesine neden olur.

Her ne zaman birisi bizimle düşük frekanslı duygularla, örneğin korku/kızgınlık temelli bir ilişki kurarsa onunla aramızda bir kordon oluşur. Bu bağı sezgileri yüksek kişiler hissedebilir. Duru görüsü açık olanlar görebilir.

Bu kordonlar tıpkı bir benzin pompası gibi çalışır ve ihtiyacı olan bir kişi bizimle bir bağ kurduğu zaman bu eterik kordon aracılığıyla bizden enerji çeker. Bu kordonu göremeyiz ama yarattığı etkiyi hissederiz. Nedenini bilmeksizin kendimizi yorgun ve üzgün hissederiz.

Bunun nedeni kordonun diğer ucundaki kişinin bu kordon aracılığıyla gücümüzü çekmiş olması ve bize düşük frekanslı kirli enerji göndermiş olmasıdır.

Bu nedenle ihtiyacı olan birilerine yardım ettiğimizde sonrasında bu kordonları kesmemiz gerekir. Bu kordonları keserek onları reddetmiyor, yalnız bırakmıyor ya da terk etmiyoruz. Sadece ilişkinin korku dolu negatif bağını kesiyoruz.

Birisi ile aranızdaki kordonu kesmek istediğinizde gözlerinizi kapayın ve şunları söyleyin:

"Yüksek benliğim seni çağırıyorum.

Beni engelleyen, beni ağırlaştıran, beni yorgun ve güçsüz yapan, üzerime yapışmış olan tüm negatif enerjilerle bağlantılarımı şu anda kesip atıyorum. Bu enerji ve blokajları serbest bırakıyorum. Kendimi, ruhumu ve bedenimi şifalandırmaya, sağlıklı ve huzurlu bir şekilde yaşamaya hazırım.

Lütfen enerjimi ve yaşama gücümü çeken bu kordonu kes.

Teşekkür ediyorum."

Sonra boşlukta altın bir makasın sizinle o kişi arasındaki kordonu kestiğini görün. Tamamen kesildiğini görene kadar bekleyin.

Kordonun kesildiğini hissettiren hava basıncı değişimi ya da hafifleme, rahatlama gibi bazı işaretleri görebilirsiniz. Kordonun diğer ucundaki kişi o anda bunu hissedip, ne olduğunu bilmeden sizi düşünebilir ya da mesaj da atabilir.

Aynı çalışmayı büyükbabanız büyükanneniz ya da atalarınızla ilgili de yapabilirsiniz.

Tanıdığınız, tanımadığınız bütün büyük ebeveyn ve atalarınızı toplu hâlde karşınızda imgeleyin. Tanımadıklarınızı koyu bir gölge ya da silüet şeklinde de görebilirsiniz. Onlardan size hortum gibi uzanan tüm kordonları görün. Yine aynı şekilde altın bir makasla hepsini tek tek kesin. Onlardan bazılarını kesmekte zorlanabilirsiniz. Acele etmeyin, tekrar deneyin. Keserken şunları söyleyin:

"Yüksek benliğim seni çağırıyorum!

Ebeveyn ve atalarımdan gelen ve beni engelleyen, beni ağırlaştıran, beni yorgun ve güçsüz yapan, üzerime yapışmış olan tüm negatif enerjilerle bağlantılarımı şu anda kesip atıyorum. Bu enerji ve blokajları serbest bırakıyorum. Kendimi, ruhumu ve bedenimi şifalandırmaya, sağlıklı ve huzurlu bir şekilde yaşamaya hazırım.

Lütfen tanıdığım ve tanımadığım tüm atalarımdan gelen ve enerjimi, yaşama gücümü çeken bu kordonları kes. Teşekkür ediyorum."

En sonunda altın makasın etrafınızda 360 derece dönerek tüm kordonları kestiğini görün.

Her ne zaman birisi bizimle negatif enerji yüklü bir bağ kurarsa bu kordonlar oluşur. O yüzden ben gün sonunda bu uygulamayı hızlı bir şekilde yapmayı alışkanlık edindim. Yukarıdaki cümleleri bire bir ezberlemek zorunda değilsiniz. Burada samimi niyetiniz ve duygunuz önemlidir. İçinizden geldiği gibi benzer cümleler kurarak da bu çalışmayı yapabilirsiniz.

İSTEDİĞİMİZ KİŞİYİ/KİŞİLERİ HAYATIMIZA ÇEKME TEKNİĞİ

Eğer bir hayat arkadaşı, bir dost, yeni bir iş ortağı ya da iş yapıyor ve bolca müşteri istiyorsanız şimdi vereceğim teknik tüm bunlar için uygundur.

Gözlerinizi kapayın ve arkanıza yaslanın

Rahatlayın ve onun öncelikle zihninizde oluşmasına izin verin. Oluşması muhtemel bir ilişkiyi düşündüğünüzde onunla birlikte nasıl görünüyorsunuz? Enerji nasıl akıyor? Aranızdaki ilişki ne kadar dürüst ve kolay? Bu iki beden beraber ne kadar mutlu?

Size neler katıyor?

Coşku, heyecan, hareket, huzur, sevgi, aşk?

Şimdiki hâlinizden farklı görünen ne var? Neyi farklı yapıyorsunuz?

Belki daha şık görünüyorsunuz belki daha hareketli... Heyecanlı, sağlıklı, güzel zengin, âşık...

Onunla olmak nasıl bir duygu? Ne hissediyorsunuz?

Hissettiğiniz bu duygu sizin yeni frekansınız, yeni titreşim seviyenizdir. İstediğiniz her kim ya da kimlerse bu frekansla eşleşecek ve bu sizin ve onların yeni gerçekliği olacaktır.

Rahat bir şekilde onları ortaya çıkmaya davet edin. Kocaman bir küredesiniz ve kürenin için ışık noktalarıyla dolu. Tıpkı gece gökyüzünde parlayan yıldızlar gibi onların her biri isteklerinizi simgeleyen olasılık dalgaları. O yıldızların hepsinin ışıklı bir yol çizerek size doğru aktığını ve ışığınızı parlatıp güçlendirdiğini görün.

Şimdi bu yeni titreşim frekansınızı aktif bir şekilde yayın. Tıpkı bir güneş gibi olduğunuzu ve ışığınızın gece gündüz dört bir yana yayıldığını hayal edin. Sonra bu yaydığınız ışıkla istediğiniz insanların size doğru çekileceğinden emin bir şekilde bekleyin. Onlar tıpkı gece karanlığında kalmış gemilerin bir deniz fenerini görüp ona yönelmeleri gibi yaydığınız ışığa yöneleceklerdir. Bir kez bu enerjiyi harekete geçirdiğinizde sürekli ışımaya, enerji salmaya devam eder ve titreşiminizi sürekli kılarsınız.

Dilerseniz şu cümleleri de kullanabilirsiniz:

"Bu kuantum alanında benim için en uygun, en hayırlı olan ışığımı görsün ve bana gelsin. İlişkimiz benim ve bütünün hayrına olsun. Ve oldu bile çok şükür "

Beyaz Şövalye

Ne zaman farkına vardım bilmiyorum ama fark ettiğimde nasıl bir karar aldığımı çok iyi hatırlıyorum.

Kafamın içinde sürekli birbiriyle savaşan ve çatışan iki şövalye vardı. Onlardan birine beyaz, diğerine siyah şövalye dedim.

İçimdeki bu savaşı ilk fark ettiğimde siyah olanın tüm haşmetiyle hayatımın tam ortasına kurulduğunu ve beni yönettiğini de anladım.

O gün usulca ayağa kalkmayı ve onu ait olduğu yere göndermeye niyet ettim.

Tamamen gitti mi?

Kesinlikle hayır!

Ama ben artık düşmanımı tanıyorum.

Onun sesini ilk fark ettiğimde Adana'daydım.

İstanbul 'a gitmeyi ve tüm hayallerimi orada gerçekleştirmeyi istiyordum.

Siyah şövalye içimde bağırıyordu:

"Hayır gitme! Yapamazsın... Zor bir hayat olur, orada kaybolur gidersin..."

Beyaz olanın sesi ise fısıltıdan farksızdı:

"Yaparsın... Sende o yetenek ve güç var. Çık yola... Başaracaksın..."

Siyahın sesini susturdum ve yola çıktım. İyi ki çıkmışım.

Zaman geçti. Yakın bir dostumdan darbe yedim. Siyah olan hiç vakit geçirmeden çıktı ortaya:

"Asla affetme! O seni de, dostluğunu da hak etmiyor ve zaten herkes gibi o da sana zarar vermek istiyor. Bundan sonra kimseye güvenme!"

Beyaz olanın sesi yine cılızdı:

"Herkes hata yapar. O seni incitmek istemedi aslında. Git konuş, affet ve bu dostluğa bir şans daha ver."

Gittim, konuştum. İyi ki de konuşmuşum. Hâlâ en iyi dostlarımdan biri...

Zaman geçti. Sevgilim terk etti. İşsiz ve parasız, tek başına kaldım bir gün siyah şövalye bu defa tüm korkularımla ve iç sesimle iş başındaydı:

"İşte bu kadar... Kocaman bir hikâye... Yalan çıktım. Hiçbir şeyi başaramadım. Her şeyi elime yüzüme bulaştırdım. Kimsenin arayıp sorduğu da yok. Herkesin dostluğu düşene kadarmış. Ben bunları hak edecek ne yaptım?"

Bir gece yarısı beyaz şövalyenin sesi hiç olmadığı kadar yüksek duyuldu içimde:

"Kalk ayağa ve kaldığın yerden devam et!

"Kendine acımayı bırak!

"Kimsenin sana haksızlık yaptığı filan yok!

"Nerede yaran varsa oradan taşlayıp canını acıtırlar. Canının yandığı yerler tam da şifalandırman gereken yerlerdir ki onlar da zaten tam bunun için yani yaralarının yerlerini göstermek için bu taşları atarlar.

"Canın yansa da aslında seni iyileştirmek ve içindeki gücü ortaya çıkarmak için bunu yaparlar."

Ona dedim ki:

"Seni dinlediğimde iyiyim, siyah olanı dinlediğimde kötüyüm. O hiç susmuyor içimde. Bana yardım et. Onun sesini nasıl ayırt edeceğim?"

"İlk önce şunu bil," dedi. "O ses sen değilsin. Onun sesi zihninden, benim sesim yüreğinden duyulur. Onun sesi sert, kızgın ve bazen de acımasızdır.

"O bazen korkularını kullanacak. Ne zaman umutlanıp içindeki özüne, kendi gücüne ve hayata güvenip bir adım atmak istesen seni korkularınla durduracak.

"Sağlığını, sevdiklerini, işini, paranı kaybetmekten korkacaksın. Yalnız kalmaktan ve gelecekten korkacaksın.

"O bazen güçsüzlüğünü, değersizlik duygunu kullanacak.

'Gelen vurdu giden vurdu. Kimi sevdiysem hayal kırıklığına uğradım. Hiçbir şeyi hakkıyla beceremedim. Kimse beni gerçekten sevmedi zavallı ben,' diyeceksin.

"O bazen egonu kullanacak.

"Biraz şöhrete, paraya veya güce eriştiğinde bunlarla böbürlenmeni sağlayacak.

"Bazen de aşkını sevgini kullanacak.

"Aşkını bencilliğe dönüştürecek. 'Onun beni sevdiği kadar onu severim. Onu sahiplenir, kıskanır kontrol ederim. Gerekirse yokluğumla tehdit ederim. Şunları bunları yaparsa severim, yapmazsa giderim. Yanlış bir şey yaparsa kızar, cezalandırırım. Hoşuma giden bir şey yaparsa ödüllendiririm,' diyeceksin.

"Ama güzel haber şu;

"Siyah şövalye aslında çok güçsüzdür. Onu dinleyerek güçlendiren sensin. Onunla savaşma çünkü o tam bir çocuk aklıyla çalışıyor. Madde odaklıdır ve seni her an zarar görebilecek kadar aciz ve güçsüz sandığı için kendi yöntemleriyle seni bu dünyadan ve insanlardan korumaya çalışıyor.

"'Hayat zor ve acımasız, o yüzden kimseye güvenme,' diyor.

"Onu fark ettikçe içindeki sesi yavaş yavaş kısılmaya başlayacak. O zaman benim sesimi daha çok duyacaksın.

"Ben sana hep, 'Daima güven ve sev,' diyeceğim.

"Bu dünyada hiçbir şeyden korkmana gerek yok. Korku dediğin zihnindeki siyah şövalyenin gölgesinden başka bir şey değildir ve bu nedenle içi boştur. Hiçbir şey sana zarar veremez. Hayatın boyunca korundun ve korunmaya devam ediyorsun. Çünkü sen içinde ilahi olanın özünü ve gücünü taşıyorsun ve bu dünyaya onu ortaya çıkarmak için geldin."

An itibarıyla geçmişe göre farkındalığım daha yüksek.

Kendimi zayıf ve düşük enerjili hissettiğim zamanlarda meydanı boş bulan siyah şövalye içeri dalıveriyor. Her zamanki gibi olumsuz:

"Hiç önemsenmedin ki...

"Kimse seni gerçekten çok sevmedi ki…

"Ya başaramazsam... Hastalanırsam… Parasız ya da yalnız kalırsam." vs.

Zihnimin kapısına bir nöbetçi diktim.

Onu sesinden tanıyor ve tanıdığı anda "İptal," diyerek onun olumsuz enerjisini kesiyor ve kolundan tutup dışarı atıyor.

O zaman içimde günbegün güçlenen beyaz şövalyenin gülümsediğini hissediyorum.

Elimi yüreğime götürüp;

"BEN DAİMA SEVGİYİ SEÇİYORUM!" diyerek ona selam veriyorum.

Bir gün o siyah şövalye içimden tamamen kaybolacak. Tıpkı üstüme oturmayan bir elbiseyi bedenimden çıkarır gibi kurtulacağım ondan.

İşte o gün; ölmeden öldüğüm ve hayata saf sevgiyle yeniden doğduğum gün olacak.

Biliyorum; Cennet dediğim o yerde artık ne siyah ne beyaz kalacak.

Sevgiden gayrı hiçbir şey olmayacak.

VAKİT GELDİ

Dünyanın rezonansı değişiyor.

Boşluğun titreşimi yükseliyor. Birçoğumuz artık daha yüksek düzeyde titreşiyoruz. Bu da bizi ve tüm dünyayı silkeliyor ve fazlalıklarımızı atmak için zorlayarak bazen içimizde huzursuzluk yaratıyor. Sağ beynimiz daha çok aktive oluyor.

Sakin kalın ve sürece teslim olun. Şöyle düşünün. On frekans ve şiddetinde bir rüzgâr esiyor ve sizin frekansınız üç. Yani titreşiminiz zayıf ve güçsüz. O nedenle bu rüzgâr sizi savurur. Ancak sizin frekansınız da yüksekse örneğin sekiz ya da dokuzsa bu rüzgârdan etkilenmezsiniz. O zaman rüzgârla birlikte esersiniz. İşte akışta olma dediğimiz budur.

O rüzgârla rahatça akmak istiyorsak daha çok affetmeye, daha çok sevmeye ihtiyacımız var. Korkularımızdan arınmaya ve hafiflemeye ihtiyacımız var. Ne kadar hafiflersek o kadar yüksekten uçarız.

Dünyaya inen yeni enerji dalgaları artıp titreşimimiz yükseldikçe uyanışımız hızlanıyor. Doğaya, hayvanlara ve yaşayan tüm canlılara karşı duyarlılığımız en üst seviyede artıyor. Artık her şeyle olan bağımızı, BİR'liğimizi daha çok hissettiğimiz içindir ki dünya üzerinde yaşanan haksızlıklara, acılara daha çok tepki verir hale geliyoruz.

Farkındalık artıp uyanış hızlandıkça bilinçler yükseliyor ve sevginin gücü her yerde daha da hissedilir oluyor. Maddesel olandan uzaklaşıp maneviyatımızı besleyen insanlara, kitaplara, ortamlara ve filmlere çekiliyoruz. Sevgi, barış ve huzur dolu ortamlarda bulunmak istiyoruz. Her şeyin tam olması gerektiği gibi olduğunu bilen parçamızla bağımız güçleniyor. Bu da acılarımızı azaltıyor, sevgimizi büyütüyor.

Bu yeni enerji dalgaları henüz uyanmamış olanları biraz zorluyor. Yüksek enerji onların eski korkularıyla yüzleşmelerine neden oluyor. Üçüncü boyutun bilinciyle o sorunlarla baş etmeye çalışırken zorlanıyorlar. Aslında yaşadıkları her olay onları uyanmaya zorluyor. Bunu fark edebilen, bu boyutun enerjilerinden rahatça sıyrılıp ışık saçmaya başlarken başaramayanların enerjisi düşüyor, hayatın gidişatıyla ilgili daha karamsar hale geliyorlar.

Dünya üzerinde devam eden kaos ve kargaşaya kapılırsak korkarız ve korktukça kalp çakramızı kapatırız. Bu da kolektifi negatif olarak beslemeye devam eder.

Aksine kalbimizi açalım ve savaşın, kaosun yaşandığı ortamlara ve orada yaşayanlara sevgimizin ışığını gönderelim.

Karanlığı sadece sevginin ışığı dağıtır.

Yükselen titreşim dünyamızı da etkiliyor. Hızla esen rüzgâr perdeyi kaldırıyor ve düşük frekanslı tüm olaylar, tüm kötülükler tek tek ortaya çıkıyor. Daha önce göremediğimiz gerçekleri görüyor ve uyanıyoruz.

Bu titreşim arttıkça dünyadaki bölünmüşlüğü şifalandırıyor ve insanları korkuyla kontrol altında tutmaya çalışan tüm eski sistemler çatırdayarak dağılıyor. Işık sadece karanlığın varlığında fark edilir ve zaten karanlık da aslında bunun için vardır. Aydınlık ve karanlık dediğimizde ikilik vardır. İşte karanlığın olmadığını, sadece ışığın yokluğunun bir illüzyonu olduğunu anladığımızda ikisinin de BİR'in yansıması olduğunu fark ederiz. O zaman karanlığın da sadece ışığa hizmet etmek için var olduğunu anlar, onu yargılamayı ve kötü olarak görmeyi bırakırız. İyi ve kötü yoktur. Olan her şey sadece BİR'liğe hizmet eder. O karanlık illüzyonunu da biz yarattık. Tıpkı kendimizde yarattığımız gibi. Çünkü başka türlü ışığa ulaşma yolumuz yoktu. Aslında KAYNAK'ta karanlık ya da negatif diye bir şey yoktur. Şu anda da bu illüzyonu yok etmeye, negatifi pozitife dönüştürerek ışığa ulaşmaya çalışıyoruz.

Bu ikilik dünyasında korku da, sevginin karşıtıdır. Her şey zıddıyla BİR'dir. Nasıl ışık gelince karanlık biterse sevgi gelince de korku biter. Sevginin olmadığı yerde korkunun bin kılıklı hâli bulunur. Kıskançlık, hastalık, nefret bulunur. Hepimizin karanlık bir tarafı vardır çünkü hepimizin korkuları vardır. Korkudan kaçarak kurtulamayız. Önemli olan o karanlığın içine dalıp bir ışık yakma cesaretinde bulunmamızdır.

Birçoğumuz bu hayatı rastgele yaşamaktan sıkıldı. Varlığımızın en derinlerinde daha mutlu ve huzurlu bir hayatın olabileceğini biliyor ve bunun için kökten bir değişimi arzuluyoruz. Bunun ilk adımı ise kararlı olmaktır. Sizi değişime sürükleyecek olan, dünyaya dalga dalga inen bu yeni enerjiye açık olmaktır.

Bırakın her şey değişsin. Yeniye izin verin.

Her ne oluyorsa iyiliğinize hizmet ettiğini bilin yeter.

Bugüne kadar hep başkalarının ne dediğini dinledik. Onların görüşleri ve fikirleri bizim için önemli oldu. Onlara hizmet ettik, sevdik ve özen gösterdik ve bu süreçte kendimizi, gerçek benliğimizi ihmal ettik.

Şimdi kendimizi dinleme ve ruhumuzun sesine kulak verme zamanıdır. Çünkü gerçekten ne istediğimizi sadece o bilir.

Vakit geldi! Vakit şimdidir!

Enerji artık burada ve gitgide güçleniyor.

Kendimiz için yeni bir kader yaratabiliriz.

Dünya eskisinden de fazla kargaşa ve kaos içinde görünse de, eskinin içinden yepyeni bir dünya yükseliyor. Uyanış artıp bilinçlerimiz yükseldikçe ve içimizdeki yaşam sevinci birinden diğerine geçtikçe bu yeni dünya daha da görünür olacaktır.

Önümüzdeki zamanlar harika gelişmelere gebe. Tüm hayallerinizi tek tek gerçekleştirme zamanı. Bunun için iç sesinizi dinlemeniz ve ona güvenmeniz yeterli. Ona güvendikçe açıldığınızı, büyüdüğünüzü ve mutlu olduğunuzu hissedeceksiniz.

Siz yola çıkmaya hazır olduğunuzda öğretmenler hazırdır. Evren tüm güçleriyle yardıma hazır ve Tanrı size her zamankinden daha yakındır.

Sadece basit bir soru sorun:

Benim neye ihtiyacım var?

Ne olsa kendimi mutlu ve huzurlu hissederdim?

Ve sonra o hayat için harekete geçin. Deneyin... Olmadı mı... Başka bir yol deneyin. Tüm bu süreçte yüreğinizin sesini dinlemeye devam edin. Çünkü asıl gücü ve enerjiyi oradan alırsınız. Farkındalığınızı dıştan içe çevirin. Bugüne kadar mutlu olmak için hep dışarıdaki bir şeyleri düzeltmeye, iyileştirmeye çalıştınız, hatta bazen zorladınız ve bu bir işe yaramadı. Şimdi asıl varlığınızın sesine kulak verme ve onu güçlendirme zamanıdır. Aradığınız huzuru, sevinci ve sevgiyi içinizde bulma zamanıdır.

Bu hedefinizi hemen, herkesle paylaşmayın. Çünkü bu süreçte cesaretinizi kırıp sizi vazgeçirmeye çalışanlar olacaktır. Kendi değişimlerini gerçekleştirmekte zorlanıp korkanlar sizin de önünüzü kapamak isteyecektir. Onlarla tartışmayın, bir şeyler açıklamaya, anlatmaya çalışmayın. Hazır olmayana verdiğiniz bilginin bir kıymeti yoktur.

Onlara kızıp yargılamayın da. Sadece şefkat gösterin. Her insan kendi tekâmül sürecinde kendi hızıyla ilerler. Orada ailesi, eğitimi, kültürü, fikirleri, inançları ve korkularıyla farklı bir insan var. Ruhsal donanımı farklı. Aynı ailede büyüdüğünüz kardeşleriniz bile sizden farklıyken çevremizde bizden farklı düşünenleri, davrananları neyle suçlayabiliriz ki?

Tam bu nedenle "Ben olsaydım şöyle, böyle davranırdım," cümlesinin de bir anlamı yoktur. Çünkü oradaki siz değilsiniz.

Siz kendi bildiğiniz yolda devam edin. Işığa, farkındalığa doğru yürümeye devam edin. Bir gün kendinizi tam istediğiniz yerde bulduğunuzda onlardan bazıları bunu nasıl yaptığınızı merak edecek, öğrenmek isteyecek. İşte o zaman isterlerse onların yoluna da ışığınızı tutabilirsiniz ki çoğu zaman varlığınızdaki huzur bile doğru yolda olduğunuzun en büyük kanıtı olacaktır.

Farkındalığımız arttıkça:

İçimizde her şeyi bilen parçamızla temasa geçecek ve kendi sonsuz ve ebedi varlığımızın bilincine varacağız.

Kendimizi daha geniş ve aydınlık hissedeceğiz. Hayatın akışına daha fazla güvenecek, daha huzurlu ve sevgi dolu olacağız.

Perde inceldikçe beşinci boyutun evrensel işaretleri kendini daha çok göstermeye başlayacak ve tüm varoluşun yaşamın her köşesinden sürekli bize göz kırptığını fark edeceğiz. Zaman ve mekân yanılsamasından kurtulup isteklerimizi daha hızlı tezahür ettirebildiğimiz bu katta her neyi deneyimlemek istiyorsak hızlıca hayatımıza girdiğini göreceğiz.

Vakit geldi.

Altın çağ ufukta göründü. Sevgi, özgürlük ve barış çağı geliyor. Cenneti içinde barındıran aydınlanma çağı geliyor. Her birimiz kendi ışığımızla bilincin bütününü yükseltecek.

Bu dünyadaki yaşamımız bir rüyaydı.

Bu rüyadan kendimizi bilerek uyanacağız.

Sizi seviyorum.

Serpil Ciritci

KUANTUMUN GÜCÜ

Din ve bilim ilk kez birbirine bu kadar yaklaştı.

YENİLENMİŞ BASKI

müptela